KB044733

한종일
인터넷 세대가
서로 미워하는
진짜 이유

Fuangata Nationalism No Jidai
by Motoaki Takahara

한중일 인터넷 세대가 서로 미워하는 진짜 이유

2007년 11월 5일 초판1쇄 발행

펴낸곳 (주)도서출판 **삼인**

지은이 다카하라 모토아키
옮긴이 정호석
펴낸이 신길순
부사장 홍승권
책임편집 강산
편집 최인수 김종진 양경화
마케팅 이춘호
관리 심석택
총무 서장현

등록 1996.9.16. 제 10-1338호
주소 121-837 서울시 마포구 서교동 339-4 가나빌딩 4층
전화 (02) 322-1845
팩스 (02) 322-1846
E-MAIL saminbooks@naver.com

표지디자인 (주)끄레어소시에이츠
제판 문형사
인쇄 대정인쇄
제책 성문제책

ISBN 978-89-91097-75-9 03300

값 12,000원

불안형 내셔널리즘의 시대, 한중일 젊은이들의 갈등 읽기

다카하라 모토아키 지음 | 정호석 옮김

한중일 인터넷 세대가 서로 미워하는 진짜 이유

삼인

이 책에 부치는글

이 책은 1976년생인 다카하라 모토아키가 2006년에 출판한 첫 단행본이다. 나는 1988년 저자가 대학원에 진학한 이래 지도교수로서 그를 알아 왔다. 일본에서 저자와 같은 젊은 세대가 동북아시아의 내셔널리즘에 대해 정면으로 발언한 것은 거의 처음 있는 일이라 할 수 있다. 여기서 저자가, 지금까지 일본어권의 논단을 주도해 왔던 1960~1970년대 학생운동을 경험한 이들의 논의와는 상당히 다른 관점을 보여주고 있는 것 역시 당연한 일로써, 이러한 의미에서 이 책은 기존 논단에 던져진 하나의 충격으로 많은 독자들의 관심을 모으고 있다.

그의 문제의식 한가운데 놓인 것은 한중일 세 나라의 내셔널리즘을 "서로 견주어 보고자 하는" 시도이다. 저자는 이러한 비교 작업을 위한 축으로 청년 고용의 유동화라는 문제에 주목한다. 고용 문제처럼 각 나라 내부에서 생겨나는 사회 문제를 내셔널리즘과 연결시켜 해석하고자 하는 것이 바로 이 책의 기본 모티프이다.

기존 일본 논단에는 한국이나 중국의 사회 불안이 내셔널리즘이나 반일 감정을 부채질하고 있다는 식의 논의가 적지 않았다. 이들 논의는 타국의 사회 불안을 일본의 국내 사정과 별반 관계없는 문제, 즉 단지 그 나라를 비판하기 위한 도구로만 다루곤 했다. 예를 들어 2005년 4월 중국에서 반일 데모가 불거졌을 때에는, 이 책에서 언급하고 있는 후쿠다 가즈야(福田一也)의 논의를 비롯하여, 데모의 배경에 중국 특유의 사회 불안이라는 요소가 놓여 있기 때문에 이에 대해 일본은 아무런 책임이 없다는 식의 논의가 횡행하곤 했다.

　다카하라의 논의는, 사회 불안이라는 요소를 타국 내셔널리즘을 비판하기 위한 도구로밖에 보지 않는 일본 우파 논단의 정반대에 놓여 있다. 그는 우선 한국과 중국에서의 풍부한 현지 체험을 통해 여러 지인들과 관계를 이어나가면서, 동시대를 살아가는 일본인으로서 그들의 국내적인 불안감을 공감하고 있다. 즉 자국과 타국을 엄격하게 구별하는 대신, 다른 나라 젊은이들의 고민을 이해하고서야 비로소 눈에 들어오는 국민 내부의 복수성에서부터 논의를 시작하는 것이다.

다카하라는 박사과정 초기에 동아시아의 문화 교류 현장에 대한 필드워크 연구를 진행했다. 주된 연구 대상은 도쿄, 서울, 베이징에서 음악 밴드를 하고 있는 젊은이들을 비롯한 문화 생산자들이었다. 그가 세 나라의 젊은이들에게서 공통적으로 발견한 것은 오늘날 그들이 끌어안고 있는 괴로운 고민이었다. 그들의 심정은 이 책의 제2장에 집약적으로 잘 드러나 있다.

　이렇게 자신이 놓인 일본이라는 맥락에 대한 해석에 다른 나라에서의 체험을 끌어들이려는, 다시 말해 한국과 중국에서 실시한 현지 조사 경험을 토대로 일본 사회를 재차 파악해 보고자 하는 시도 속에서 저자는 점차 청년 고용이라는 문제에 주목한다. 그는 이후 대중문화 연구의 영역을 넘어 냉전 종언 후 동아시아에 나타난 급격한 변화들을 폭넓은 시각에서 사회학적으로 고찰하는 방향으로 발전해 갔다.

　이 책은 먼저, 새로운 형태로 그 모습을 드러내는 일본의 내셔널리즘에 비판적인 시선을 던진다. 일본 젊은이들을 내셔널리즘으로 향하게 하는 한 배경에는 청년 고용의 유동화라는 거시적인 사회 변동이 자리하고 있는데, 이들이 그에 대한 불만의 배출구로서 내셔널리즘을 선택하는 순간 내셔널리즘은 하나의 '사이비 문제'가 되어 버리는 것이 아닌가 하는 것이다.

다카하라는 이러한 질문을 풀어가면서 남 이야기하듯 일방적으로 내셔널리즘의 선악을 논하지 않는다. 그의 분석에서는 젊은이들의 고민을 헤아리려 하면서도 그러한 마음의 상태를 낳는 사회적 환경에 대해서도 주의를 소홀히 하지 않는 냉정한 관찰력을 엿볼 수 있다.

더 나아가 저자는, 정치적 문맥의 차이가 약간은 있을지라도 이와 유사한 현상이 한국이나 중국에서도 일어나고 있을 것이라는 생각에서 세 나라에 대한 비교를 시도한다. 저자는 이 책에서 청년 고용 문제와 내셔널리즘을 하나의 축으로 꿰어 논한다. 이는 곧 국가라는 상호 배타적인 논의 틀로만 이야기해 온 세 나라의 내셔널리즘에 대한 새로운 비교를 가능케 하는 하나의 횡축을 만들어 내려는 시도인 셈이다.

저자 스스로 충분히 인식하고 있듯이 이러한 시도는 이제 막 거친 스케치를 마친 단계이다. 따라서 아직 한국이나 중국의 개별적인 사회적 맥락을 충분히 고려하지 못했다고 할 수 있을지도 모른다. 하지만 이 책의 한국어판 출판을 통해 더 많은 생산적인 논의들이 자극되고 환기된다면 이로써 동북아시아 지역 연구에 새로운 가능성의 문이 열리게 되리라 믿어 의심치 않는다.

도쿄대학교 정보학환(情報學環) 교수
강상중(姜尚中)

글 싣는 순서

일러두기

1. 이 책은 高原基彰, 『不安型ナショナリズムの時代 — 日韓中のネット世代が憎みあう本当の理由』(洋泉社, 2006)를 우리말로 옮긴 것이다.

2. 본문의 모든 주석은 옮긴이가 단 것이며, 원저자의 주석은 모두 미주로 처리했다. 또한 독자의 이해를 돕기 위해 본문 안에 삽입한 옮긴이 주는 〔 〕로 표시했다.

3. 중국어는 원음 표기를 원칙으로 하되, '공안(公安)', '인민공사(人民公社)', '천안문사건' 등 우리에게 익숙한 용어는 음독으로 번역하고 한자를 함께 적었다.

4. 원서에는 강조와 인용을 뜻하는 ' ' 의 사용이 많으나, 문맥에 따라 특정한 의미를 갖지 못한다고 판단한 것들은 더러 생략했다. 또한, 원서의 오류는 옮긴이가 저자와 협의를 거친 후 고쳐서 번역했음을 옮긴이 주를 통해 밝혔다.

5. 200쪽에 있는 사진 3장의 작성자들을 찾아 게재 허락을 받고자 노력했으나 연락이 닿지 못했다. 이 사진들의 출처는 인터넷 사이트 '디씨인사이드' 게시판임을 밝힌다.

한국의 독자들에게

우선, 나의 글을 한국 독자들에게 소개할 기회를 가질 수 있게 된 데에 대해 깊이 감사드린다. 이 책은 주로 일본 독자를 염두에 두고 쓴 것이라서 일본 사회를 그 주된 분석 대상으로 삼고 있지만, 한국과 중국에 관해서도 각각 한 장씩 할애하고 있다. 이 책의 가장 중요한 문제의식이 바로 동아시아 지역의 '동시성(同時性)'이기 때문이다.

우리는 내셔널리즘을 이야기할 때 언제나 다른 나라를 마치 딱딱한 플라스틱으로 만들어진 당구공처럼 실체화해 버리기 일쑤다. '내셔널리즘의 고조'나 '우경/좌경화'라는 개념은 흔히 자국에 반하는 상대국에 붙이는 하나의 딱지처럼 도구화하곤 하는 것이다. 이런 '당구공'식 생각의 틀은, 각국에 내부적으로 존재하고 있는 정치적인 대립 구도나 사회적 다양성을 시야에서 지워버린다.

하지만 내셔널리즘은 본래 외교 문제이기 이전에 각 나라의 국내 문제이다. 예를 들면, 현대 유럽의 경우에는 내셔널리즘을 신자유주의화에 따르는 실업 문제나 이민자들에 대한 배척 감정과 떼어서 논할 수 없다. 이 책이 제기하는 것은 동아시아에서도 이미 이러한 새로운, 이른바 선진국형 내셔널리즘 나타나고 있는 것이 아닌가 하는 질문이다. 각 사회가 다원화하는 가운데, 한 나라가 당구공이 아닌 모자이크의 장이 되어 간다고 하는 동시성의 관점에서 동아시아를 사고할 수는 없는 것일까?

국내적인 다원성의 예로 이 책에서 주목한 것은, 글로벌화라고 하는 세계적인 추세 속에서 '중간층'이 상하로 분해되고 있는 현실 ― '사회유동화'라고 부른 것 ―과 그 직접적인 영향권 안에 놓인 젊은 세대의 동향이다.

한중일 세 나라는 공통적으로 이른바 개발주의형 경제 발전을 겪었다. 개발주의란 시민이 직접 참여하는 민주주의에 대한 일정 수준의 억압과 경제 활동에 대한 정부 관료의 적극적 개입을 통해 고도성장을 지향하는 발전 방식인데, 그 주요 과제는 공업화 달성과 '신중간층'의 확대, 요컨대 경제 발전으로 '많은 인구를 중간층으로 편입시킨다'는 것이었다.

고도성장의 가장자리 혹은 그 한가운데에서 각국에 공통적으로 나타나는 정치적인 대립 구도는, 이러한 개발주의를 현실주의적 관점에서 옹호하는 '보수'와 시민참여형 민주주의의 확대를 주장하여 여기에 제동을 거는 '혁신' 세력이었다. 그러나 여기서 혁신 진영 역시 중간층 확대라는 목표를 부정하지 않았다. 그들은 중간층의 확대와 시민참여형 민주주의의 실질화의 양립을 추구했던 것이다.

따라서 이 시기에는 국내의 정치적 대립에도 불구하고 각 진영이 공유하는 공통된 배경으로서의 내셔널리즘이 존재하고 있었다고 할 수 있다. 또한 이러한 내셔널리즘은 중간층 증대라는 국가적 목표와 아무 모순 없이 합치될 수 있었고, 외교 문제로서만 그 의미를 가질 수 있었다. 그러나 마치 플라스틱 공과 같이 내적으로 균질한 국가 이미지만으로 내셔널리즘을 해석할 수 있었던 것은 단지 개발주의, 고도성장 시대의 이야기일 뿐이다.

최근의 경제 글로벌화는 적어도 도시 지역에서 중간층의 증대라는 목표의 타당성을 소멸시켰다. 사회유동화, 위험사회화 그리고 양극화가 진행되는 가운데 고용도, 노동도 시장 경쟁 속에 놓여지게 되었다.

이러한 가운데 경제 성장이라고 하는 공통된 국민적 목표를 설정함으로써 성립할 수 있었던 '고도성장형' 내셔널리즘과는 다른, 새로운 성격의 내셔널리즘이 자라나기 시작했다. 이러한 새로운 내셔널리즘—이른바 '개인형' 내셔널리즘—에는 두 가지 특징이 있는데, 이들은 모두 사회유동화 속에 놓인 젊은이들의 행방과 깊이 관련되어 있다.

첫째로 개인형 내셔널리즘은 자국의 고도성장형 내셔널리즘을 배격하고자 한다. 현재 각국 내부에는 이러한 두 내셔널리즘 간의 상호 대립이 나타나고 있다.

고도성장형 내셔널리즘은 주로 각국의 기득권층이 견인해 왔던 바, 이로써 국민 모두가 경제 발전의 혜택을 누릴 수 있을 것이라는 생각에서 그동안 지지를 얻을 수 있었다. 개발주의의 담당자들은 자국의 경제 성장을 이루기 위해 때로 국내의 반대 의견을 억압하면서 국제 환경 속에서 현실주의적인 정치 운영을 해왔다.

이에 반해 개인형 내셔널리즘은, 이러한 과거의 현실주의의 허구성을 지적하면서 '진정한 애국심'을 추구한다. 이들에게 기존의 내셔널리즘은 고도성장이라고 하는 명목 아래 주어진 알맹이 없는 허울이나 다름없었다. 이들은 그간의 자국 현실주의를 부정하며 이에 대한 수정을 요구하는 정치적 주장에 풀뿌리로부터 지지를 보냈다.

이때, 한국에서의 '일본', 일본에서 보는 '아시아' 그리고 이 책에서는 크게 다루지 못한 한일 양국에서의 '미국' 등, 내셔널리즘에 관계되는 대부분의 표상(symbol)은 이러한 자국 근현대사에 대한 재검토 작업과 깊이 관련되어 있다.

이러한 일련의 움직임은 사회유동화에 따른 사회의 다원화 속에서 개발주의 체제를 비판하는 사람들이 예전보다 광범하게 나타났음을 말해준다. 그런데 여기에는 스스로 개발주의 혜택과 비호를 전혀 받지 못했으며, 그러한 고도성장은 일부 기득권층의 배만 불려 왔다는 일종의 억울한 감정이 자리하고 있다. 이러한 억울함과 중간층의 대열에 끼지 못할지도 모른다는 불안감이 결합되어 자국 고도성장의 역사에 대한 비판으로 이어지는 구도가 존재하는 것이다.

따라서 다른 나라의 주장을, 국가 간 외교 문제의 틀을 가지고 '자국에 대한 공격'이라고만 해석하는 것은 잘못된 판단이다. 어느 나라든 이와 같은 내부적 구도를 가지고 있기 때문이다. 이 책에서 주장하는 바는, 외교로는 아무것도 해결할 수 없다거나 각국으로부터 일본에 보내온 메시지를 과소평가하려는 것이 결코 아니다. 다만 오늘날 동아시아에는 이미 이러한 기존의 시점만으로는 분석하기 힘든 사태가 출현하고 있다는 것이다.

개인형 내셔널리즘의 두 번째 특징으로서, 이것이 인터넷을 전형으로 하는 새로운 미디어 및 도시 중간층 내부에 형성된 소비문화 혹은 하위문화를 근거지로 하고 있다는 점을 들 수 있다. 개인형 내셔널리즘의 내용에는 앞에서 언급한 억울한 감정만 있는 게 아니다. 자기 나라 연예인을 '매국노'라고 공격하거나, 악의에 찬 사진 합성으로 다른 나라 정치인을 비꼬는 등 정치적으로 그다지 중요하지 않은 '취미'의 영역을 많이 포함하고 있다. 이러한 반(半)유희적인 움직임이 상대국에 전해지고 또다시 마찬가지로 장난 섞인 반작용을 불러오는 연쇄가 존재하는 것이다.

이러한 종류의 내셔널리즘은 무언가를 계기로 분출하는 축제나 놀이 혹은 취미의 일종이기도 하다. 여기에는 이것이 명확한 정치적 메시지를 담은 것인지 아닌지 확실하게 알지 못한 채 이러한 일에 참여하는 사람들도 더러 포함되어 있다.

나는 이 책에서 이러한 국내적인 사정, 더욱이 젊은이들의 입장과 생각을 중심으로 다루었다. 사실 세 나라 각각의 상황에서 많은 사람들이 같은 문제를 가지고 동시대적으로 고민하고 있다는, 생각해 보면 아주 당연한 사실이 자주 잊혀지곤 한다고 생각했기 때문이다. 각각의 나라를 플라스틱 공처럼 여기고서야 그러한 서로의 모습을 결코 알아볼 수 없다.

앞서 말한 것처럼 이 책의 주된 목적은, 한중일 세 나라의 동시대성을 부각시키려는 것이자 공통된 축을 가지고 이들 사회를 비교하는 것이다. 이러한 뜻에서 이 책은 반드시 내셔널리즘 자체를 주제로 하고 있지 않다. 내셔널리즘에 관한 유명한 이론들을 검토하기보다는, 오히려 이러한 글로벌화의 물결 속에 놓인 세 나라의 모습을, 민족주의나 우경/좌경화 같은 흔한 개념이 아닌 말로써 그려 보고자 했다. 또한 이러한 관점에서 내셔널리즘을 되돌아보았을 때 무엇이 보이는가 하는 점을 중시하였다.

나는 이 책을 통해 한국이나 중국의 젊은이들이 무엇을 고민하고 있는 지를 내가 알고 있는 한도 안에서 일본 독자들에게 소개하려 했다. 한국의 독자들께서는 반대로 이 책을 통해 현재 일본의 젊은이들이 과연 어떤 고민을 안고 있는지를 읽어주시면 좋겠다.

이 책의 주장은 어쩌면 일본적 맥락, 그것도 이 책을 쓰고 있던 2005년의 상황에 의해 크게 규정받았을 것이다. 따라서 이 책이 출간되던 당시의 논의의 흐름을 잠깐 되돌아보는 동시에 책이 나온 이후의 동향에 대해서도 간단히 언급하고 싶다.

1970년대 오일쇼크를 계기로 케인즈주의적인 선진 복지국가들은 급격한 변화를 겪지 않을 수 없었다. 동시에 조직으로 둘러싸인 '조직인(organization man)'의 라이프스타일이 상당한 정도로 붕괴되었다. 게다가 여기에 글로벌화가 겹치면서, 모든 사람들이 임금 수준이 낮은 나라를 포함한 세계적 규모의 노동시장 속에서의 경쟁으로 내몰리기에 이르렀다.

일본의 경험에서 독특한 점은 1990년대 중간까지 '안정사회'라는 이미지가 오랫동안 남아 있었다는 것이다. 오일쇼크 후인 1980년대부터 오히려 일본 사회의 높은 안정성을 자찬하는 '일본특수성론'이 유행했던 것이다. 즉 일본이 영국이나 스웨덴을 주로 염두에 두고 이야기하는 '복지국가의 파탄' 혹은 격차 확대나 공동체 붕괴라는 신자유주의적 폐해, 이들 둘 다를 '초극(超克)' 하였다고 주장했다.

이와 같은 일본적 안정사회가 유럽형 복지국가와 달랐던 점은, 회사라고 하는 중간 집단이 있었다는 사실, 그리고 분배의 단위로서 가장과 전업주부로 이루어지는 핵가족을 상정하고 있었다는 점이다. 보장의 대상인 고용과 수입은 회사원인 가장의 것이었고, 부인과 자녀 등 나머지 사람들은 가장에 부차적인 존재였다. 이 책에서는 몇몇 연구들을 참고하여 이러한 사고방식을 '회사주의'라 부르고자 한다.

이는 국가의 권한이었던 복지를 사기업의 결정 아래 위임하는 것으로써 이러한 뜻에서는 신자유주의를 닮아 있었다고도 할 수 있다. 그러나 회사주의가, 안정을 향한 분배의 구상이었던 점, 그리고 그러한 것으로서 사회에 받아들여졌던 것 또한 사실이었다. 복지국가론 속에 일본을 어떻게 위치시켜 이해할 것인지에 대한 다양한 논의는 분석상의 혼란을 가중시킨다. 따라서 이 책에서는 고도성장이라는 시대 배경 속에서 노사 간 타결에 쉽게 이를 수 있었기에 가능했던, '두터운 중간층을 중심으로 한 사회'로 이 두 요소를 파악하여 공통 범주에 넣어 이해하고자 했다.

일본특수성론에 나타난 행복감은 1990년대 중반 이후—실질적으로는 그 몇 년 전에 발생한 거품경제의 붕괴를 사람들이 일상생활에서 실감하게 되었을 때—급속히 옅어졌고, 그 대신 '안정의 붕괴'라는 불안을 널리 이야기하게 되었다. 흡사 1997년 한국의 IMF 외환 위기처럼, 1995년 전후를 경계로 하여 일본의 자화상이 대전환을 맞은 것이다.

그 불안을 상징적으로 보여주듯, 후리타의 증가와 그에 따른 여러 가지 사회적 폐해—세입의 저하, 출생률 감소, 종국에는 경기 악화의 원인까지—가 널리 논해지기 시작했다. 초기의 후리타론은, 그들 자체에 대해 '일할 의욕이 없다', '연예인 같은 것이 될 꿈만 꾸고 있다'라는 식으로 비판하면서 당사자가 사고방식을 바꾸기만 하면 해결할 수 있는 문제라는 듯이 이야기하곤 했다.

그러나 이러한 '정신론(精神論)'은 돌이켜 생각해 보건대 그다지 의미가 없는 것이었다. 더 큰 문제는 일본적인 안정사회의 구조 바로 그곳에 내재해 있었다. 거기에서는 종신고용·연공서열 임금제의 혜택을 입는 정사원과 그 이외의 시간제·아르바이트(part-time job) 등 비정규 사원들 사이에 '신분제'라고 할 만한 대우의 차이가 전제되어 있는 것이다.

이제 기업의 입장에서 정사원 고용이란, 해고가 어렵고 비용이 많이 드는 인원을 끌어안는 일이었다. 일본특수성론의 행복감이 넘실대던 1980년대에 이미, 베이비 붐 세대의 연령 증가에 따른 종신고용·연공서열의 임금 부담이 기업을 무겁게 짓누르고 있었다. 그리고 이미 정사원이 된 사람들의 종신고용·연공서열 임금을 보충하고 경기 변동에 따른 기업의 인원을 조정하기 위해 시간제 아르바이트라는 유동적인 저임금 고용을 도입하게 된다.

1990년대 이후 불황이 본격화되면서 기업들은 고비용의 정사원을 삭감할 필요성에 더욱 직면했다. 기존 인원에 대한 구조조정(restructuring)이 나타난 것도 이 시기였다. 하지만 이보다 더욱 심각하고 격렬했던 것이 바로 해고에 따르는 여러 사회적 리스크가 없는 신규 채용 억제였다. 이 시기에 취직을 준비하던 세대의 대부분은 정사원의 줄을 타지 못하고 후리타가 되었다. 후리타 증대의 가장 큰 사회적 배경은 무엇이었을까? 그것은 당사자의 의지가 아니라 종신고용·연공서열 임금 시스템에 대한 근본적 재검토 없이 국민 내부에서 저임금의 유동적인 고용을 조달하여 경기 변동에 대응하려 한 일본 기업의 집단적 행태였다.

이러한 대응책은 '보호받는 신분'과 '쓰고 버려지는 신분'이라는 구별을 전제로 한 것이었다. 이렇게 하여 1990년대 중반 시점에서 이미 정사원의 신분을 얻고 있었던 사람들과, 이제 막 직장 경력의 출발선에 서 있었던 세대 간의 격차가 널리 문제되기에 이르렀다.

오늘날에는 상식이 된 '일본적 안정사회에 대한 재검토' 논의는 2000년대에 들어서야 비로소 일본 언론에서 다루어지기 시작했는데, 이 책은 위와 같은 배경을 가지고서 이들 논의의 하나로서 존재하고 있었던 셈이다.

이 책의 제1장과 2장은 이상의 내용을 좀더 자세히 살펴본 것이다. 그런데 2007년 현재 일본 경제의 회복세 그리고 아르바이트, 계약사원 등 유동 고용의 지나친 증가가 우수 인력 확보를 어렵게 한다는 점이 널리 인식됨에 따라, 이 책의 출판 직후 정사원 고용이 다시 급격하게 늘어나는 모습을 보이고 있다.

후리타 문제는 대체로 일본 불황기에 취직을 시도한 세대—흔히 '잃어버린 세대'라 불리는 1972~1982년생—만의 고유한 문제로 여겨지고 있다. 그 다음 세대의 경우, 이미 후리타가 아니라 정사원으로서 취직하기 쉬워졌기 때문이다. 현재 일본의 젊은이 세대는 위와 아래로 분명히 나뉘어져 있다. 위쪽 절반은 '정사원이 되지 못했다'는 불만을 안은 20대 후반부터 30대 전반에 걸친 젊은이들이다. 반면 그러한 사람들을 불쌍히 여기거나 깔보면서 자신은 '정사원이 되었기 때문에 후리타 세대와는 달리 안정된 인생을 보낼 수 있다'고 믿는 20대 초반 이하가 아래쪽에 속한다.

이상한 것은, 예전과 같은 보호받는 신분이라는 이미지가 아직도 정사원에 강하게 남아 있다는 점이다. 이는 '정사원이 되지 못한 불만'이든,

'정사원이 된 안심'이든 마찬가지이다. 하지만 불황이 닥쳤을 때 비정규 고용을 달게 써먹을 줄 이미 알게 된 현재 일본의 상황에서 정사원이란 예전처럼 보호받는 신분일 수 없다. '정사원이 되었어도 예전의 정사원들과 달리 보호를 못 받고 있지 않은가' 하는 불만이 쌓여 갈 뿐이다. 여기서 '예전의 정사원'이란 결국 매일 마주치는 회사 내 중년 세대라는 점은 이를 더 부추긴다.

치열한 경쟁 없이 안정적인 생활을 보낼 수 있는 '보호받는 신분'이 점차 사라지고 있는 것은 분명한 사실이다. 하지만 어딘가에는 아직 그런 자리가 남아 있을 것이고 자기만은 어떻게 해서라도 그 속으로 비집고 들어가면 된다는 생각이 일본 사회에 뿌리 깊게 남아 있다. 바로 이것이 가장 큰 문제이다.

여기에서 생겨나는 것은, '어떤 신분이 될지는 우연일 뿐'이라는 체념 아니면 '나만 보호받는 축에 낄 수 있으면 그만'이라는 편협함뿐이다. 오늘날 이러한 불만을 안은 젊은이들이 한국이나 중국과 같은 다른 나라에 대해서 뿐만 아니라 모든 타인에 대해 편협한 불관용(不寬容)을 더해 가고 있는 경향을 보인다는 것을 부정할 수 없다.

나는 일본 사회의 이러한 상황을 마주하고 이 책을 쓰던 당시, IMF 위기를 넘어서고 있던 한국 그리고 상당히 이른 시기에 복지사회의 붕괴를 맞았던 중국, 두 사회를 부러운 눈으로 바라보고 있었다. 한국과 중국, 두 나라 젊은이들이 사회유동화—혹은 신자유주의라고 해도 좋을 것이다—에 훨씬 잘 적응하고 있어 보였기 때문이다.

이는 사실일지도 모르지만 그렇다고 해서 그 적응이 좋은 것이라고만 할 수도 없다. 사회복지와 사회안전보장망이 필요한 것도 분명 사실이기 때문이다. 일본에서 이 책이 출판되었을 때에도 많은 사람들이, 책의 말미에서 '유동화에 적응하는 개인'을 마치 이상적인 인간상인 듯 이야기하고 있지 않은가 하는 비판을 해주었다.

단, 이 책을 썼을 때나 지금이나 나는, 이른바 '신자유주의 비판론'이 현재 벌어지고 있는 현상의 절반밖에는 알아맞히고 있지 못하다고 느낀다. 이상 언급한 오늘날 일본 젊은이들이 처한 상황의 가장 큰 문제는, 예전처럼 회사에 전적으로 속하는 것 말고는 다른 삶의 태도를 상상하기 어렵다는 점이다.

오늘날 젊은이들은 자기들이 고도성장의 혜택을 받지 못했다는 불만을 가지고 있다. 그리고 점차 커지는 이러한 원한의 감정은 인터넷 등을 통해 분출하고 있다. 이들의 불만이 '나도 정사원이 되게 해달라'는 방향으로밖에 향하지 않는다는 점—예를 들면 이들은 창업이나 프리랜서 같은 전문직을 단순한 사회적 하강 이동으로밖에 보지 않는다—이 오히려 마음의 폐쇄감(閉鎖感)을 더욱 고조시키고 있다. 오늘날 일본은, 회사 조직에 소속되지 않는 대안적인 삶의 방식의 가능성이라는 '자유'의 여지를 갖지 못한 상태에서 경쟁에서 패배한 사람들은 그냥 잘라 내버려진다는 식의 신자유주의화가 진행되고 있는 상황이다.

이러한 상황이 생겨난 이유는, 그간 주장되던 '자유'—이는 대략 말하자면, 혁신 진영이 주장해 오던 바였다—가 국내의 저임금 노동이나 비정규 고용의 발생이라고 하는 가장 신자유주의적인 현상들을 완전히 무시한 채 그것과 무관한 문제들에만 심혈을 기울여 왔다는 점에서 그 일단을 찾아볼 수 있다. 페미니즘이나 사회운동에 대한 일본 청년층의 지지가 대단히 낮은 한 가지 이유도 마찬가지로 여기에 있다.

또한 일본의 전쟁 책임에 대한 국내적 고발 역시 그네들의 현실과는 멀리 떨어진 곳에서 나오는 혁신 진영의 주장이라고만 인식되어 있다. 이러한 의미에서 일본 젊은이들이 확실히 보수화하고 있다고 할 수 있을지도 모른다. 그러나 이 현상은, 한국이나 중국을 향한 적의(敵意)의 고조 그 자체, 혹은 젊은이들의 전쟁 책임에 대한 둔감함만으로는 제대로 분석할 수 없다. 그 자체만 비난해서는 오히려 그네들의 불만에 기름을 부으며 적의를 부채질하는 것으로 끝나기 십상이다.

그러면 어떻게 해야 할 것인가? 오늘날 젊은이들은 개발주의를 현실주의적으로 옹호하는 '보수'나 그 '개발주의로부터의 자유'를 추구해 온 '혁신' 둘 다를 기득권익으로밖에 보지 않는다. 이러한 상황에서 우리는 다음 세대를 향해 어떠한 이념을 이야기할 수 있을 것인가? 어떻게 하면 '예전의 자유'와는 다른 '새로운 자유'에 대한 구상이 가능할 것인가? 그 '자유'의 반대말은 아마 '안정'이겠지만, 옛 개발주의에 대한 향수가 아닌 '안정'을 과연 어떻게 그려 나갈 수 있을 것인가? 이 둘 사이의 균형을 어떻게 유지할 수 있을까? 불안형 내셔널리즘에 대한 대응이란, 결국 이와 같이 사회의 전체적 이념과 구상을 고민해 나가는 지난(至難)한 작업인 것이다.

이러한 뜻에서, 한국과 일본 그리고 중국 사회를 더욱 심도 있게 비교하면서, 또한 동아시아라고 하는 지역 개념을 그러한 각국의 국내적 사정과 연결해서 생각해 나가는 것이 현재의 내 관심사라고 하겠다.

28

마지막으로, 한국에 대해서 언급한 제3장에 관해 한마디 덧붙이고 싶다.

나는 2006년 8월부터 일 년 넘게 서울에 체류하고 있다. 한국에서도 이 책의 내용에 관해 발표할 기회를 몇 차례 가졌다. 그때 가장 많이 받은 비판은 한국 운동권사의 두 흐름인 NL(민족해방투쟁)과 PD(민중민주변혁)의 차이를 인식하지 못하고 있다는 것이었다. 나는 한국의 대학에서 연구 활동을 시작하고 나서야 비로소 그 차이의 중요성을 알게 되었다. 이 책을 쓸 당시에는 이를 충분히 고려한 분석을 할 수 없었음을 밝힌다. 그런데 한국에서의 이러한 주장들을 지금까지 일본에서는 일률적으로 '한국의 민족주의'라고만 불러왔던 것이 사실이다. 따라서 이 책이 이를 가능한 한 한국 사회의 내재적인 맥락에서 분석하여 일본에 소개한다는 의의를 어느 정도는 가질 수 있으리라 자부한다.

덧붙여서, 노무현 정권의 임기 종반을 맞아 이른바 한국 운동권에 대한 역사적 재검토의 시작이라는 2007년의 상황 분석을 책에서 다룰 수 없었던 점은 대단히 유감스럽다. 이러한 문제들은 앞으로의 과제로 삼고 싶다.

내가 서울을 처음 방문한 것은 대학원에 진학하던 해인 1998년으로, 사적인 여행이었다. 그때 록밴드 '노브레인', 특히 보컬을 맡은 이성우와 기타를 치는 정민준—당시에는 다른 밴드를 하고 있었다—과 알게 되었는데, 현재 '대스타'가 된 그들도 당시에는 홍대 근처에서 활동하던 국지적 스타에 지나지 않았다. 내가 지금까지 한국에 대한 지속적인 관심을 지녀온 것, 또한 한국의 국내 사정에 대한 관심을 유지할 수 있었던 것도 이들과의 개인적인 우정에 많이 빚지고 있다. 이 책에 나오는 '유동화에 적응하는 개인'이란 상(像)은, 이들과 내가 도대체 무엇을 바탕으로 이렇게 좋은 사이가 될 수 있었는지를 생각해 보는 데서부터 출발하여 얻어낸 것이었다. 학자와 음악가는 언뜻 전혀 다르게 보이기도 하지만 사실은 지극히 비슷한 직업이다. 왜냐하면 개인으로 경쟁해야 하는 점, 심한 경쟁에 노출되어 있다는 점이 닮았다. 게다가 일단 성공한다 해도 '전당(殿堂)의 입성(入城)' 같은 것이 없이 언제까지고 계속 경쟁해야만 하기 때문이다.

이들과 나는 각각 다른 방식으로 오늘날의 '자유'는 무엇이며, 희망과 절망은 과연 무엇인지를 고민하며 이를 발표해 갈 것이다. 한국어판 출판에 즈음하여 이들에게 다시 감사의 뜻을 전하고 싶다. 또한 내가 한국에서 연구하고 생활하는 데 큰 도움을 주신 성공회대학교 동아시아 연구소의 신현준, 김예림 선생님께 깊이 감사드린다. 그리고 이 책의 한국어 번역을 처음 제안해 주었을 뿐만 아니라 게으른 필자와 보조를 맞추면서 출판에 이르기까지 모든 일을 도와준 역자 정호석 씨에게 가장 큰 고마움을 전한다. 마지막으로, '장래에 어떻게 될지도 모르는' 나의 데뷔작 출판을 기꺼이 맡아 준 도서출판 삼인의 최인수 편집장님과 강산 님에게 최대한의 감사를 드린다.

2007년 9월 서울 홍대 자택에서
다카하라 모토아키(高原基彰)

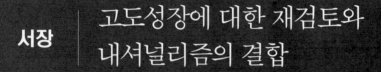

서장 | 고도성장에 대한 재검토와
내셔널리즘의 결합

명랑한 우경화

'혐한(嫌韓)·혐중(嫌中)'이라는 말이 있다. 이는 한국이나 중국에 대한 막연한 반감을 통틀어 이르는 말로써 특히 인터넷상의 그러한 흐름을 가리키는 경우가 많다. '니찬네루'●를 정점으로 하는 인터넷상에서 한국이나 중국에 대한 갖은 욕설이 난무하는 모습은 이미 흔한 풍경이 되어 버렸다. 웹 게시판, 개인 웹사이트, 블로그 등 다양한 형태로 폭넓게 흩어져 존재하는 인터넷 사이트들은 하이퍼링크로 연결되면서 현재 일본어 인터넷 공간에 하나의 거대한 '신(scene)'을 연출하고 있다.

내가 여기에서 '힙합 신', '펑크 신' 등 대중음악 문화를 이야기할 때 자주

● **니찬네루(2채널)** : 다양한 주제별 게시판으로 구성된 일본의 인터넷 사이트. 익명 게시판 특유의 자유분방한 내용과 기존 일본어 문법에서 벗어난 표현의 온상으로 알려져 있다. (www.2ch.net)

쓰는 '신'이라는 용어를 사용한 것은 의도적이다. 1990년대 이후 인터넷은 갖가지 새로운 하위문화(subculture)를 낳아 왔다. 그런데 오늘날 혐한·혐중역시 인터넷을 서식처로 삼는 새로운 도시적 하위문화의 하나라고 볼 수 있는 것이다.

일본에서는 이미 이러한 '명랑한' 애국심의 발로를 가리키는 '쁘띠 내셔널리즘'이라는 말이 나타났다. 가야마 리카(香山リカ)는, 축구나 인터넷 등 하위문화의 영역에서 볼 수 있는 "닛뽄 다이스키〔일본 너무 좋아〕"라는 표현이 기묘하게도 무척 명랑하다는 점에서, 이를 우익이냐 좌익이냐 하는 주체적인 선택으로 간주하기 어렵지 않은가 하는 질문을 던진다. 즉 젊은이들의 '명랑한' 내셔널리즘이란 무언가에 속아서 그렇게 되었거나 혹은 그들만의 묘한 진지함의 결과로 볼 수 있는데, 그 어느 쪽이든 이는 이른바 '진정한' 내셔널리즘과 구별해야만 하는 무언가라는 것이다. 고로 이러한 뜻에서 앞에 '쁘띠'라는 접두어를 붙였다.

더 나아가 가야마는 '오이디푸스 콤플렉스의 부재' 등 심리학적인 방향으로 논의를 발전시킨다. 그런데 이와 같은 정신병리학적 고찰이란 결국 모든 것을 당사자의 의식으로 환원시키기 일쑤다. 때문에 젊은이들의 행동이 우익/좌익 간의 주체적 선택이 아니라는 정당한 문제의식에 바탕해 있음에도 "결국 그들이 병을 앓고 있기 때문에 그렇게 된다"는 등 개인적인 문제로밖에 설명하지 못하고 만다. 주체적 선택이 아니라고 지적하면서도 문제의 기원을 또다시 그 개인으로 환원해 버리는 것이다.

나는 인터넷을 중심으로 하는 오늘날의 이 같은 동향을 분명 '우경화'로 본다. 인터넷, 특히 블로그라는 새로운 형태의 미디어 역시 기존의 매스미디어로부터 완전히 독립된 자신만의 의견을 말할 수 있는 장소일 수는 없다. 게다가 그 태반이 매스미디어의 정보에 자신의 코멘트나 주석을 덧붙이는 것이라는 점을 고려할 때 이들은 기존의 매스미디어에 상당 부분 의존하고 있다고 볼 수 있다.

누구나 알고 있듯이 텔레비전·논단지·주간지 등 매스미디어, 특히 문어 발 식으로 세를 넓혀 가고 있는 거대 언론 재벌들의 경우에는 '좌우'의 정치 색이 명확히 드러나 있다. 혐한·혐중은 이들 중에서도 분명 우익의 정보원(源)과 높은 친화성을 띠며, 그 정보를 재이용하거나 가공하는 식으로 인터넷상의 언론 활동을 펼친다. 그리고 아사히신문사(朝日新聞社)로 대표되는 좌익 성향의 언론에 대해 숨김없는 적의(敵意)를 지속적으로 분출한다.

그러나 나는 자칭 좌익 논자들처럼 이러한 우경화에 대해 '우경화하고 있어서 문제'라는 식으로는 생각하지 않는다. 그들은 주로 '젊은이들의 우경화'라는 형태로 문제를 설정하고 있으나, 위에서 지적한 바와 같이 그 젊은이들의 대다수는 우파 논단 및 주간지의 정보에 크게 의존하는 형태로 의견을 구성하고 있을 뿐, 결코 그들 자신의 독자적인 경향으로서 우경화가 나타나고 있는 것은 아니기 때문이다.

이와 더불어 이 문제를 흔히 '젊은이들의 문제'로 논하고 있다는 사실로부터, 내셔널리즘 관련 논의의 배경에 '세대차'라는 문제가 놓여 있음을 알 수 있다. 즉 일본의 경우, 젊은이들 문제에 관한 논의를 만들어 내고 또 이를 소비하는 계층, 즉 중장년층이 이른바 좌익의 영향권에 들어 있다는 사정이 있을 터이다.

몸짓으로서 좌/우

일찍이 1960년대 일본에서도 베이비 붐 세대를 중심으로 학생운동의 바람이 높았던 적이 있다. '단카이 세대(團塊世代)'●라 불리는 이들은 대체로 좌익에 공감하는 마르크스주의 대중운동의 담당자였다.

1960년대를 가로지르는 학생운동에 대한 재해석 작업은 오늘날까지 계속되고 있다. 예를 들면, 다케우치 요(竹內洋)는 학생들이 교수들에게 느낀 불만을 '불안과 원한'으로 요약한다. "우리는 학력을 따지는 엘리트 문화 따위와는 상관없는 한갓 샐러리맨일 뿐이다. 그런데 대학교수들이여, 당신네들은 태평스럽게도 강단에서 특권적인 언설(교양주의적 마르크스주의 혹은 마르크스주의적 교양주의)이나 읊어 대는구나."[1] 아마도 이러한 불만에는, 절대적인 사회정의나 인류 평등의 이념 등을 내건 마르크스주의란 어차피 실현 불가능하다는 체념 같은 것이 짙게 그림자를 드리우고 있었으리라.

이 시기 학생운동의 담당자들은 대부분 고도성장기 후기부터 버블기●에

● **단카이 세대** : 사카이야 다이치(堺屋太一)의 1976년 소설 『단카이 세대(団塊の世代)』에서 비롯한 말. 전후 출생률이 높아지면서 형성된 일본의 베이비 붐 세대를 일컫는다. '단카이(團塊)'는 '덩어리', '뭉치'를 뜻한다. 1948년을 전후한 폭발적인 출생률 증가 때 출생하여 1960~1970년대 학생운동을 경험하고 고도성장기를 거쳐 현재 장년이 된 세대이다. 최근에는 이들 세대의 퇴직이 본격화함에 따른 경제·사회·문화 면에서의 영향과 대책에 관한 논의가 점차 활발해지고 있다. 이 책 제1장 2절 중 특히 '단카이 세대의 불행'을 참고하라.

● **일본의 버블 경제(Bubble Economy)와 그 붕괴** : 1985년 5개국(미·영·독·프·일) 프라자 합의(Plaza Accord) 이후 사상 최대의 엔고가 나타남과 함께 시중 은행의 자금이 대량 시장으로 유입되면서 주식 및 부동산 시장에 이상 활황 현상이 나타났다. 그런데 1990년 토지 관련 융자금지와 함께 찾아온 '버블 붕괴'로 일본 경제는 갑작스런 냉각기를 경험하게 된다. 버블 붕괴 이후의 이른바 '잃어버린 10년' 및 불량채권 문제 등은 일본 경제에 대한 개혁 문제와 관련하여 아직까지도 현재 진행형인 논점이며, 현재의 경제적 활황 무드 속에서도 버블화에 대한

이르기까지 이른바 '기업전사(企業戰士)'로 활약한다. 마르크스주의의 파고는 급속히 잦아들고 그 대신 남성들은 회사 업무에 그리고 전업주부가 된 여성들은 가정 지키기에 인생의 모든 것을 걸게 된 것이다. 무엇보다 자신의 '생활'이 중대사가 되면서 사회나 정치에 대한 관심은 어디까지나 생활에 관련된 부분에 한정되었다. 이로써 보수/혁신의 축과 관련해서라기보다는 '안정적인 생활'만 온통 생각하고 있다는 뜻으로서의 '생활보수주의'가 도래했다.

최근에는 이러한 생활보수주의의 상징이자, 흡사 좌익성이 흔적도 없이 자취를 감춘 후 돌연 대두한 것 같은 1980년대 일본의 미친 듯한 소비사회가, 사실 이전 시기의 좌익성과 연속적인 것이었다는 지적이 많이 나오고 있다.

예를 들면 오쓰카 에이지(大塚英志)는 요시모토 다카아키(吉本隆明)를 인용하면서, 1980년대 일본이 실현한 것은 '소비의 평등'인 바 이는 좌익이 환영할 만한 '계급성의 해체', '전후 민주주의의 도착점'으로 여겨져 왔다고 말한다.[2]

또한 기타다 아키히로(北田暁大)는, 전공투(全共鬪) 운동●에서의 '총괄(總括)'이나 '자기비판'이라는 의례에 대해 다음 세대가 느끼는 거부감이 '저

경계가 고개를 쳐들곤 한다. 관련 참고문헌으로는 다카하시 조센, 곽해선 옮김, 『사라진 일본 경제의 기적—일본 경제 50년사』(다락원, 2002) ; 정진성, 『일본경제론』(한국방송통신대학교출판부, 1999) 등.

● 전공투(全學共鬪會議) : 1968~1969년 일본 대학 분쟁시 결성된 신좌익 내지 무당파의 전국적 학생운동 조직. 당시까지의 전학련(全學連) 각 학부의 학생자치회를 기반으로 하지 않고 각 학부, '세쿠토(sector)'라 불리는 정치적 당파의 특정 지도 이데올로기를 초월한 형태의 조직으로서 일본 전후 최대의 학생운동 조직이었다. 도쿄대학(東京大) 야스다(安田) 강당 및 니혼대학(日本大) 점거 사건이 널리 알려져 있다. 관련 참고문헌으로는 기하라 게이지 외, 현대평론 옮김, 『일본 학생운동사 : 전공투』(백산서당, 1985) ; 고사카 슈헤이 외, 김항 옮김, 『미시마 유키오 對 동경대 전공투 1969~2000』(새물결, 2006) 등.

항으로서의 무반응'이라는 몸짓을 초래하면서 소비사회의 아이러니즘으로 전화(轉化)하는 양상을 1980년대의 특징으로 그려 내고 있다.[3]

이렇게 볼 때 좌익성은 1960~1970년대에는 분명 사회의 주류의식이었고, 1980년대에 들어서도 어느 정도 간접적인 '막연한 분위기'로서 남아 있었다. 그러나 1990년대로 접어들면서 급속하게 부정적 평가를 받기에 이르렀다고 정리할 수 있다.

이를 일단 우경화라고 부르는 데에는 이의가 없다. 일본의 마르크스주의와 좌익이 오랫동안 기대어 온 것이 바로 전쟁에 대한 반성이자 아시아에 대한 속죄의식이었기 때문이다. 이를 단순히 역전시킨 것이라는 뜻에서 보면 혐한·혐중은 그야말로 우경화일 수밖에 없다.

그러나 여기서 주목해야 할 점은 이전의 좌익에서 현재의 우경화로 너무나 급속한 전환이 일어났다는 점이다. 말하자면 너무나도 쉽게 '전향'해 버린 예전의 학생운동 투사들, 그리고 가야마 리카가 '쁘띠 내셔널리즘'이라고 부른 오늘날의 우경화 경향을 하나의 정치적인 입장으로서 평가하는 것이 과연 타당한가 하는 문제이다.

좌우 어느 쪽의 경우든 이를 막연한 사회 분위기가 초래하는 동조성(同調性) 같은, 이른바 일종의 집합적 퍼포먼스로서 이해할 수도 있을 것이다. 하지만 막연한 분위기라는 것은 어느 시대에나 존재하게 마련이기에 이것만으로는 결국 아무것도 구체적으로 설명해 낼 수가 없다. 따라서 여기에서, 특히 '전쟁 책임'이나 '아시아 문제' 등 이른바 개인의 사생활과는 별로 관계가 없는 화제를 둘러싸고 벌어지는 '좌우 대립'이라는 것이, 사실 그 배후에 다른 문제를 숨기고 있는 것이 아닌가 하는 의심을 지울 수 없는 것이다.

요컨대 종래의 좌우 대립을 전제로 볼 때 현재의 일본 언론은 확실히 우경화하고 있다. 하지만 여기서 다시 생각해 보아야 하는 점은 오히려 기존의 좌우 대립 틀 자체가 아닌가 한다. 기존의 틀 속에서 갑론을박 진행되어 온 논의를 새로운 문맥에 자리매김하여 다시 고찰해 볼 필요가 있는 것이다. "우경화라서 혹은 좌경화라서 나쁘다"는 식으로 말하곤 하지만 그것이 어느 쪽이 되었든 큰 의미가 없다고 여겨지는 것은 바로 이러한 이유 때문이다. 먼저 물어야 하는 것은 "그들이 정말 우익 혹은 좌익인가?" 그리고 "그들이 정말 말하고자 하는 것이 역사 문제인가?"라는 질문이리라.

세대 간 대립론의 인기

이렇게 볼 때 특히 일본에서는 '세대'라는 관점이 중요해진다. 앞에서는 주로 중장년층이 일종의 '젊은이들 문제'로 거론하곤 하는 현재의 우경화 현상이, 실은 젊은층뿐만 아니라 오히려 중장년들을 주요 독자로 하는 잡지나 미디어의 내용에 크게 의존하고 있다는 점을 지적했다. 내셔널리즘 및 역사 문제에 관해서는 젊은이들과 중장년들이 공히 '일본인'이라는 점에서 어깨를 나란히 하고 싸우는 공투관계(共鬪関係)를 맺고 있다고도 할 수 있겠다.

그러나 이러한 거창한 주제가 아닌 실생활에 밀접한 화제에 대해서는 세대 문제가 전혀 다른 식으로 논해지고 있는 듯하다. 오히려 젊은이들과 중장년, 특히 단카이 세대가 이해관계를 전혀 달리하며 서로 대립하고 있다는 식의 이야기가 많이 나오고 있기 때문이다.

먼저 눈에 띄는 것은 후리타● 및 니트● 관련 논의에서 그 전형을 볼 수 있는 최근 젊은이들에 관한 언설, 이른바 '젊은이론/청년세대론(와카모노론, 若者論)'이다. 이는 자신의 자녀가 일하지 않고 있다든가 최근 주변에 놀고 있는 사람들이 늘었다는 것을 누구나 피부로 느끼게 되었다는 사실을 보여준다. 이들 논의의 대다수는 이른바 '칠칠치 못한' 젊은이들에 대한 교훈의 성격을 띠고 있는데, 마치 젊은이들이 자신의 환경을 스스로 결정할 수 있으며 그들이 마음만 바꿔 먹으면 모든 문제가 해결된다는 식이다.

하지만 후리타·니트의 발생은 마음을 어떻게 먹느냐 하는 문제가 아니라 엄연한 실업 문제로서 일정한 사회경제적인 구조에서 배태되는 것으로 이해해야 한다. 많은 사람들이 극히 최근까지도 이와 같은 당연한 사실에 주목하지 않고 있었다는 사실을 우리는 안타까운 마음으로 되돌아보아야 할 것이다.

그러면 어떠한 사회경제적인 구조에서 후리타·니트가 생겨난 것일까? 이 논의에서 흔히 공격의 표적이 되어 온 것이 바로 단카이 세대이다. 종신 고용과 연공서열이라는 기득권익을 보호받는 가운데 그다지 업무 능력이 뛰어나지 않더라도 높은 급료를 받아옴으로써, 결국 젊은이들에게 넘겨주어야 할 인건비와 일자리를 계속 차지하고 있는 것이 오늘날 단카이 세대의 모습

● **후리타** : 영어의 free와 독일어의 arbeiter의 합성어. 아르바이트 또는 파트타이머로 일하며 취업에 종사하는 기간이 짧은 젊은이를 말한다. 대략 15세 이상 35세 미만에 속하며, 학생이나 주부가 아닌 사람들 가운데 파트타임 아르바이트나 파견직 등으로 일하는 사람들을 포함한다. 정의에 따라서는 일할 의향을 가진 혹은 가지지 않은 사람들이 포함 혹은 제외된다(2003년판 『국민생활백서』 및 2003년판 『노동경제백서』). 일반적으로는 규정된 정의보다 훨씬 넓은 범위의 사람들을 가리키는 경우가 많다.

● **니트(NEET : Not in Education, Employment or Training)** : 고용되어 있거나 직업 훈련 혹은 학업중이지 않으면서 가사일도 하지 않는, 대략 15~35세의 젊은이들을 일컫는다.

이라는 것이다.

이렇게 해서 청년세대론과 마찬가지로 이와 같은 단카이 세대론이 다수 그 모습을 드러내고 있다. 학생운동에서 샐러리맨 보수주의로의 '전향'을 공격하거나 샐러리맨의 '사축(社畜)'●화를 야유하는 목소리, 혹은 하고 싶은 것만을 추구하면 된다는 사고를 낳았다는 지적 등 그 내용은 다양하지만 결국 이들 논의의 주된 기조는 단카이 세대에 대한 비판과 공격이다.

솔직히 말해 이러한 단카이 세대의 상(像)이 틀리다고는 할 수는 없다. 단카이 세대가 기존 지위를 차지하고 있음으로 해서 후속 세대가 불이익을 당하고 있다는 사실은 일일이 실증할 필요가 없을 정도로 명백하기 때문이다. 예를 들어 주위의 젊은이들만 보더라도 그들이 지금 무슨 일을 하고 있든 이 점에 대해서는 모두 할 말이 많으며, 나 역시 다르지 않다.

하지만 나는 이러한 단카이 세대론에 거부감을 느낀다. 왜냐하면 그들 세대에게 악역을 맡겨 버린다 한들 현실적으로는 아무것도 달라지지 않기 때문이다. 분명 그들 중에는 행복한 시대에 태어났다는 사실만으로 '도박판에서 돈을 따자마자 털고 일어나려는' 행태를 보이는 사람들도 적지 않다. 그러나 후리타·니트의 발생이 젊은이들의 마음의 문제가 아니듯 단카이 세대의 존재 역시 그들의 잘못으로 돌릴 수 없는 것이다.

이렇게 볼 때 젊은이론과 단카이 세대론은 둘 다 거시적인 사회 변동을 염두에 두지 않은 채 근시안적으로 적을 찾아내려 하는 무의미한 논의이다. 사

● **사축** : 평론가 사타카 마코토(佐高信)가 만든 말로서 일본의 샐러리맨들이 일생을 회사나 조직에 매달려 소처럼 일만 하는 존재가 되어 간다는 뜻이다. 거대 기업에서 사원이 그 인격까지 지배되며 종속되는 구조를 비판하기 위해 쓰였다.

실 이 자체는 하나의 중요한 논점인 바, 이를 이 책의 소주제라고도 할 수 있 겠다. 다만 여기서 일단 확인해 두고 싶은 점은, 내셔널리즘에 관해서는 나 란한 위치에 서 있는 두 세대가 실생활과 관련한 고용 및 사회 계층이라는 측면에서는 흔히 서로 대립하는 관계로 논해진다는 점이다. 그렇다면 이것 은 무엇을 뜻하는 것일까?

당구공 모델에서 다원성으로

지금까지는 역사 문제를 중심으로 한 동아시아 국가 간의 '내셔널리즘적 응수'를 마치 한 나라의 국민 모두가 단일한 의견을 가지고 있다는 듯이, 혹 은 '이것이 승리고 저것이 패배'라는 데 대해 전 국민이 합의한 해답이 있는 듯이 논의해 왔다.

이 점은 좌/우파 모두 마찬가지이다. 좌파는 '그 전쟁에 대한 속죄(贖罪)' 를 일본인 전체의 해답으로 내놓은 데 반해, 이에 대한 반발로 나타난 우파 는 '그 전쟁에 대한 면죄(免罪)'를 전 일본인의 해답이자 의무라고 생각했다. 뒤에서 다루겠지만, 단일한 의견을 가진 국민 모두가 어떤 절대적인 정답을 구하는 가운데 국가 간 충돌이 일어나는 식으로 내셔널리즘을 바라보는 이 러한 사고회로는 한국이나 중국의 경우에도 마찬가지로 존재한다. 이렇게 마치 플라스틱으로 속이 꽉 채워진 균질적인 공들이 서로 부딪치는 형태, 말 하자면 '당구공 모델'로서 논의되고 있는 것이 오늘날 '한중일 내셔널리즘 대립'이라 하겠다.

한편 구미의 내셔널리즘과 관련한 사건 보도에는 반드시 '이민'이나 '실업'이라는 말이 포함되어 있다. 내셔널리즘이 얼마간의 배외주의를 포함한다고 할 때, 그 대상은 반드시 인종을 기준으로 선택되어 왔던 것이다. 또한 그러한 내셔널리즘의 목소리를 높이는 것은 주로 '실업에 대한 불안'을 느끼는 비교적 하층에 속하는 사람들로서, 중간층 이상이 이러한 종류의 내셔널리즘에 동의하는 일은 상대적으로 많지 않다고 알려져 왔다.

동아시아 각국 내셔널리즘의 존재 그 자체는 당연한 사실로, 이를 깨끗이 근절시킬 수 있다는 이야기는 말이 안 된다. 하지만 내셔널리스트임을 자임하는 사람들의 주장이나 이를 분석하는 언설이 모두 당구공 모델 일색이라는 점은 분명 짚고 넘어가야 할 문제이다. 내셔널리즘은 국민 모두에게 기복 없이 평평하게 확산되는 것이 아니라 인종이나 계급 같은 국내적 입장의 차이를 짙게 반영하는 것이 보통이 아닌가?

실은 동아시아에서도 이러한 징후가 나타나고 있다고 할 수 있다. 내셔널리즘과 국내적 다원성의 상호 관련, 즉 '다원화(多元化) 내셔널리즘'은 여태까지의 '균질형(均質型) 내셔널리즘'의 안티테제로서 나타나고 있다.

한국에서 진행되는 재벌 및 과거 권력자들을 대상으로 하는 '친일파 고발'의 움직임, 그리고 중국 정부의 일본에 대한 유화적인 자세에 대한 민중적 반감을 배경으로 하는 젊은층의 반일 무드에서 볼 수 있듯이, 국내 정치적인 대립과 내셔널리즘이나 대(對)일관 사이의 상호 관련성과 연속성이 나타나기 시작한 것이다.

한국의 경우 1965년의 한일기본조약의 체결로 인해 한국 정부가 일본으로부터 사죄와 배상을 받아 낼 기회를 포기한 셈이 된 것이라고 여겨 왔다.

또한 이때의 원조가 없었다면 재벌계 대기업을 중심으로 한 한국의 고도성장이 실현되기 어려웠을 것이라는 점은 개발독재 체제의 언론 탄압기를 거치면서 오랫동안 한국 근대사의 한 터부가 되어 왔다. 이러한 분위기는 현재까지도 짙게 남아 있다.

한편 중국의 경우에도 반일운동과 국내 문제는 연동되어 있다. 치징잉(祁景瀅)은 중국 내셔널리즘 현장의 하나인 인터넷상의 '강국논단(强國論壇)'●을, 공산당 지배에 대한 '불만의 배출구'라는 보수적 기능과 더불어 애국정신 및 민주주의에 대한 요구를 키우는 주동적·주체적 역할을 하는 양의적(兩意的)인 것으로 파악한다.[4] 인터넷상의 반일은 공산당 지배하의 '민주화를 건너뛴 고도성장'에 대한 거부감 및 정부가 대외적으로 취하는 자세에 대한 비판이 결합된 것이다.

이러한 움직임에서 공통된 것은 "국가의 목표가 고도성장으로 일원화되는 가운데 '진정한 내셔널리즘'이 억압되었다"는 의식이다. 여기에 대응될 만한 최근의 일본 사정으로는, 미국의 비호 아래 이룩한 경제 성장을 옹호해 온 기존 보수에 대한 안티테제로서 등장한 '반미보수(反美保守)'●를 들 수 있다. 일본의 반미보수가—이 글에서는 논의를 제한하고자 '동아시아 국제 정

● **강국논단** : 인터넷 판 『인민일보(人民日報)』가 운영하는 중국의 대표적인 인터넷 토론 사이트. (www.people.com.cn)

● **반미보수** : 일미안보조약을 기반으로 발전을 도모해 온 전후 주류 보수파와는 달리 미국의 종속을 벗어날 것을 주장하는 최근 일부 보수론자들의 흐름을 말한다. 이들은 일본의 친미 종속 외교를 강하게 비판하면서 일본의 전통과 주체성을 강조한다. 또한 미국의 핵우산에서 벗어난 자력 군비 증강 및 핵 보유를 주장하고 반중·혐한론을 전면에 내세우며 전전(戰前) 군국주의 일본의 대아시아주의를 긍정하는 등 비교적 온건했던 기존의 전후 보수파에 비해 과격한 정책

치에서의 미국'이라는 변수를 의도적으로 제외한 터라 이 경향에 대해 자세히 검토할 수는 없지만—미국의 비호 아래 고도성장에 대한 '씻김'과 같은 의미를 담고 있다는 점에 관해서는 이미 많은 논의가 나와 있다.

즉 현재의 동아시아 내셔널리즘이란 필연적으로 '자국의 고도성장에 대한 재검토'라는 모습으로 나타나는 자국사(自國史) 논쟁과 음으로 양으로 관련되어 있다고 볼 수 있다. 내셔널리즘이라는 형태로 표출되는 정념은 단지 대외적인 공격성만을 띠고 있는 것이 아니다. 전 국민의 공통된 목표로 상정되었던 고도성장 이데올로기의 소멸, 그리고 국민들 간 입장 분열과 다원화를 일그러진 형태로 반영하고 있는 셈이다.

따라서 동아시아의 상호 이미지, 예를 들어 일본의 아시아 경멸이나 한국과 중국의 반일 전통을 모두 당구공 모델의 틀에 넣어 파악해서는 안 된다. 주목해야 할 점은 각국 나름의 맥락에서 보여지는 국내적 다원화 및 구조 변동과 내셔널리즘의 상호관계이다. 좌/우파를 막론하고 이미 정해진 결론을 반복 재생산해 내는 내셔널리즘론에서 우리가 참고할 점은 아무것도 없다.

입장과 후퇴한 역사 인식을 보인다. 니시베 스스무(西部邁), 고바야시 요시노리(小林よしのり), 세키오카 히데유키(關岡英之), 사에키 게이시(佐伯啓思) 등이 대표적 논자들이다. 이슈에 대한 입장 변화로 인해 다양한 흐름으로 사분오열하는 가운데에도 『분게이슌주(文藝春秋)』, 『쇼쿤!(諸君!)』, 『세이론(正論)』, 『사피오(SAPIO)』, 『보이스(VOICE)』 등의 잡지를 중심으로 글을 게재하며, 최근 일본의 '신민족주의' 흐름을 주도하고 있다.

모든 국가에는 내부적 대립 구도가 존재한다는 상상력

그런데도 각 나라에 아직 이러한 틀에 박힌 논의가 살아남아 있을 뿐만 아니라 동아시아를 계속 당구공 모델 식으로만 논하고 있다는 사실이 바로 이 지역이 안고 있는 불행이 아닌가 한다.

예를 들어 2005년 일본에서 큰 화제가 되었던 『만화 혐한류(嫌韓流)』라는 책에는, 한일기본조약 당시 일본이 거액의 경제협력금을 제공한 일을 두고 주인공이 "이것을 보상이라고 하지 않으려면 한국 정부를 상대로 소송을 거시든지"라고 하자, 보상의 필요성을 역설하던 상대가 허둥지둥하는 모습이 그려져 있다.●5 이와 비슷한 의견은 현재 한국에서 국내적으로 제시되어 있을 뿐만 아니라 최대의 정치적 의제 가운데 하나로 떠오르기도 했다.

이 만화의 저자는 당구공 모델만을 염두에 두고 있기 때문에 친일파 청산이라는 의제가 대일관의 문제이기에 앞서 하나의 국내 문제라는 사실을 전혀 이해하지 못하고 있다. 이는 지식의 많고 적음의 문제가 아니다. 기본적으로 상대국의 내부에도 정치적인 대립 구조가 존재하고 있으며, 더 나아가 그 구조 역시 부단히 변화해 간다는 당연한 사실을 떠올릴 수 있는가 하는 상상력의 문제이다. 고로 이러한 책의 주장에 대해 치밀하게 역사 문제를 들어 반론하고 다시 재반론을 주고받는 일은 크게 볼 때 핵심에서 벗어난 의미

● 일본 정부는 한일기본조약에 의해 제공한 자금이 배상이나 보상이 아니라 어디까지나 독립축하금 명목의 경제협력금이었다고 주장해 왔다. 이는 식민 지배를 했던 역사적 사실까지도 공식적으로 인정하지 않으려는 것이라고 알려져 있다. 『만화 혐한류』는 한일기본조약에 따른 자금 제공을 식민 지배에 대한 배상 혹은 보상으로 인식하던 당시 한국 정부의 입장을 들어, 현재 한국 측에서 보상 문제를 다시 끄집어 내는 것은 모순이라는 식으로 비아냥거리고 있는 셈이다.

없는 논의라 여겨진다.

물론 이러한 문제를 한국이나 중국에서도 찾아볼 수 있다. 예컨대 한국이나 중국 언론은 고이즈미 준이치로(小泉純一郎) 전 수상의 일본 국내적 인기가 야스쿠니 참배 때문이라 간주하고, 결론적으로 이것을 일본의 우경화로 단정하는 보도를 하는 경우가 많았다. 당시 국내적으로는 무엇보다도 구조 개혁이 고이즈미 정권의 핵심 의제였으며 이에 반해 야스쿠니 신사 참배 문제는 비교적 부차적인 것으로 여겨졌었다는 사실, 게다가 참배 문제에 관한 일본 국민의 의견 역시 찬반으로 뚜렷하게 갈린다는 사실은 그다지 보도되지 않았던 것이다.

물론 일본 국내적으로는 이러한 이해법이 통할 리 없다. 하지만 그렇다고 해서 피장파장식으로 나가는 것은 누가 더 어리석은지 힘겨루기를 하는 것과 다를 바 없다. 즉 중국이나 한국의 보도에 대해 일일이 반론을 펴고 이것이 다시 두 나라에 전해져 재반론을 불러오는 식의 무분별한 행태가 최근 동아시아 풍경의 일부로 정착된 느낌이다.

문제는 어느 나라에서든 역사 문제는 과잉 이데올로기화하게 마련이어서 기존 좌우 대립 구조에 잘 들어맞지 않는 상대국의 정보는 국내로 잘 전해지지 않는다는 사실이다. 그리고 여기서 일본을 축으로 하는 역사 문제는, 중국이나 한국의 건국 신화 및 이후의 고도성장에 관한 국내적 터부와 밀접하게 관련되어 있는 것이다.

물론 이러한 정황 자체를 불러일으킨 책임은 일본에 있다고 할 수 있다. 일본은 어떠한 어려움이 있더라도 역사적 실증 조사와 더불어 각 나라 간 통일된 견해를 이끌어 내려는 노력을 멈추어선 안 될 것이다. 이를 부정하려는 생각은 추호도 없다. 단지, 특히나 일본에서 제기되는 일본책임론에 대해 거부감이 느껴지는 부분이 있는 것이다. 주체적인 정보 발신자로 변모한 오늘날 한국과 중국은 이미 예전마냥 일본이 경제원조 등 직접적인 행동을 통해 제어할 수 있는 상대가 아니다. 그런데도 일본책임론은 모든 것을 일본 책임으로 돌려버린 채 자신들의 입장에서 적당한 상대국의 목소리만 선별해 국내로 들여오려는 시대착오적 태도를 보인다. 이들의 논법에서는 오히려 일본의 패권주의적 향수마저 느껴진다.

한편 고도성장의 종언에 따른 국내적 이해의 다원화가 일본에서는 어떻게 나타나고 있는가? 다양한 모습이 존재하겠지만, 이 책에서는 위에서 세대 간 대립으로 거론했던 제반 사정에 주목하고자 한다. 다른 나라에서 회사 중시라는 경향이 이미 불합리한 것으로 여겨지게 된 이후에도 일본에서는 계속 개인과 국가 사이의 중간 집단으로서 회사를 특별히 중요하게 생각해왔다(이 책에서는 이를 '회사주의'라 부르고자 한다). 이 같은 독특한 역사적 사정을 배경으로 하면서, 고도성장의 수혜를 입은 사람들과 그렇지 못한 사람들 사이를 가르는 경계선은 '세대'라는 연령적 요인과 깊이 관련되어 있다.

여기서 살펴봐야 할 점은 부모와 자식 간의 갈등이나 화해라는 비유로 이해할 만한 국내적인 이세대간(異世代間) 관계만이 아니다. 여기에는 그간 회사 고용에 기초한 '총중류사회(總中流社會)'로 알려진 전후 일본 사회의 구

● **총중류사회·일억(一億)총중류사회** : '스스로 전체 국민의 상·중·하의 어디에 해당한다고 생각하는가?'라는 1970년대부터 1990년대 초반에 걸친 총리부(総理府)의 '국민 생활에 관한 여론 조사' 질문항에 대해 답변자의 80~90퍼센트가 자신은 중류(中流)라고 대답하는 현상이 나타났다. 이로부터 일본은 부자나 가난한 사람이 지극히 적은 그야말로 '중류가 대다수를 차지하는 사회'라는 인식이 자리 잡게 되었다. 총중류사회·일억총중류사회는 이를 압축적으로 나타내는 표현으로 자주 사용되어 왔다.

조 변동이라는 문제가 밀접하게 관련되어 있다. 게다가 현재 일본의 내셔널리즘 역시 당사자들의 인식 여부를 떠나 이러한 구조 변동의 의미에 큰 변화를 가져오는 요인일 터이다.

후리타·니트 문제는 일본의 고도성장에 대한 재검토를 촉구하는 대표적인 사례라고 할 수 있다. 그런데 어째서 지금까지 이들 문제와 내셔널리즘과의 관계에 대한 고찰이 없었던 것인가? 어째서 국민 내부의 다원성을 해부하는 대신 일본을 하나의 당구공으로 여기며 우경화/좌경화만 논하고 있는 것인가? 뒤집어 말해서, 후리타·니트의 발생 문제를 고도성장을 중핵으로 했던 자국 근현대사의 재검토 문제로서 거론하는 시각이 없는 것은 왜일까? 내셔널리즘과 언뜻 관계가 없어 보이는 청년층의 문제와 그들의 라이프스타일에 대해 이 책에서 각각 한 장씩 할애한 이유 역시 나 스스로 이러한 질문들을 거둘 수 없었기 때문이다.

중간층의 상하 분열

나는 앞에서 일본의 고도성장에 대한 재검토를 배경으로 하는 새로운 형태의 내셔널리즘이 출현함에 따라 기존 당구공 모델의 타당성이 떨어졌다는 점을 거론했다. 그러면 고도성장과 그 종언은 어떤 변화를 가져왔을까? 이 문제에서 키워드는 '중간층(中間層, middle-class)'이라는 개념이리라.

이 책의 목적은 한중일 세 나라를 가로지르는 자국 근현대사의 재검토라는 문제를 중간층을 둘러싼 변동으로 정리해 봄으로써, 국가 간 상호 충돌의 이미지로서가 아니라 국가를 횡단하는 공통적인 문제의 윤곽을 부각하려는 것이다.

제2차 세계대전 이후 세계사는 나라마다 자국의 인구를 중간층으로 편입하고자 한 운동의 역사였다고 해도 과언은 아니다. 냉전 체제를 구성한 자본주의와 공산주의 두 진영의 관계는 완전히 이질적인 사회 체제의 대립이 아니었다. 양측 모두가 경제 성장이라는 공통적인 목표를 가지고 있었으나, 그 달성 수단의 차이가 쟁점이 되었다고도 볼 수 있다. 공업화는 양 진영의 지상명제였고, 중간층의 확대란 그러한 공업화가 성공한 결과로 받아들여졌다. 공업화의 성공과 실패라는 승부에는 중간층 확대에 성공하느냐 못하느냐의 여부가 걸려 있었던 셈이다. 획일적인 대량 제품을 생산하던 당시의 공업화 단계에는 장기적으로 각각의 생산 기술이 긴요했기 때문에 자연히 숙련노동자의 가치를 높게 평가했다. 이러한 배경에서 회사는 노동자들을 내부로 끌어안는 동시에 인적 투자를 통해 숙련노동자를 양성하고자 했다. 이와 같이 중간층의 확대란 곧 기업 고용의 증대를 의미했다.

1950～1960년대 세계적인 고도성장 가운데 양 진영 공히 어느 정도의 경제 성장을 거두게 되면서, 대다수 국민들은 기본적인 의식주뿐만 아니라 예컨대 가전제품, 오락 문화 등을 접하게 되었다. 이들이 바로 중간층이다.

1970년대 들어서는 미국에서 탈공업화라는 시각이 등장한다. 다니엘 벨(Daniel Bell)이 논한 탈공업화 사회가 바로 그것이다. 그의 논의는 일본에서도 널리 읽혀졌으나 '무형(無形)의 정보야말로 새로운 문화 상품'이라는 식의, 단순한 주력 상품 구성의 변화에 대한 논의로만 알려진 느낌이 강하다. 그러나 그가 중점적으로 말하려 한 것은 오히려 마르크스주의의 재해석을 통한 새로운 사회계급론이라 할 만한 것이었다.

대량 생산품이 주력 제품이던 시대는 종언을 고하고 한층 더 다양한 취향의 수요에 대응할 수 있는 다품종 소량 생산으로의 전환이 일어나면서, 마르크스주의가 자본주의의 중심 요인으로 간주했던 자본과 생산 수단보다 정보나 기술이라는 요소가 더욱 중요해졌다. 이러한 까닭에 사회의 주요한 대립관계는 노동자와 자본가 간이 아니라, 전문 교육을 받고 정보와 기술을 습득한 관리 통치 계층과 나머지 대중들 사이에서 형성되기에 이르렀다.

개별 기업에서 전문가주의 혹은 능력주의(메리토크라시, meritocracy)가 일반화하는 가운데 이러한 경향은 교육에 대한 수요를 증가시켰다. 또한 공업 발전과 더불어 교육이나 금융 및 사회보장에 대한 수요가 늘어나면서 시장에 완전히 맡겨 둘 수만은 없는 분야로 부상했고, 이에 대한 기업과 국가의 사회적 책임 역시 커지게 되었다.

이러한 요인들로 인해 탈공업사회에서는 정부·공적 부문의 확대가 나타나는 동시에 각 기업에서 공동체 성격이 강화된다는 것이 다니엘 벨의 주요 논점이다. 즉, 국가나 기업의 수준에서 전문가에 의한 관리의 침투를 통해 관료제가 완성되어 간다는 것이다. 이러한 사태에 직면한 대중은 평등을 요구하게 되지만, 경제 성장의 유지를 위해 여전히 관료제가 필요하다는 사실은 변함이 없다는 것이 그의 기본 입장이다.

이 책의 관점에서 볼 때, 벨의 탈공업화론은 인구의 총중간층화(總中間層化) 프로젝트에 포함되어 있던 과도한 평등주의나 낙관주의를 거부했다는 점에서 일종의 과도기적 논의이다. 그는 총중간층화를 부정하기보다는 그 과정에서 생겨난 새로운 불평등을 '관료제와 대중적 요구의 대립'이라는 형태로 문제화한 것이다.

총중간층화와 벨이 구상한 탈공업화 논의의 공통점은 '강력하고 공고한 조직으로서의 기업'이라는 관점으로서, 둘 모두 기업이 대부분의 인구를 고용으로 흡수할 것을 전제한다. 그러나 이후 몇 차례의 역사적 전환점을 거치면서 기업 고용 증대는 더 이상 당연한 세계 공통의 목표일 수 없게 된다. 이것이 바로 동아시아 고도성장 종언의 원형적(原形的) 풍경이라 할 만한 서양의 경험이다.

직접적으로는 석유 위기를 계기로 다음과 같은 변화가 나타나기 시작했다. 대량 생산품에서 다품종 소량 생산품으로의 생산 패턴 변화는, 변하기 쉬운 소비자의 기호에 따라 신속하게 제품 생산을 전환할 수 있는 능력이 필요해졌음을 뜻했다. 따라서 일정한 제품을 계속 만들어 내던 종래의 생산 라인 역시 유행에 따라 변동 가능한 것으로 바뀌었고, 한 가지 기술에 특화한 숙련노동에 대한 요구의 저하는 이를 육성하기 위한 기업 인적 투자의 필요성 감소를 낳았다.

더욱이 당시 석유 위기가 불러온 세계적 불황과 함께, 일본이나 독일 같은 중진국들이 선진국 추격에 나섬으로써 제조업이 부진했다. 또한 세계화의 진전에 따라 저렴한 임금의 해외 노동력을 이용할 수 있게 된 점 등 여러 요소들이 겹치면서 관료제로서 강고(强固)했던 기업 조직은 일시에 붕괴했다.

노동자들은 이제 기존의 조직이라는 외투 없이 한 사람의 개인으로 노동 시장에 나가 능력에 따라 값이 매겨지는 존재가 되었다. 즉, 기업 조직의 피라미드형 위계 서열(hierarchy) 속에서 출세를 지향하기보다, 자신의 능력과 기술에 좀더 비싼 가격이 매겨지도록 노력하는 것이 그들의 합리적인 선택이 된 것이다.

이러한 이유로 강고한 기업 조직을 전제로 하는 계층 분화, 즉 총중간층화에서 탈공업화로 가는 과정에서 나타난 계층 분화와는 완전히 다른 형태의 계층 분화가 일어났다. 그러면서 자본가와 노동자 혹은 전문가 집단과 대중 사이에 가로놓인 것으로 여겨지던 계층 간 차이는 한결 유동적인 것으로 변하기 시작했다.

이를테면 사장-전무-부장-평사원 같은 수직적 이미지의 계급 구조가, 한쪽에서는 뉴리치(new rich)●가 등장하는 한편 다른 편에서는 히키코모리●역시 존재하는, 그리고 누가 그 어느 쪽의 길을 가게 될지에 대해서도 명확한 기준이 없는 그러한 구조로 변화하기 시작했다. 강고한 조직에서 해방된 고용이 유동화되어 갈 때 그 경쟁 원리는 이전의 관료제가 아닌 개인화가 되고, 경쟁 단위는 조직이 아니라 개개인으로 분해된다.

이와 같은 변화는 기업 조직으로 둘러싸인 채 진행되는 것으로 전제하던 종래의 취업 및 고용 방식의 소멸을 가져왔다. 1970년대 중반 이후 청년 실업이나 중년층의 정리해고, 젊은층의 노동의식과 향상심(向上心) 소멸이라는 문제가 불거지게 된 것 역시 이러한 변화를 배경으로 하고 있다. 실제 서구의 여러 나라에서도 이들 문제에 대한 갖가지 대책 마련에 부심해 왔다.

이상의 세 단계 틀을 간단히 도식화하면 다음과 같다. 특히 여기서는 (1)

● **뉴리치** : 벼락부자 혹은 신흥부자. 더 자세히는 제2장의 설명을 참고하라.

● **히키코모리** : 직역하면 '끌어들임', '틀어박힘'의 뜻으로서, 사회에 적응하지 못하고 장기간 방에서 나오지 않은 채 생활하는 이른바 '은둔형 외톨이'를 일컫는다. 1990년대에 심각한 사회 문제로 불거진 바 있다.

의 총중간층화로부터 (2)의 탈공업화에 이르는 과정은 어느 정도 연속적이었는 데 반해, (3)의 사회유동화는 이전과는 완전히 다른 현상이었다는 점에 주의를 기울일 필요가 있다.

고도성장의 삼단계론

(1) 총중간층화 : 공업화·기업 고용의 일반화

(2) 탈공업화 : 강고한 조직 = 관료제의 완성

(3) 사회유동화 : 관료제에서 개인화로

이 책의 주장은 한국·중국·일본에 이러한 사회유동화가 공통적으로 나타나고 있다는 것이다. 나아가 국민 모두를 균질적인 것으로 보고 전 국민이 공유해야 할 것으로서 내셔널리즘, 즉 당구공 모델 내셔널리즘의 유효성이 저하한 원인도 여기에서 찾을 수 있다.

오늘날 개인의 생활은 이미 기업이나 국가 같은 견고한 조직으로부터 떨어져 나와 개인화된 경쟁 속에 내던져져 있다. 이 경쟁에서 사람들은 성공하여 부자가 되거나, 실패하여 가난에 직면하는 것이다. 이러한 개인화된 생활과 내셔널리즘의 관계는 예전과 매우 다른 성격을 갖는다. 그럼에도 현재의 동아시아 내셔널리즘은, 총중간층화에서 탈공업화로 가는 시대, 즉 기업과 국가가 개인을 포섭하던 시대의 산물로만 이해되고 있다. 이러한 모순이 동아시아 내셔널리즘의 논의를 무분별하고 비생산적인 것으로 만드는 한 요인은 아닐까?

고도소비사회의 양의성

앞의 도식에서 (2)의 탈공업화로부터 (3)의 사회유동화로 가는 과정은, 구직 방식 및 채용 패턴의 변화뿐 아니라 더욱 광범한 라이프스타일의 문제와 관련되어 있다. 즉 소비자의 기호나 취향을 짙게 반영한 다품종 소량 상품의 생산에 주력하게 되었다는 것은 사람들의 소비생활에 나타난 변화를 전제하고 있다. 나는 삼단계론과 더불어 이 점을 논의의 또 다른 축으로 삼아 '고도소비사회화(高度消費社會化)'라 부르고자 한다.

이제 자신의 취향대로 상품을 소비하는 생활을 해나간다는 것은, 비단 건실치 않은 일부 사람들에게만 해당하는 것이 아니라 이른바 사회 전체적인 경제 구조가 사람들에게 요청하는 바가 되었다. '문화'를 짙게 반영한 상품이 그렇지 않은 상품에 비해 더 큰 경제 효과를 갖게 되었기 때문이다.

모든 상품에 문화가 관련되면서 한 나라 경제의 주력 상품 역시 그러한 방향으로 이행하는 추세가 나타났다. 또한 물론 이런 상황에서는 문화를 반영한 상품에 관심이 갖는 소비자들이 늘어나 줄 필요가 있다. "단순히 노는 젊은이들이 늘었다"는 문제가 아니라 오히려 거시적 경제 구조의 변동이 그런 젊은이들을 필요로 하게 된 것이다. 이들은 쾌락주의에 놀아나는 것이 아니라 특정한 시대적 필연성 속에서 그러한 존재로서 등장하였다.

소비의 측면뿐만 아니라 회사 업무의 면에서도 이전 세대가 살아온 시대와는 상황이 많이 달라졌다. 착실하게 숙련 기술을 몸에 익히려는 노력에 더 이상 가치를 두지 않게 된 것이다. 이들은 이미 한 공장이나 사무소에서, 하물며 평생 동안을 같은 곳에서 일하려 하는 존재가 아니다. 특히 상류층으로

갈수록 업무는 더욱 '감각적'인, 흡사 '안개로 돈을 버는 듯한' 일이 되는데, 소프트웨어 산업이나 엔터테인먼트 산업이 그 전형적인 예이다.

물론 이러한 일은 이전 시대의 주력 산업에 비해 불안정하고 그 경쟁 수준이나 부침(浮沈)이 격심하다. 예전 같으면 엘리트가 될 수준의 교육과 능력을 쌓은 사람들도 아무런 보장 없이 '잠재적 엘리트'로서 사회에 방대하게 축적되면서 서로 경쟁해 나가야 하는 사회가 도래한 것이다.[6]

그러나 이런 종류의 산업이야말로 오늘날 경제적 존재감을 더욱 더해 가고 있으며, 바로 여기에서 성공한 사람들이 새로운 부자 상(像)으로서 사회적으로 널리 인식되고 있다. 영어권에서는 이미 이들을 가리키는 '보보스'[●]라는 말이 등장했다.

한편 사회의 하층에는 사람들의 '문화적' 생활을 뒷받침하기 위한 방대한 하층 서비스업이 등장한다. 편의점이나 거대 체인점의 점원은 이러한 일자리의 대표적인 예이다. 이들 역시 몹시 불안정할 뿐만 아니라 종래의 '숙련'이라는 관념이 거의 적용되지 않기 때문에 일에 대한 장래 목표 따위를 설정하기 어려운 직업이다.

이리하여 문화는 일과 여가활동의 양면에서, 현재 생겨나고 있는 사회적 불안정성의 상징이 된다. 한편 이와 같은 세계를 (무의식적으로) 전제하고 있는 젊은 세대의 라이프스타일은 물론 이전 세대의 그것과 다를 수밖에 없다.

[●] **보보스** : 미국의 저널리스트 데이비드 브룩스(David Brooks)가 자신의 책 『낙원의 보보스(Bobos in Paradise)』에서 제시한 신조어로서 부르주아 보헤미안을 줄여 부르는 말이다. 부르주아(bourgeois)의 물질적 실리와 성공에 대한 집착과 더불어 보헤미안(Bohemian)의 방랑과 창조성을 동시에 지닌, 정보화 시대의 새로운 엘리트 계층을 말한다. 이들은 산업화 시대의 여피들과는 달리, 높은 소득을 올리면서도 정신적인 풍요나 고상함을 지향한다. 데이비드 브룩스, 형선호 옮김, 『보보스』(동방미디어, 2001) 제2장 참조.

이를 두고 방만한 쾌락주의나 노동 의욕의 결여라고 쉽게 비판할 수도 있겠다. 하지만 그렇다고 해서 예전처럼 다시 모두가 계속 같은 공장이나 사무실에서 일하는 사회를 만들면 문제가 해결될까? 이는 개발도상국 시절로 다시 되돌아가자는 이야기밖에는 안 된다.

이렇게 볼 때 다양한 상품에 둘러싸인 현대적인 생활, 즉 풍요로운 사회란 한편으로는 사람들을 끊임없이 불안으로 내모는 사회라고 할 수 있다. 여기서 중요한 것은 이러한 낙관과 비관의 한쪽 면만을 강조하는 것이 아니라, 우리가 불가피하게 이러한 양의성(兩義性) 속을 살아나가야 한다는 인식이리라.

사회유동화 = 관료제에서 개인화로 이행하는 변동 과정에 수반되는 계급 구조의 변화

계 급	개　　　인
상	뉴리치(신흥부자)
중	↑↓ …… 이러한 분화에 문화가 크게 관련됨
하	뉴푸어(신흥빈자)

동아시아에서의 압축적 재현 : 개발주의

이 책의 큰 틀은 이상의 두 가지로서 이는 주로 서구 이론을 참조한 것이다. 그러나 여기서 논의의 대상으로 삼는 한중일 세 나라의 경우, 총중간층화, 탈공업화 그리고 사회유동화라는 단계론과 관련하여 서구와는 상당히

다른 움직임이 있었다. 다분히 전문 용어를 쓰자면, 이와 같은 서구와 동아시아의 차이를 개발주의라는 개념으로 설명할 수 있다.

대략 서구의 중간층이란 사기업 및 거기에 자발적으로 참가하는 근로 노동자가 늘어난 결과로서 형성되었다고 여겨진다. 그에 반해 동아시아 국가의 경우에는 각국 정부가 위로부터의 공업화를 추진한 결과로서 중간층이 증대되었다는 점이 다르다. 이는 각 나라별로 마련한 제1~4장에서 자세히 검토하도록 하겠다.

이러한 개발주의의 이론적 기초를 마련한 것은 냉전 체제를 통해 일본을 포함한 동아시아 각국의 문제에 깊이 관여했던 미국 경제학자들이었다. 그 수장격인 로스토우(W. W. Rostow)에 따르면, 경제 성장의 도약(take-off)●을 성공시키려면 다음 조건이 필요하다.

(1) 비생산적 지출을 행하는 사람들로부터 생산적 지출을 할 수 있는 사람들에게로 소득이 이동하여 유효한 투자로 연결될 것.
(2) 성장 부문이 확대되어 여타 부문에 파급효과를 가져올 것. 여기서 성

● **경제 성장의 도약(이륙)** : 로스토우의 경제성장론에서 '도약'이란 한 나라의 경제가 기존의 정체 상태에서 벗어나 지속적이고 자기 유지적인 성장(self-sustained growth) 과정에 진입하는 것을 뜻한다. 로스토우는 자신의 책 『경제 성장의 제단계(The Stages of Economic Growth)』에서, 전통적 사회(the traditional society) - 과도기적 사회(the transitional society) - 도약 단계(the take-off) - 성숙 단계(the drive to maturity) - 고도 대량 소비 단계(the age of high mass consumption)라는 경제 성장의 다섯 단계를 제시했다. 케네디 행정부의 국가안보 담당 부보좌관으로 일하기도 했던 경제학자 로스토우는, 공산주의에 대항하기 위한 후진국 경제 발전의 필요성을 역설했다. 그의 경제성장론은 한국의 경제 개발 계획과 관련한 미국의 지도 및 한국 경제 개발을 위한 자본을 일본이 제공하도록 미국이 한일회담을 뒤에서 지원한 배경과도 관련되어 있다고 알려져 있다. 임영태, 『대한민국 50년사』(들녘, 1999), 394쪽 참조.

장 부문이란 때에 따라 계속 변하기 때문에 유연한 대응이 필요하다.

이러한 경로를 따라 성장 부문이 순조롭게 커지게 되면 이전에 생산성이 낮았던 부문은 작아지는 대신 성장 부문이 다른 부문을 포괄하면서 앞에서 이끌어나가는 식으로 경제 성장이 달성된다는 것이다.

문제는 여기서 '생산적 지출을 할 수 있는 사람들'이 과연 누구이며 당시의 성장 부문이 무엇인지를 누가 결정하는가 하는 것인데, 로스토우의 이론에 따르면 이는 어느 정도 강제력을 가진 정부가 해야 할 일이다. 로스토우를 선두로 하는 개발론에서 정부란 돈(투자)이나 사람들(노동력)을 위로부터 배분하는 존재로서, 이 수법을 잘 활용하는 것이 이른바 '후발 공업화'이자 '선진국 따라잡기'이다.

또한 이러한 개발론 역시 중간층에 주목한다. 도약 이후의 성장 부문은 '소비의 대중화'를 필요로 하기 때문에 이를 위해서는 의식주가 풍족하여 소비재에까지 손을 뻗칠 수 있는 중간층이 가능한 한 많은 인구를 차지하도록 할 필요가 있는 것이다.

특히 지금까지 일본어권에서 논의되어 온 개발주의는 일본을 성공 모델로 간주하는 것이었다. 따라서 이러한 개발주의는 여기서 논하는 총중간층화, 더욱 일반적으로는 공업화의 단계와 관련되는 것으로 보는 것이 통설이었다. 또한 일본 개발주의의 성공은 일본-한국-중국의 순으로 상정된 일종의 발전단계론을 형성하기에 이르렀다.

그러나 '행정의 보이지 않는 손'이 반드시 중산층을 형성하는 방향으로만 움직인다고 할 수는 없다. 최근 중국이나 한국의 동향에서 볼 수 있듯이 사회유동화의 세계적 동향이 명백해짐에 따라 오히려 일본의 모델을 낡은 것으로 여기는 경향 역시 분명히 나타나고 있기 때문이다. 오늘날 동아시아 개발주의는 견고한 기업 조직이나 공적 부문으로 고용을 흡수하면서 총중간층화에서 탈공업화로 가는 전략을 버렸다고 할 수 있다. 그 대신 위로부터의 사회유동화를 지향하는 형태로 변화하고 있는 것이다.

하지만 이들 나라가 각기 고유한 모습으로 '유동화의 부작용'을 드러내고 있다는 점 역시 바로 보아야 한다. 이른바 개발주의하의 사회유동화는 한꺼번에 전 국민에게 파급되는 것이 아니라 일정의 뒤틀림을 수반하면서 퍼져나가기 때문에 국민들 사이에서 이해대립을 낳는다. 세 나라에 공통적인 요인은, 총중간층화 단계에서 탈공업화 단계에 이르는 고도성장의 과정에서 형성된 견고한 기업 및 공적 부문으로서의 기득권층과, 그러한 고도성장의 혜택을 받지 못한 곳에서 시장 경쟁에 참여하게 되는 계층 사이의 대립관계가 만들어졌다는 점이다.

이렇게 볼 때 전 국민을 동일한 실재(實在)로 파악하는 당구공 모델 내셔널리즘은, 총중간층화에서 탈공업화로 가는 단계에 형성된 기존 기득권층에게나 어울리는 개념이 아닐까? 경제적 이해의 면에서도 그러하거니와 그에 앞서 이들 계층은 국가의 권위나 국민을 제어하려는 욕망을 중시해 왔다고 볼 수 있기 때문이다.

그러나 개인화된 시장 경쟁의 세계를 살아가는 사람들, 견고한 기업이나 공적 부문의 비호 바깥으로 내몰린 사람들에게 이러한 종류의 내셔널리즘은 자신의 생활과 별반 관계없는 문제일 뿐이다. 대신 이들이 지닐 수 있는 것은 고용 문제 등을 짙게 반영한 이른바 서구형 내셔널리즘일 터이다. 오늘날 동아시아 내셔널리즘을 둘러싼 논의에서 내셔널리즘이라는 명목 아래 이러한 두 종류의 내셔널리즘을 명확히 구별하지 않고 하나로 보고 있다는 점이 바로 혼란을 초래하는 원인이라 생각된다.

고도성장형 내셔널리즘과 개별불안형 내셔널리즘

이상의 가설을 토대로 이 책의 주장을 요약하면 다음과 같다. 한중일 세 나라가 각각 상이한 국내 사정을 가지고 있음에도, 오늘날 사회유동화라는 불가피한 세계적 조류는 세 나라에 공통적으로 나타나고 있다. 이 가운데 각국의 내셔널리즘이, 국가의 발전이나 국민적 통일감을 양성하기 위해 요청되는 내셔널리즘(이른바 '고도성장형' 내셔널리즘)과, 사회유동화 속에 내던져진 계층의 내셔널리즘(이른바 '개별불안형' 내셔널리즘)으로 점차 분화하고 있는 것으로 보인다.

여기서 이러한 내셔널리즘의 두 측면에 주목하는 이유는 다음과 같다. 첫째, 지금까지 내셔널리즘이라고 하면 그 기원을 찾아 전전(戰前)은 물론 고대와 중세까지 거슬러 올라가는 논의가 대부분이었다. 그러한 논의에서는 자국의 내셔널리즘 비판이든 타국의 그것에 대한 비판이든 그 내용만이 더 자세해져 갈 뿐이었다. 반면 내셔널리즘과 전후(戰後)의 동향, 특히 고도성장과의 상호관계라는 요인은 여태까지 충분한 연구의 대상이 아니었다.

따라서 탈공업화의 다음 단계에서 나타나는 개별불안형(個別不安型)이라는 또 다른 내셔널리즘의 형태가 주목 받는 일은 거의 없었던 것이다. 그러나 서구 등지에서 사회유동화가 명백해진 후에 등장한 내셔널리즘이란, 여기서 말하는 '개별불안형'에 해당되는 것이 오히려 보통이라고 할 수 있다.

　개인화의 성격이 두드러진 사회유동화 현상이란, 총중간층화에서 탈공업화로 가는 과정에 두드러진 요소, 즉 견고한 조직에 기댄 장래에 대한 예측 가능성이나 생활의 안정성으로부터 사람들이 내팽개쳐졌다는 사실을 뜻한다. 서구의 내셔널리즘에서 이민노동자 및 고용 관련 문제가 불거지는 것은 바로 이와 같은 '개인화 이후의 내셔널리즘' 때문이다. 견고한 조직이나 안정성으로부터 내몰려 '불안'을 느끼게 된 사람들이, 그 불안의 중대한 요인인 이민자들, 즉 밖에서부터 자신들의 일자리를 잠식해 들어오는 사람들에 대한 반발감을 높여 왔던 것이다.

　현재의 동아시아에서는 대규모 이민의 형태를 띤 상호 인구 이동이 거의 나타나고 있지 않기 때문에 국제적 인구 이동을 고용 문제와 직접 관련지어 인식하는 일은 거의 없다고 할 수 있다. 하지만 각 국가에서 내부적으로 진행되고 있는 사회유동화가 점차 개별불안형 내셔널리즘을 길러내고 있는 형편이다. 문제는 내셔널리스트들 자신은 물론 이를 분석하는 이론도 이것을 고도성장형 내셔널리즘과 구별하지 않는다는 데 있다.

　그 결과는 한마디로 경제적 현실과 내셔널리즘 간의 괴리라고 할 수 있다. 과거 경제 성장에 성공했던 자국의 역사를 찬양하는 고도성장형 내셔널리즘은, 세계화의 진전에 따른 사회 체제의 근본적 변화와 더불어 이미 그 타당성을 잃어가고 있다. 일본의 경우, 중국과의 경제적 연계를 강화해 나갈 것을 주장하는 재계에 대한 내셔널리스트들의 공격을 떠올려 보면 좋을 것이다. 개인의 생활수준을 개선한다는 의미에서든, 국가의 경제적 이익을 추구한다는 의미에서든, 내셔널리즘의 고조는 경제적 현실과 유리되어 있다. 경제보다 내셔널리즘이 우선되는 논리인 셈이다.

이렇게 되면 정권은 딜레마에 빠진다. 고도성장형 내셔널리즘은 정권이 스스로의 정통성을 내세울 때는 유용한 자원이 될 수 있다. 하지만 지역화 추세가 두드러지는 오늘날 세계 경제의 흐름 속에서 이런 내셔널리즘이 광범한 정치적 영향력을 가지게 되면 사정이 달라진다. 즉 이것이 주변국과의 경제협력을 방해하는 결과를 낳아 종국에는 자국에 손실을 입히게 되는 것이다. 정부에게 내셔널리즘은 흡사 양날의 칼과 같아서, 이 점을 자각하고 있는 위정자는 두 위험 사이를 위태롭게 빠져나가야만 하는 상황에 놓이게 된다.

한편, 좋든 싫든 심화되는 사회유동화 속을 살아가야 하는 대중의 입장에서 보면, 고도성장형 내셔널리즘은 세계화 시대를 사는 개인에게 전혀 도움이 되지 않는다. '항일(抗日)'이든 '강한 일본'이든 그 어떤 구호를 외친다고 해서 '불안'이 해소될 리 없기 때문이다. 이들이 어떤 내셔널리즘을 가지고 있다면 그것은 아마 개별불안형일 것이다. 이를 고도성장형으로 잘못 파악해서는 안 된다. 그러나 이러한 사정에도 불구하고, 현재 이 둘을 구별하지 않은 채 단지 내셔널리즘이라는 점 때문에 이에 대한 일정한 대중적 지지마저 생겨나는 역설적인 모습마저 나타나고 있다.

이 책의 각 장에서는 이상과 같은 틀을 염두에 두고 일본, 한국, 중국의 개별불안형 내셔널리즘이라는 새로운 조류를 세 나라의 공통 문제로서 그려보고자 한다.

제1장과 제2장에서는 각각 '사회유동화'와 '고도소비사회화'라는 이 책의

두 개념 틀을 가지고 일본 내셔널리즘을 논한다. 먼저 제1장은, 고도성장형 내셔널리즘의 가장 좋은 예인 일본의 회사주의와, 개인화된 현대적 불안이 낳은 개별불안형 내셔널리즘을 서로 대비시키는 것을 그 주요 내용으로 한다. 이어 제2장에서는 '취미화(趣味化)'를 단서로 현재의 내셔널리즘이 문화 표현, 하위문화(subculture)로서 몸을 불려가는 모습을 분석한다. 그와 동시에 사회유동화와 고도소비사회화가 각각 어떻게 논해져 왔는지 일본과 서구에서의 논의를 개관하고 비교 검토하면서 일본적 언설의 특징을 드러내고자 한다.

제3장과 4장에서는 일본에 적용된 이상의 두 단서를 한국과 중국에 적용한다.

이 책 전체의 논의가 배경으로 삼고 있는 것은, 냉전 종식 후 모든 가치가 글로벌 자본주의로 일원화되어 가는 하나의 세계사적 동향이다. 그 와중에 개발 체제였던 각국의 국내 시스템은 부득이하게 개혁의 대상이 되지 않을 수 없었다. 그 개혁이란 한중일 세 나라가 그동안 더욱 '풍요로운 사회'를 만들기 위해 다져온 경제 발전의 환경과 그 속에서 살아온 사람들 자신의 신체를 해체해 내는 듯한 고통스런 과정이었다. 이러한 과정에서 헛되이 다른 나라에 대한 반감을 부채질하는 일은, 그 고통을 견디다 못한 사람들의 도피에 지나지 않았다는 사실을 우리들 각자가 깊이 새겨볼 필요가 있다.

제1장 | 일본적 탈공업화와 세대 간
대립의 부상 ⋯ 일본 1

1. '전후 일본의 구조 변동'과 내셔널리즘의 관계

전후 안정사회와 일본의 내셔널리즘

일본에서는 안정적인 회사 고용의 보장이라는 심리적 안정감이 국가에 대한 자부심과 긴밀하게 결부되어 있었다. 따라서 전후 일본의 내셔널리즘이란 군국주의에 대한 찬미라기보다는 오히려 성공적인 경제 성장에 대한 자부심에 가까운 것이었다.

오늘날은 '회사사회'로서 일본이 해체되고 있음을 알리는 현상들이 여러 방면에서 지적되고 있는 가운데, 이러한 고도성장 체제의 해체가 국내적 이해(利害)의 다원화를 낳는 한편 지난 시기 일본의 경제 발전사에 대한 반성을 촉구하고 있는 형국이다. 이는 과거 성공적인 경제 발전의 혜택을 입지 못하는 사람들이 나타나게 되었다는 점에서 그 이유를 찾을 수 있다.

여기서, 과거 경제 발전의 혜택을 직접 받지 못했으면서도 지난 시절 경제 발전의 성공을 마치 자기들 것인 양 동일시하며 자부심을 느끼는 사람들이 존재하는데, 과연 이들을 내셔널리스트라고 불러야 할까? 나는 이를 내셔널리즘이라기보다는 단순히 자신의 사회적 지위에 대한 착각이라고 본다. 이러한 경우를 두고 "당신 애국심이 대단하다"라고 칭찬하거나 "내셔널리즘은 착각일 뿐"이라 꼬집는 것은 둘 다 적절하지 않다. 현재 일본 젊은층의 우경화에 관한 논의를 보면 이와 마찬가지의 거부감이 든다.

고도성장 체제 아래 전후 일본의 내셔널리즘 논의는 크게 이렇게 정리할 수 있다. 먼저 학력을 기준으로 한 공평한 취업 형태가 정비되면서 학교를 졸업한 모든 젊은이들은 어딘가의 회사에 소속되었다. 한편 회사는 종신고용·연공서열에 따른 임금제, 충분한 직업 훈련의 기회를 보장하고 주거 및 각종 수당 등 충분한 후생복지를 마련한다는 '일본식 경영'으로 이들을 맞았다. 그 결과 극심한 빈부차나 노사 대립 없는 질서로 가득 찬 평안한 사회를 완성할 수 있었다. 이것이 이른바 자랑할 만한 일본의 전후사인 것이다.

여기서 핵심이 되는 것은 회사 및 일본식 경영이다. 예컨대 1970년대 후반부터 1980년대에 걸쳐 '일본독자성론(日本獨自性論)'이라는 것이 크게 유행했다. 당시까지는 서양과 일본의 차이점을 놓고 항상 일본의 후진성의 증거로 들기 일쑤였다. 그런데 이 이론은 서양에는 없는 일본의 특징과 장점이 경제 성장을 성공으로 이끌었다고 주장하면서 일본 고유의 요소에 찬사를 보냈다. 이들 논의가 주목한 것이 일본식 경영이었던 것도 우연이 아니다.

이러한 논의의 원조 격이면서 이미 완성형을 보인 것이 바로 1980년에 발표한, 고(故) 오히라 마사요시●가 주재한 '오히라 총리의 정책연구회'의 보고서이다. 이 보고서는 당시 일본이 이미 근대화·산업화를 달성했을 뿐만 아니라 서양을 제치고 가장 선진적인 산업사회가 되었다고 주장하고 있다.

이 보고서에 따르면 서양의 근대화는 줄곧 '개인의 확립'에 치중한 결과, 개인 간 과잉 경쟁 및 '고독한 개인의 불안'이 생겨났고, 결국 정치적 통합의 약화, 범죄, 자살, 테러리즘 등의 사회 불안이라는 '선진국병'이 나타났다. 그에 반해 일본은 '인간관계(間柄)'●를 중시하는 일본 특유의 문화적 배경을 지닌 채로 산업화를 달성하였다. 고로 이러한 일본 문화가 인간 존중의 경영인 일본식 경영을 낳았고, 개인은 기업 내부에 엮여 있는 존재로 남을 수 있었기에 선진국병 없이 근대화에 성공했다는 것이다.

미국의 일본학자 해리 하르투니언(Harry Harootunian)은 이러한 일본독자성론이 화려한 논의를 펼치고 있을 무렵 그 속에서 일본 내셔널리즘의 변동을 읽어 내고 있었다. 요컨대 1980년대를 넘어서면서 일본 내셔널리즘의 중심점이 정치·외교 문제로부터 경제 성장과 사회 안정으로 이동하였다는 것이다. '오히라 총리의 정책연구회'의 논의는, 제2차 세계대전 중 서구와 일본의 근대화를 구분하면서 일본 고유의 특성을 지켜 나갈 국수(國粹)의 가

● 오히라 마사요시(大平正芳, 1910~1980) : 일본 정치가. 자유민주당(自由民主黨) 보수파 주류로서 관방, 통산, 외무, 재무장관 등을 역임했으며 총리를 지냈다(1978~1980). 1963년 외무장관 재직 당시 한일회담에서 당시 중앙정보부장 김종필과 한일국교 정상화회담에서 대일청구권(對日請求權) 문제에 합의, '김·오히라 메모'라 불리는 각서를 교환함으로써 회담 타결의 실마리를 만들었다. 수상 재임 중에 당시의 저명한 지식인을 여럿 모아 모두 아홉 그룹의 정책연구회를 설치하고, 『오히라 총리의 정책연구회 보고서(大平総理の政策研究会報告書)』(1980)를 만들어 연구 내용을 발표했다.

● 원문의 '아이다가라(間柄)'는 일본 사회의 특성을 나타내는 대표적인 단어 가운데 하나이다. 원래 단순히 '인간관계'를 뜻하는 일본어이나, 인류학자 하마구치 에슌(浜口惠俊, 1931~)은 이를 일본 문화의 특징을 드러내는 개념으로 이해했다. 서구적인 자기(ego)와는 달리 일본인은 '무라(지방 촌락사회)' 등 공동체의 유기적인 상호관계 속에서야말로 자신이라는 존재를 형성해 나간다고 주장했다. 浜口惠俊, 『肝心主義の社会·日本』(東洋経済新報社, 1982) 등 참고.

능성을 모색한 '근대의 초극' 좌담회*의 내용과 언뜻 비슷해 보인다. 하지만 속을 들여다보면 엉성한 복제품에 지나지 않는다는 것이 그의 논점이다.

이들 모두가 일본 민족과 일본 문화의 특수성을 제시하려 하고 있음에는 틀림이 없으나, 전후(戰後)의 논의에서는 그 추구하는 목적이 거꾸로 놓여 있다. 마치 정신, 즉 문화에 대한 배려는 국민이 '풍요로움'을 달성하고 난 다음에야 비로소 나오기 시작한다는 듯이 논하고 있는 것이다. 여기서의 목표는, 풍요해진 국민이 '최종적으로는 변화의 불확정성과 역사의 변덕스러움으로부터 해방될 것이라는 확신'을 실현하는 것이자, 서양의 지식을 통해 일종의 역사 없는 초(超)안정사회를 구축한다는 것이다.[1]

서장에서 보았듯이 단카이 세대를 중심으로 하는 1960년대 좌익의 물결은 '회사사회 일본'의 성립 및 미증유의 경제 성장과 더불어 급격히 생활보수주의로 전향하고 있었다. 요컨대 공공연하게 모습을 드러내는 좌익은 거의 없어졌다. 이들이 승부를 걸어 왔던 가장 중요한 문제인 '그 전쟁에 대한 평가'나 '아시아에 대한 속죄의식' 자체가 그다지 중요하지 않게 된 것이다. 생활보수주의가 그 둥지를 튼 막연한 '풍요로운 일본'이라는 이미지가 주류가 되면서 군이 식민지주의 같은 것을 들고 나와 일본을 비판할 필연성이 없

● **근대의 초극(超克)** : 1942년 7월, 니시타니 게이지(西谷啓治), 모로이 사부로(諸井三郎), 스즈키 시게타카(鈴木成高), 나카무라 미츠오(中村光夫), 고사카 마사아키(高坂正顯), 미키 기요시(三木清) 등 당대를 대표하는 각계 지식인들이 참가한 좌담회(사회 : 가와카미 데쓰타로(河上徹太郎)) 및 관련 논의를 일컫는다. 현대의 병폐가 서구적 근대에 내재한 결함에서 비롯된 것이라고 보고 일본적 특수성을 중심으로 이를 초극할 여러 방법에 대해 논의하였다. 그러나 결국 일본의 태평양전쟁을 긍정하는 이론적 기반이 되었다는 비판을 받기도 했다. 문학·철학·정치에 걸쳐 폭넓게 개진된 논의가 이후 많은 연구의 대상이 되었다. 관련 참고문헌으로는 나카무라 미츠오 외, 이경훈 외 옮김, 『태평양전쟁의 사상』(이매진, 2007) ; 히로마쓰 와타루, 김항 옮김, 『근대초극론』(민음사, 2003) 등.

어진 까닭이다.

　우익의 경우에도 노골적인 재군비론이나 대동아공영권 부활론 등의 영향력은 줄어들고 있었다. 일본의 우수성을 주장하는 경우에도 그 논거를 '풍요롭고 평화로운 일본'에 두는 편이 훨씬 설득력이 컸기 때문이다. 이는 일본 좌익의 숨통을 끊어놓은 생활보수주의와 쉽게 어울리는 것으로서, 당시 좌익은 이를 가리켜 '풀뿌리 보수화'라고 불렀다. 하지만 이러한 보수화란 예전 군국주의로의 회귀라기보다는 안정적인 생활에 대한 요구였다.

　이후 일본 내셔널리즘은 생활보수주의를 모체로 한 막연한 초(超)안정사회의 이미지, '풍요롭고 평화로운 일본'이라는 이미지 그 자체였다. 현재 중국이나 한국 사회로부터 종종 들려오는 '우경화'라는 표현을 대다수 일본인들이 이해하지 못하는 사정에는 이러한 배경이 있다. 고도성장기, 즉 대략 1980년대 이후의 일본 내셔널리즘이란 우익이나 패권주의와는 완전히 다른 것으로서, 안정된 생활에 대한 감각을 담보하기 위한 막연한 공동체의식의 성격이 강했다. 따라서 이러한 의미에서 이것은 평화주의적인 내셔널리즘이었다.

　한때 격렬했던 좌우 대립 논쟁이 점차 수그러드는 현상은 여타 모든 선진국에서도 나타났었다. 하지만 보통 다른 선진국에서는 경제적 재분배 방법을 둘러싼 시장주의와 사회민주주의 간의 대립을 통해 그 재편성이 일어났다는 점이 일본과 달랐다.

　생활보수주의와 초안정사회라는 자화상이 너무도 널리 퍼져 있던 일본에서는 경제적 재분배라는 논점이 그다지 주목을 끌기 힘들었으며, 보수와 혁신을 나누는 정책적 차이가 형성되지 못했다. 또한 이후 줄곧 제대로 된 정치 논점 대신 '그 전쟁'이 의사(擬似) 정치 문제로서 과대평가되어 온 것 역시, 경제적 재분배에 대한 좌우의 입장 차가 거의 없었기 때문이라고 할 수 있다.

이런 식의 좌우 대립이란 이미 사멸해 버린 상대에 대한 공격이나 다를 바 없었다. 둘 중 '누가 더 나은가'의 문제가 아니라, 이러한 대립 축 자체가 이미 의미를 잃었다고 할 수 있다.

오늘날 일본에서 널리 나타나는 좌익에 대한 반발 역시 이 연장선상에 있다. 즉 "우리는 벌써 옛날에 군사적 패권 의도 따위는 다 버렸고 단지 평화롭게 살고 싶을 뿐인데, 아시아에 대해 속죄의식을 가져야 한다는 얘기를 도대체 언제까지 계속 들어야만 하는 것인가?"라는 것이다. 이 역시 어느 정도 이해가 가지 않는 것은 아니다. 그렇지만 이러한 입장이 '그 전쟁'에 대한 긍정론으로 방향을 틀면서 좌익과 불모의 논쟁으로 확대되어 나가는 사태를 보면 이는 전체적으로 모두 의미가 없어 보인다. 요컨대 한국이나 중국뿐만 아니라 일본 국내의 좌익이나 우익들 모두가, 일본 내셔널리즘이라는 것이 안정사회 일본의 이미지 그리고 그 속에서 자라나는 생활보수주의에 지나지 않으며 '그 전쟁'과는 그다지 관계가 없다는 사실을 제대로 인식하지 못하고 있는 것이다.

세대 간 대립론에서 전후 안정사회 붕괴론으로

이렇게 볼 때 사회 여기저기에서 회사사회 또는 안정사회 일본이라는 이미지가 무너지고 있다는 말이 나오기 시작했다는 사실은 좌익이나 혁신 측에 뿐만 아니라 보수의 토대 역시 무너지고 있다는 것을 시사한다.

오늘날 일본의 중요한 사회 문제로 일컬어지는 모든 변화의 근간은, 과거 일본이 자랑할 만한 성공의 열쇠로 여겨 온 '회사'이다. 샐러리맨 남편과 전업주부인 부인을 전제로 한 가족 이미지의 동요, 기업 취직을 지상명제로 여겨 온 교육 시스템의 기능 부전 그리고 연금을 비롯한 사회보장의 재편, 이 모두는 '회사가 생활의 모든 것을 규정해 온 시대의 종언'이라는 문제에 뿌리를 두고 있다고 할 수 있다.

이 가운데 가장 많이 이야기되고 있는 것이 후리타 문제, 좀더 전문적인 용어로는 고용유동화이다. 즉 지금까지의 안정성이나 각종 사회보장을 결여한 임시적이고 유동적인 일거리가 증가했다는 것이다.

이러한 청년층의 유동화에 대한 논의가 본격화된 것은 1990년대 후반이었다. 처음에는 특정 층의 사람들에게 책임을 뒤집어씌우는 식의 논의가 눈에 띄기도 했지만, 점차 이 문제가 그야말로 '회사가 생활의 모든 것을 규정해 온 시대의 종언'을 보여주는 것임을 명확히 인식하기에 이르렀다. 이 과정을 잠시 되짚어 보자.

당초 이런 현상에 대한 논의는 두 갈래로 그 흐름이 형성되어 논쟁을 벌여 왔다. 그 한 가지 계보는, '일할 의욕을 상실' 했거나 '자나 깨나 내 꿈을 찾아, 나를 찾아 헤매는' 젊은이들 자신을 그 원인으로 보는 '자기책임론'이다.

그 대표적 논객인 고스기 레이코(小杉礼子)는 후리타에 대한 실증 조사를 통해 이들을 '모라토리엄형', '꿈 추구형', '불가피형' ●으로 분류했다. 그리고 그중에서도 젊은이들이 자신의 직업에서 '하고 싶은 일', 즉 자기실현이라는 요소를 과도하게 요구하고 있다는 점이나 그들이 음악 밴드나 연극 등 직업으로 잘 이어지지 않는 '그릇된 꿈'을 가지고 있다는 점을 후리타 증가의 주된 원인으로 지적한다.[2]

물론 고스기의 논의는 단순히 젊은이들의 잘못을 내세우기 위한 데 목적이 있는 것은 아니다. 그는 중졸이나 고졸자 취업 루트의 기능 부전 문제를 수차례 지적하는 등 '불가피형' 후리타 형성 문제에도 주의를 기울이고 있다. 그러나 여전히 논의의 중점이 젊은이들의 모라토리엄화에 있다는 사실을 부인하기는 어렵다.

또한 '칠칠치 못한 젊은이'라는 이미지로 단순화된 이와 같은 자기책임론은, 고스기 같은 논자들의 의도를 벗어나 통속화되면서 미디어를 타고 확산

● **후리타의 세 가지 유형** : 청년 노동 문제 연구로 널리 알려진 고스기 레이코(독립행정법인 일본노동정책연구·연수연구기구(JIL) 주임연구원)는 후리타를 크게 세 유형으로 분류하고, 이를 더욱 세분하여 일곱 가지로 나누었다.

• **모라토리엄형**
  1) 이학(離學) 모라토리엄형 : 직업이나 장래에 대한 전망 없이 교육 기관을 중퇴 혹은 수료하고 후리타가 된 유형.
  2) 이직(離職) 모라토리엄형 : 명확한 전망 없이 직장을 떠나 후리타가 된 유형.

• **꿈 추구형**
  3) 예능 지향형 : 음악 밴드나 연극, 배우 등 예능계를 지향하여 후리타가 된 유형.
  4) 장인·프리랜스 지향형 : 제과 장인, 바텐더, 시나리오 작가 등 자신의 기능과 기술에 바탕하여 입신하는 직업을 지향하여 후리타가 된 유형.

• **불가피형**
  5) 정규 고용 지향형 : 정규 고용을 지향하면서 백수가 된 유형. 특정한 직업에 뛰어들 기회를 기다리고 있는 이들 및 비교적 정사원에 가까운 파견 사원이 된 유형.
  6) 기간 한정(期間限定)형 : 학비를 벌기 위해 혹은 다가올 입학이나 취직 때까지만 기간을 한정하여 후리타가 된 유형.
  7) 개인 사정(private trouble)형 : 본인이나 가족의 병환, 사업의 도산, 이성관계 등의 문제를 계기로 후리타가 된 유형.

고스기 레이코, 『후리타라는 생활 방식(フリーターという生き方)』(勁草書房, 2004), 13쪽 참고.

되었다. 이렇게 청년 노동력의 유동화라는 문제는, 먼저 자기책임론의 형태로 표면화되면서 많은 사람들의 화제가 되었던 것이다.

이에 대한 반론의 형태로 '세대 간 격차론'의 계보가 나타났는데, 여기에 단서를 제공한 것이 겐다 유지(玄田有史)였다. 그는 청년 실업의 주요 원인으로 중장년층을 문제 삼았으며, 그들이 계속 고용되어 있는 탓에 기득권익이 유지되고 있다는 측면을 지적했다.[3]

크게 단순화해서 보면, 화이트칼라 직장에서는 연공서열 임금제가 아직 주류인 탓에 직원 연령층의 상승이 그대로 임금 상승에 대한 압력을 낳는다는 것이다. 그러나 일단 고용한 직원을 해고한다는 것이 쉽지 않기 때문에 기업은 신규 채용을 억제할 수밖에 없고, 이에 따라 청년층의 취직도 어려워진다는 설명이다.

이 논의 역시 겐다의 의도를 뛰어넘어 통속화되면서 단카이 세대에 대한 아랫세대의 비판, 더 나아가서는 단카이 세대 스스로가 자기비판을 하는 목소리가 되어 퍼져나갔다. 요컨대 이러한 세대 간 격차론과 자기책임론 사이에서, '단카이 탓인가, 아니면 젊은이들 탓인가'를 따지는 '적(敵) 찾아내기' 식의 쓸모없는 논쟁이 오랫동안 계속된 것이다.

그러나 젊은 세대든 단카이 세대든 스스로의 의지대로 자기의 인생을 완전히 통제하고 있는 것이 아니다. 문제의 본질은 사회경제적 변동에 있다. 두 세대가 서로 비난할 일이 아닌 것이다. 2000년대 중반에 이르러서야 이와 같은 당연한 전제를 받아들인 논의가 비로소 주류가 되었다. 범박하게 말해 종신고용·연공서열을 축으로 하는 일본식 경영의 유지가 불가능하다는 사실을 그제서야 널리 인식하게 된 것이라고 할 수 있다.

정책적인 논의, 예를 들어 『헤이세이(平成) 15년 국민생활백서—디플레이션과 생활』(2003)에서도, 단카이 세대에게 돌아가는 임금 비용의 상승 때문에 신규 고용을 억제할 수밖에 없는 기업 측의 사정, 그리고 이러한 취업 환경의 변화로 어쩔 수 없이 후리타가 되고 마는 젊은이들의 사정, 양측 모두가 '디플레이션의 진행'이라는 거시적인 문제에서 파생된 것이라 보고 있다.[4]

일본 사회학자 야마다 마사히로(山田昌弘)는 이와 같은 사정을 매우 솜씨 있게 정리한다. 그에 따르면 1990년대 중반까지의 일본은 '전후 안정사회'라 부를 만한 것이었으나, 그 이후의 급속한 붕괴 및 사회의 양극화가 '희망의 격차'를 낳고 있다.

야마다에 따르면 전후 일본 사회의 안정성은 다음의 세 축을 따라 성립되었다.

(1) 직업 영역에서 '기업에 의한 남성 고용의 안정과 수입의 증가'

(2) 가족 영역에서 '샐러리맨–주부 형태의 안정적인 가족과 생활수준의 향상'

(3) 교육 영역에서 '학교 교육에 의한 성공적 직업 배분과 학력 수준의 상승'[5]

여기서 첫 번째 축은 종신고용 및 연공서열, 두 번째 축은 그 속에서 안정적 수입을 얻는 샐러리맨 남편과 전업주부인 부인이라는 가족의 상(像), 그리고 세 번째 축은 이러한 봉급생활자 가정의 재생산을 담보하는 교육 시스템이라는 식으로 이들 세 축은 서로 연결되어 있었다.

야마다는 후리타의 증가 역시, 전후 안정사회를 전제로 한 학교 교육이 취업으로 이어지는 시스템상에서 어떤 '고리'가 끊어졌기에 생겨난 것이며, 이는 다시 교육 시스템 외부에 이러한 누수 현상을 떠맡는 방대한 후리타 층이 형성되어 있기 때문이라고 논하고 있다.

일찍이 야마다는 '파라사이트 싱글'●론을 주장하면서, 부모와 함께 사는 젊은이들이 늘어난 탓에 가전제품이나 주택 같은 기초소비가 줄어들어 불황이 생겨났고 미혼과 저출산의 심화가 이를 더욱 가속화한다는, 자기책임론에 가까운 논의를 편 적이 있다.[6] 그러나 이와 같이 전후 안정사회의 붕괴와 '희망의 격차'라고 하는 좀더 거시적인 틀에 역점을 두는 방향으로 논의를 전개해 나간 점은 그간 세상 조류의 변화를 제대로 읽어 낸 것으로 보인다.

● **파라사이트 싱글(parasite single)** : 1999년 사회학자 야마다 마사히로(山田昌弘, 1957~)가 자신의 책 『파라사이트 싱글의 시대』에서 쓴 말이다. 일해서 돈을 벌 나이가 되어서도 부모 곁에 머물면서 원래 자신의 주거비나 생활비로 써야 할 돈을 기호품이나 사치품에 지출하는 젊은이들을 비판하는 뜻을 담고 있다. 야마다는 이러한 젊은이들이 늘어가는 것이 출생률 감소, 소비 침체에 의한 불황, 그리고 세입의 감소 등 수많은 사회적 폐해의 원인이 되는 것으로 보았다.

2. 일본식 경영과 회사주의가 남긴 것

회사주의의 전후(戰後) 일본

사람들은 전후 일본 사회가 회사에 의해 크게 규정되어 왔다는 사실 그 자체를 긍정하든 비판하든 이를 일단 회사주의라고 불러 왔다. 여기서 회사주의란, 종신고용이나 연공서열뿐만 아니라 부가급여인 주택 및 각종 수당 등의 복리후생을 전면적으로 담당하는 기업에 의해 개인의 생애 과정(life course) 전반이 총괄적으로 규정되는 것을 말한다.

본래적 의미의 일본식 경영으로 혜택을 입은 사람들은 대기업의 화이트 칼라 계층이었다. 물론 이들이 전체 인구에서 차지하는 비율은 그다지 높지 않았지만, 대기업 사원들의 라이프스타일이 다른 사람들에게 목표 내지는 본보기가 되었다는 측면에서 볼 때, 회사주의는 현대 일본의 사회 체제에 대한 포괄적 호칭으로서 계속 기능해 왔다고 할 수 있다.[7]

일본에서 중류의식(中流意識)이 널리 퍼지게 된 것 역시 회사주의 탓이 크다. 이를 가장 치밀하게 이론화한 것이 무라카미 야스스케(村上泰亮)의 『신중간대중(新中間大衆)의 시대』일 것이다. 무라카미에 따르면 일본에서는 '서구 따라잡기식 산업화'라는 목표가 국민적인 합의 사항이었는데, 이를 달성하기 위해 통산성을 중심으로 하는 '세로로 나누어진 행정'●부문에 큰 권한을 부여하게 되었다. 서장에서 언급한 개발주의의 가장 좋은 예가 일본인 것은 바로 이러한 이유에서이다.

일본의 행정 부문은 모든 것을 시장 원리에 맡겨 두기보다 각 업계마다 '칸막이 속의 경쟁' 구조를 만들어 그 속에서 기업들이 경쟁하도록 만드는 틀을 마련해 나갔다. 이러한 제도 안에서 각 조직의 운영 원칙 및 기술이 그 기업 고유의 것이 되어 가는 가운데, 회사 내부 지위의 상하관계는 확실해지는 반면 사회 전체적인 계층 구분이 불명확해졌다. 모두가 "어떤 의미에서는 상류(上流)지만 또 다른 의미로는 하류(下流)일지도 모른다"는 식의 기준이 퍼지면서, 확고한 계급 구조를 갖지 않는 사회가 만들어져 갔다. 이것이 바로 '신중간대중사회'라 불린 것이다.[8]

그렇다면 최근 후리타·니트가 만연하게 된 것은, '인간관계(間柄)'를 중시하는 일본 문화의 성과인 회사주의가 1990년대 중반 들어 제대로 작동하

● 세로로 나누어진 행정, 종할형(縱割型) 행정 : 일반적으로는 행정 업무를 여러 관청 혹은 같은 관청 내에서도 다수의 부서와 과에서 나누어 맡음으로써 각 부분 단위의 권익을 확보하고 다른 부서의 개입을 거부하는 것을 가리킨다. 이는 어떤 사회 문제에 대한 종합적인 대책을 세우기 어렵게 한다는 측면에서 문제점으로 지적되어 왔다. 그러나 본문에서 쓰는 용어는 이와 약간 다르다. 즉 여기서는 무라카미 야스스케의 저서 『신중간대중의 시대』의 논의를 요약하고 있는데, 그에 따르면 일본의 경제적 성공의 한 이유로 여겨지는 행정권의 경제 개입은 각 산업을 서로 분리한 다음 그 각각의 내부에서 심한 경쟁이 일어나도록 하는 것이었다. 곧 전후 일본의 행정 개입이란 경쟁을 억압하는 것이 아니라 산업 활동에 '칸막이'를 마련하고 담당 관청과의 신뢰관계에 바탕한 '칸막이 속의 경쟁'을 통해 성장을 가속화하는 것을 뜻한다.

지 않게 되었다는 것을 말하는 것인가?

불행히도 사태는 이보다 훨씬 심각해 보인다. 왜냐하면 '인간 존중의 경영'이라고 알려진 일본의 회사주의는, 단카이 세대 인구의 가장 큰 부분이 비교적 낮은 연령층이었다는 하나의 시대적 우연 속에서만 기능할 수 있는 시스템이었다는 사실이 1980년대에 이미 명백해졌기 때문이다. 후에 겐다 유지가 문제 삼은 '청년 세대 중 유동적 임금 노동자의 증가'라는 사태는 이 시점에서 벌써 예견할 수 있는 것이었다.

그러나 일본에서는 이 사실이 명확해진 후에도 회사주의의 확고함에 대해 그다지 의심하지 않는 모습을 보여 왔다. 오히려 젊은 세대의 고용유동화는 인건비 억제를 통해 현재 사원의 고용 유지와 지속적 경제 성장으로 이어진다고 논해 왔던 것이다.

요컨대 현재 경제적 악영향을 초래하는 원흉으로 지목되고 있는 후리타의 발생이 처음에는 회사주의에 의한 '신중간대중사회를 유지하기 위한 방도'로서 오히려 환영받고 있었던 것이다. 이것이 세입 및 소비지출의 감소 또한 초래한다는 당연한 귀결에 대해서는 최근까지도 제대로 인식되지 못하고 있었다.

이러한 과거를 잊은 채로 후리타들 자신을 비판하거나 '후리타 지원'이라는 식의 대책을 마련하는 일은 무의미하다. 후리타를 양산해 낸 것은 그들 자신의 문제라기보다는 오히려 오늘날까지도 상당히 강하게 남아 있는 일본의 사회 통념 — 노동 문제란 곧 회사의 정사원, 내부노동시장의 보호에 다름 아니라는 통념 — 이 아닌가?

뿐만이 아니다. 회사주의 아래서 보호받아 온 것으로 여겨지던 단카이 세대를 중심으로 한 사람들 역시, 그저 그렇게 보호받을 수 있어서 행복했다고 할 수 있을까? 기득권인 현재의 고용 상태에 매달려 있을 생각밖에는 못하는 그들 역시, 점점 격렬해지는 경쟁에 적응하지 못한 채 회사로부터 경원시되고 있는 것은 아닐까?

이는 동시에 회사주의를 토대로 하던 전후 일본의 내셔널리즘에 대한 재검토의 필요성을 제기하는 것이리라. '모두가 풍요로운 안정사회'를 바탕으로 형성된 일본 내셔널리즘은 '국민'을 '세대'라는 이름의 구분선으로 토막낸 후 그 아랫세대를 국민으로 환산하지 않았다. 뿐만 아니라 이는 그들 젊은 세대를 '내팽개침으로써' 자신들의 안정을 유지하기 위한 비용을 떠넘기고서야 비로소 가능했던, 말하자면 제멋대로의 내셔널리즘이었다. 이로써 결국 그 '국민' 내부에 수많은 무능한 인재가 남아도는 상황이 벌어졌다. 이를 과연 내셔널리즘이라 부를 수 있을까? 나는 좌익들이 말하는 것처럼 "일본 내셔널리즘은 그릇된 것이다"라는 식으로 사태를 보지는 않는다. 오히려 "일본 내셔널리즘은 내셔널리즘이 아니었다"라고 본다.

한편 최근 들어 일본에서 진행되고 있는 구조 개혁과 시장경제화의 흐름 속에서 점점 커져 가는 사회 격차에 대한 비판 중에는, 이러한 회사주의—반석(磐石) 같은 정사원 고용과 후한 복리후생—를 부활시키기만 하면 문제가 다 해결될 것이라는, 그야말로 말뿐인 논의가 여기저기 눈에 띈다. 그러나 나는 결코 이러한 주장에 동의할 수 없다. 물론 회사주의의 붕괴에는 국외적인 요인도 작용했지만, 무엇보다 그 이전에 내부 모순이 있었기 때문이다. 복리후생의 배분을 강조하는 주장이 있을 수 있다는 것은 당연한 일이지만 이를 과거와 동일한 회사주의라 불러서는 안 될 것이다.

산업의 고부가가치화와 유동적인 저임금 노동의 증가

이러한 회사주의가 완성된 모습을 보인 것은 1970년대 제2차 석유 위기 때였다. 다른 구미 국가들은 석유 위기로 인한 세계적 규모의 대불황 속으로 빠져들고 있었지만, 일본은 비교적 빨리 불황에서 벗어날 수 있었다. 이에 일본적 회사주의에 근거한 공동체적인 기업 운영 덕택에 기업의 이윤 증대와 노동자 개개인의 이익이 일치되면서 사람들이 노동 의욕을 잃거나 사회가 혼란에 빠지지 않을 수 있었다는 점이 불황 탈출의 이유로 거론되었다. 이러한 논의 속에서 회사주의는 점차 일본의 자화상으로 정착되어 갔다.

'원재료 → 국내 가공 → 국내 소비 및 수출'이라는 패턴을 기준으로 삼은 1960년대 일본의 고도성장은, 저렴한 주요 원자재나 에너지 자원의 풍부한 수입에 크게 의존하고 있었다. 그런데 석유 위기에 따른 석유 공급의 제한으로 인해 자원의 수입 가격이 급증하면서 이러한 패턴의 전제가 그 뿌리부터 흔들리기 시작했다. 이에 따라 산업의 지식 집약적 고부가가치화, 비가격 경쟁력의 강화 및 에너지 절약형 산업인 서비스업 쪽에 기대를 걸게 되었다.[9]

이러한 당시 상황을 고려한 논의의 한 예로서 구사카 기민토(日下公人)의 '신(新) · 문화산업론'을 살펴보자. 구사카에 따르면, 기초생산재 산업에서 최종 수요 산업으로 산업의 중심이 옮겨 간다는 이른바 '강의 하류에 위치한 산업'●으로의 필연적 이행이 일어나게 된다. 이러한 변화는 산업 구조 및 취업 구조의 면에서 볼 때, 제1차, 제2차 산업으로부터 제3차 산업으로의

● **강의 하류에 위치한 산업** : 원문의 '가와시모 산업(川下産業)'은 최종 소비 단계에 해당하는 유통, 판매 및 서비스업을 강의 흐름에 빗대어 표현한 것이다.

이전, 즉 경제 발전에 따라 산업의 중심이 유형의 재화 생산으로부터 무형의 용역 생산으로 이행하는 결과를 낳는다.[10]

그런데 이때 제품의 판매고에서 제품 그 자체가 차지하는 부분에 비해, 문화적 기호(嗜好)의 가치가 점하는 비율이 점점 높아지는 현상이 나타난다. 예를 들어 자동차를 보더라도, 사용가치와는 상관없이 '진부화(陳腐化)의 사이클'이 나타나면서 "연식이 오래되면 반값밖에 안 나가는" 것 같은 상황이 당연시된다.

이를 '경제가 성숙한 국가들이 걸었던 필연적인 길'이라고 부르는 데에서도 알 수 있듯이, 여기에는 더욱 선진국을 따라잡고자 하는 의식이 다분히 포함되어 있었을 것이다. 그러나 구사카가 고부가가치 산업화로부터 이끌어 내는 각종 제언은, 결코 경제가 성숙한 다른 나라들의 경우와 같지 않았다. 그가 당시의 최신 이론인 소비사회론을 수용하여 '문화적 기호'라 말했을 때, 그 문화 속에는 일본 문화의 독자성이란 요소가 들어 있었기 때문이다.

즉, 미국에서는 모터리제이션과 교외화 현상●, 근린(近隣) 커뮤니티의 소멸, 폐쇄적인 핵가족 내부의 알력, 이혼율의 증가 등 (현재 일본에서 널리 회자되고 있는 종류의) 문제들이 발생했지만, 매일같이 만원 전철에서 사람들과 부대끼며, '고도의 음식문화'를 유지하기 위한 신선한 식재료 구매를 일삼는 일본에서는 이들 문제가 생겨나지 않으리라고 여겼던 것이다.

● **모터리제이션과 교외화** : 모터리제이션(motorization)은 자동차가 사회생활에 밀접하게 관련되면서 광범위하게 보급되는 현상을 말한다. 교외화(郊外化)는 대도시의 인구 및 주거, 공업, 소비 기능 등 각종 기능들이 주변 지역으로 확대되는 것을 가리키는데, 1960년대 미국 중산층이 좀더 안전하고 좋은 환경을 찾아 도심 탈출을 하면서 본격화되었다. 서로 관계 깊은 이 두 가지 현상은 도시적 삶의 방식에 커다란 변화를 가져오며 다양한 사회 문제들이 대두하는 배경이 되었다는 점에서 도시사회학적 관심의 대상이 되었다.

결과적으로 그의 논의는 제3차 산업화를 지속적인 경제 성장 방안 이상의 의미로서 인식하지 못하였고, 미국에서 나타난 각종 의도하지 않았던 결과들이 일본에서는 그저 나타나지 않을 것이라고 여겼던 것이다. 그런데 이러한 논의는 '오히라 총리의 정책연구회'의 제언에 포함되어 있던 '선진국병의 회피'라는 문제의식과 명확한 연관성을 가지고 있다.

그중에서도 이 글의 주된 관심사인 청년 노동에 대해, '강의 하류'에 위치한 유통, 서비스업으로 이행함으로써 젊은이들의 자기실현과 값싼 노동력의 확보라는 두 마리 토끼를 잡을 수 있다는 식으로 논하는 부분이 있다.

> 강의 하류에 위치한 최종 소비 단계 산업의 경우에는, 파업이나 태업을 일삼던 젊은이들도 만화, 라쿠고, 만자이● 등 유머 산업, 그리고 텔레비전, 출판, 호텔, 레스토랑 등의 업계에서 자진해서 선배들을 이어 일하려는 모습을 보인다. 심야 작업은 물론 아무리 심한 혹사나 훈련도 견뎌 내겠다는 입문 지망자가 줄을 서고 있는 것이다. 이로써 일본의 문화 산업이 질적으로도 향상될 것은 자연스런 이치라 하겠다.[11]

구사카가 기대를 걸고 있는 고부가가치 산업과 서비스업은 그 생산 과정에서 대량의 저임금 노동력을 필요로 하는데, 여기서는 '근면한 젊은이들'이 순순히 그런 일에 종사할 것을 이미 전제하고 있다.

● **라쿠고, 만자이** : 라쿠고(落語)는 기모노를 입은 연기자 한 명이 앉은 채로 여러 등장인물의 역할을 하면서 익살스러운 이야기를 들려주는 일본 전통 예술의 하나이다. 만자이(漫才)는 주로 두 사람이 쌍을 이뤄 마이크 앞에 서서 번갈아 우스꽝스런 대화를 주고받는 만담과 같은 예능 장르를 말한다.

구미에서는 새로이 등장하는 유동적인 저임금 직종―전형적으로 하층 서비스업 노동―을 대량 이민으로 충당하였다. 이에 비해 당시 일본의 고부가가치 산업화를 둘러싼 논의는, 경제 외적인 이유의 이민 유입을 거부해 온 일본의 상황을 그대로 둔 채 저임금 노동력을 자민족 내부로부터 무리 없이 조달할 것을 장려했다. 결국 젊은이들을 그 최대 공급원으로 여겼던 것이다.

이렇게 편의주의적이기 이를 데 없는 일본특수성론은 당시의 틀로 말하자면 보수 측에서 나온 것으로서, 일본 내셔널리즘과도 높은 친화성을 가지고 있었다. 그러나 이러한 내력으로부터 보건대, 당시 젊은이들 이후의 세대―대충 현재 40세 전후보다 아래에 속하는 세대―는 당시 그들이 상정하고 있던 '국민'에 포함되어 있지 않았던 것이 분명하다. 이렇게 자민족의 범위를 자의적으로 구획한 다음, 나머지 사람들은 다 저임금 노동자가 되면 만사 해결이라는 식의 내셔널리즘이 과연 가능하기나 한 것일까?

유동 고용이라는 편의적 완충제

한편 정책 결정의 중추에 가까운 층에서는 이미 1980년대부터 일본식 경영, 특히 연공에 따른 임금제도를 계속 유지하는 것이 불가능하다는 사실을 예측하고 있었다. 경제기획청이 1985년에 발표한 보고서를 살펴보자.

이 보고서는 종신고용제도의 유지가 결국 다음 세대에게 불이익을 강요하는 것이 될 것이라는 점을 지적한 초기 논의에 해당한다.

당시 기업에서는 종신고용과 연공서열제에서 사원의 고령화에 따른 임금 비용 부담이 커지는 문제가 나타나고 있었다. 이 보고서는, 이후 젊은 세대, 특히 단카이 세대 2세가 대거 노동시장에 투입되는 시점에 이르면 중도 채용을 부정적으로 여기는 일본의 취업 관행 때문에 그들 상당 부분이 어쩔 수 없이 아르바이트 등 외부노동시장에서 일하게 되지 않을까 하는 우려를 드러내고 있다.[12] 최근의 '고비용인 단카이 세대와 후리타가 되어 가는 자녀 세대' 라는 문제는 실로 이러한 우려가 현실로 나타난 것이다.

그러나 파트타이머나 아르바이트의 증가를, 저임금 직종 근무자로 전락할 수밖에 없는 단카이 2세들이 당하는 불평등의 문제로 보기보다는 회사의 성장과 유지에 공헌하는 값싼 노동력으로 바라보는 인식이 이 보고서의 주된 기조였다.

이러한 인식은 새로운 산업 부문에서 중소기업의 활약에 대한 기대와 표리(表裏)관계를 이루고 있었다. 원래 일본 경제 내에서 경쟁력을 지닌 부문은 좀더 기술 집약적인 기계화 공업이었는데, 유통 혁명이나 서비스 산업화와 더불어 급속한 제3차 산업화가 이루어지고 있다. 이는 결국 '규모의 이익'이 줄어들고 있음을 뜻하며, "파트타이머 등의 외부노동력시장의 활용 면에서도 중소기업이 앞서 나가고 있다는 사실, 즉 중소기업이 활로를 찾아낼 수 있는 여지가 넓어지고 있다"는 것을 의미한다고 보고서는 이해하고 있다.[13]

더 나아가 시간제 아르바이트의 증가는, 앞으로 붕괴가 우려되는 종신고용·연공임금제의 연명(延命)을 위한 근거로 제시되기도 한다. 보고서에 따르면, 1.7퍼센트라는 그다지 높지 않은 경제 성장률 수준이 계속 유지되기만 한다면 "현재 내부노동시장의 4분의 1을 차지하고 있는 외부노동력 비용 비율의 급속한 성장을 고려해 볼 때, 앞으로도 이러한 전환이 계속된다면 연공서열제에 따른 임금 부담은 큰 문제가 되지 않을 것이다."**14**

오히려 정사원 계층의 '직위 부족', 즉 그들 인생 최대의 목적인 '나름대로 높은 직위'에 올라 보지 못한 단카이 세대가 더 이상 살아갈 보람을 느끼지 못하는 것이 더 큰 문젯거리로 다뤄지는 형편이었다.

이 보고서로부터 알 수 있는 것은, 일본식 경영에서 '노동자' 및 '생활자'라는 단어는 내부노동시장의 안쪽에 들어와 있는 '기업의 정사원'만을 가리키는 표현으로서, 그들의 보호가 가장 우선적인 목표로 설정되어 있었다는 사실이다.

파트타이머나 아르바이트 같은 외부노동력은 불황이 닥쳤을 경우에 유용하게 써먹을 수 있는 보호재나 완충재 역할 이상으로 여겨지지 않았다. 또한 후리타의 증가가 오늘날 나타나는 것과 같은 경제적인 악영향을 가져오리라고는 생각하지 못한 채, 그 현상이 단지 구미식의 고용 불안정을 방지하고 회사에 바탕을 둔 '일본적 복지국가'의 분배 시스템을 유지하는 데 유용하다고만 논했던 것이다.

단카이 세대의 불행

그러나 이러한 전개 양상을 단지 '피해자' 젊은이들이 양산되었다는 식으로만 해석해서는 안 될 것이다. 그도 그럴 것이, 이는 내부노동력으로서 보호의 대상이 되어 온 단카이 세대를 중심으로 하는 사람들에게도 결코 바람직한 결과를 가져다주지 않았기 때문이다.

단카이 세대라는 말이 나오게 된 사카이야 다이치의 소설 『단카이 세대』는, "사람이 많다는 바로 그 사실 때문에 과당 경쟁에 처하게 된다"라는 의미를 담아 이 세대의 군상을 묘사했다. 1976년의 시점에서 1980년대의 어느 시점을 예측하여 쓴 근미래(近未來) 소설인 이 작품이 보여주는 임금 압력의 상승 문제에 대한 예측은 그대로 적중했다.

여기에 실린 네 개의 이야기들은 모두 회사 내부의 권모술수에 휘말리는 가운데, 기대를 걸었던 사내(社內) 직위를 포기할 수밖에 없게 된 단카이 세대의 비애를 그리고 있다. 앞서 살펴본 경제기획청의 보고서에 나타났던, 직위 부족에 의한 '살아갈 보람의 상실'이 모티브인 것이다.

여기서 알 수 있는 점은, 단카이 세대의 '과당 경쟁에 따른 고생'이란 결국 사내 직위를 둘러싼 것으로서 그 이상도 그 이하도 아니라는 사실이다. "성장이 멈춘 회사가 점점 늘어나는 인건비를 다 지불하면서, 나이를 먹어가는 사원 모두에게 가급적 직위를 준다는 것은 도저히 불가능하다"라는 것이 그 기본적인 문제의식이다.[15] 사내 인간관계와 직위 쟁탈전이 중심 문제가 된 회사야말로 '회사주의로서 전후 일본'의 모습이며, 그 속에서 고심하고 시달려 온 사람들이 바로 단카이 세대인 것이다.

당시의 특정한 국제적 환경을 배경으로 형성될 수 있었던 이러한 회사사회는, 1985년 플라자 합의로 그러한 환경이 사라지면서 유지가 불가능해졌다. 이제는 기업의 이윤 증대 노력이 노동자의 복리후생과 모순 없이 양립 가능한 목표로서 병존할 수 있는 상태란 존재하지 않게 되었다. 이와 동시에 '개인 간 경쟁의 결여'가 키워 낸, 시장 경쟁력 없이 남아돌 뿐인 '회사인간'들은 기업 사회의 상층부로부터도 부정적인 존재로 여겨지고 있다.

단카이 세대란 이러한 틈새기에서, 지금 생각해 보면 별반 의미 없는 수고에 일생을 바칠 수밖에 없었던 사람들이라고도 할 수 있다. 이렇게 보면 그들 역시 피해자임이 분명하며, 그들 한 사람 한 사람을 비난하는 것은 그다지 의미가 없을 것이다. 오히려 내가 분노를 느끼는 대상이 있다면, 이러한 사회의식을 앞장서 만들어 내면서 "일본은 사회유동화의 외부에 머물러 있을 것"이라는 헛된 환상만을 부풀려 온 사람들의 언동이다.

3. 총중간층화에서 탈공업화로

'총중간층화의 꿈' 이라는 청구서

앞 절까지의 내용은 전후 안정사회의 붕괴를 약간 시간을 되짚어 올라가는 형태로 서술한 것이다. 이로부터 읽어 낼 수 있는 것은, 일본의 경우 '모두가 중간층이 될 수 있다는 꿈'이 소멸하는 타이밍이 빗나가 버렸다는 점, 그리고 지금은 그 청구서를 지불하고 있는 상태가 아닌가 하는 것이다.

하지만 그렇다고 해서 "일본의 성장 방식이 잘못되었다"라고 내뱉듯 말하는 니힐리즘에 빠져서도 곤란할 것이다. 나는 정치가도, 경제학자도 아니기에 고용을 어떻게 확보하고 연금제도를 어떻게 재구축할지와 같은 전문적인 논의를 펼칠 능력이 없다. 단지 사회학자로서 할 수 있는 것은 사회를 해석하는 인식 틀을 제시하는 일이고, 이때 중요한 것은 지나치게 일본 고유의 체험으로서만 이야기되어 온 전후 일본의 내력을 다른 나라와 비교할 수 있는 형태로 열어나가는 것이라고 생각한다.

이 절에서는 구미—특히 미국—와의 비교를 중심으로, 일본의 그릇된 점을 집약해 놓은 듯한 '총중간층화의 꿈', 더 나아가서는 그 중간층이라는 것이 어떻게 형성되었고 어떻게 이해되어 왔는지를 세계사적인 큰 틀에서 생각해 볼 것이다.

그러면 서장에서 언급한 '성장의 삼단계론'〔54쪽을 보라〕을 따라 각 시대마다의 구미와 일본에서의 논의를 서로 비교해 봄으로써 사회유동화라는 이 책의 기본 모티브를 개관하고자 한다.

총중간층화와 인간소외 비판

사회학의 고전적인 문제 가운데 하나는, 그야말로 고도성장 속에서 진행되는 '총중간층화'를 어떻게 평가할 것인가 하는 것이었다. 블루칼라/화이트칼라라는 구분이 있기는 하지만, 공업화와 더불어 나타나는 중간층의 증대란 우선 회사 조직 안에 상시적으로 고용되어 안정적인 수입을 얻고 있는 사람들이 늘어났음을 말한다. 그리고 매스미디어의 보급에 따라 정보와 오락이 이전까지 이를 누리지 못했던 사람들에게까지 확대되었다.

이것이 바로 '대중사회의 도래'이다. 이는 폭넓은 대중이 회사원으로서 고용을 확보한 상태에서 그 수입으로 텔레비전을 사거나 잡지를 구독하는 등의 소비생활에 참여하게 되는 일, 곧 '궁핍으로부터의 해방'을 뜻했다.

대중사회론을 가장 활발하게 논했던 곳은 미국이었는데, 이러한 궁핍에서의 해방에 대한 평가는 일본의 경우와 완전히 달랐다. 일본에서는 이 '해방'의 대단함 자체에 대해 순진한 신뢰를 보였던 반면, 미국의 대중사회론은 이러한 상황이 사람들의 내면적인 가치의식을 박탈하고 사회를 획일화한다는, 이른바 인간소외의 상황을 논했다.

쓰루미 슌스케●는 전후의 대중문화연구가 '전쟁 체험의 재검토'를 출발점으로 하는 것이었다고 지적한다. 말하자면 지식이나 교양 같은 것들이 군국주의화에 대한 방파제 역할을 해내지 못했음에 대한 반성이었다. "1931년 시작되어 1945년에 끝난 전쟁은, 교양인이든 비교양인이든, 대학을 나온 이든 나오지 못한 이든 군국주의에 굴복한다는 점에서는 거의 마찬가지라는 점을 보여주었다."[16] 이 구절은 전후 일본의 인문사회적 지식이 '회한(悔恨)공동체'●로서 다시 출발해야만 한다는 것을 가장 상징적으로 보여주는 것이리라.

쓰루미는 대중사회 상황을 파시즘의 위기라고 해석했던 스페인 철학자 오르테가 이 가세트●를 비판하면서, 일본의 경험은 파시즘이 대중사회의 획일성 때문이 아니라 시민사회의 결여 때문에 나타난다는 것을 말해 준다고

● 쓰루미 슌스케(鶴見俊輔, 1922~) : 철학자·문예평론가. 전후 일본 언론계의 지도적 인물. 미국 실용주의 철학을 일본에 소개한 사상비평가로 알려져 있다. 국역 저서에는 최영호 옮김, 『전향─쓰루미 슌스케의 전시기 일본정신사 강의 1931~1945』(논형, 2005) ; 김문환 옮김, 『전후 일본의 대중문화 : 1945~1980)』(소화, 1996)가 있다.

● 회한공동체 : 종전 후 얼마 지나지 않아 일본 지식인들 사이에서는 '전쟁을 왜 그만둘 수 없던 것인가' 하는 질문이 대두했는데, 회한공동체는 이러한 질문으로 고민하던 당시 지식인들, 그들을 지배한 정서를 지칭하기 위해 마루야마 마사오(丸山眞男)가 만들어 낸 개념이다.

● 오르테가 이 가세트(Jose Ortega y Gasset, 1883~1955) : 생의 철학에 바탕하여 현대 문명을 비판한 철학자. 국역 저서에 황보영조 옮김, 『대중의 반역』(역사비평사, 2005) ; 정동희 옮김, 『형이상학 강의』(서광사 2002) ; 정동희 옮김, 『철학이란 무엇인가』(민음사, 2006) 등이 있다.

주장했다. 대중사회란, 매스미디어에 의해 매개된 '세계성'과 이를 자신의 일상 속에 짜 넣는 '사적인 성격(私性)' 간의 상호작용 속에서 오히려 파시즘이나 제국주의에 대한 저항을 가능케 한다는 것이다.

> 현재 모든 자본주의 국가들의 매스커뮤니케이션이 만들어 내는 대중문화의 세계성에 대해, 자기 한 사람 및 자신들의 사적인 성격(私性)에 의존하여 이를 부단히 변형시켜 가는 작업이 우리들의 일상의 노력이 된다. 소극적인 방위인 것 같아 보이는 이러한 거듭된 노력의 축적이 일상생활의 부분에서 일어나는 적극적인 반격과 결합한다면, 대중문화에 새로운 길이 다져질 것이다.[17]

이에 비해 미국 대중사회론의 대표작이라 할 수 있는 데이비드 리스먼●의 『고독한 군중』은 인간의 '내면적 가치'를 축으로 대중사회론을 논한다.[18] 예전에는 불합리한 전통이나 관습에서 해방되는 것이나 사회의 동조(同調) 압력에 대항하는 개인의 강한 내면적 가치를 키우는 운동으로서 근대를 이해했다. 그러나 매스미디어의 보급이라는 대중사회의 상황은 항상 그 매스미디어의 정보를 참고하지 않고서는 살아갈 수 없는 '타인 지향형(other direct-ed type)' 인간을 낳기에 이르러, 개인의 내면성은 다시 집단 가운데 매몰되어 버렸다는 것이다.

● 데이비드 리스먼(David Riesman, 1909~2002) : 1950년대 대중사회론으로 널리 알려진 미국의 사회학자. 현대 고도산업화사회의 특유한 성격 유형으로서 고독한 군중을 논했다. 이상률 옮김, 『고독한 군중』(문예출판사, 1999).

리스먼과 거의 같은 시대의 찰스 라이트 밀스● 역시 이 시기 사회학을 대표하는 논자로서, 그의 주저 가운데 하나인『화이트칼라』는 회사 조직에 의한 인간소외를 다루고 있다. 밀스에 따르면 회사 조직은 강고한 관료제로서 그 상층부에서는 전문화 및 분업화를 추진하고, 중·하층부에서는 비숙련 노동이 늘어난다는 특성을 가지는데, 노동자는 그 어느 쪽에 속해 있더라도 결국 '비인간적인 기업 조직의 톱니바퀴'가 되어 버린다.[19]

이렇게 되면 노동은 더 이상 자기실현의 장소가 아니며, 사람들은 그 대신에 자신의 존재 증명을 매스미디어가 제공하는 획일적인 오락거리의 소비에 의탁할 수밖에 없게 된다. 밀스는 이렇게 노동과 여가의 두 측면에서 미국의 사회생활이 획일화하고 있다고 본 것이다.

요컨대 밀스와 리스먼은 둘 다 대중사회를 해방이 아닌 획일화라는 악(惡)으로 보았다는 것을 알 수 있다. 반면에 쓰루미는 오히려 매스미디어의 보급을, '대중의 저항성'으로서 시민사회의 원천으로 여겼다. 이들은 파시즘의 부정이라는 인식을 공유하고 있었으면서도 획일성에 대해서는 완전히 반대되는 평가를 내렸던 것이다.

미국에서 쓰루미와 비슷한 견해를 보인 쪽은 밀스나 리스먼에 대한 반론으로 등장한 소비생활 예찬론인데, 그 대표적인 예는 조지 카토나●이다. 그

● 찰스 라이트 밀스(Charles Wright Mills, 1916~1962) : 미국의 사회학자. 국역 저서로 김대웅 옮김,『들어라 양키들아』(아침, 1988) ; 진덕규 옮김,『파워 엘리트』(한길사, 2000) ; 강희경 외 옮김,『사회학적 상상력』(돌베게, 2004) 등이 있다.

● 조지 카토나(George Katona, 1901~1981) : 헝가리 태생의 미국 심리학자·경제학자. 오늘날의 경제심리학의 초석을 놓은 학자로서 소비자의 동기, 기대에 대한 선구적 연구로 유명하다. 저서에『강력한 소비자(The Powerful Consumer: Psychological Studies of the American Economy)』(1960),『대중소비사회(The Mass Consumption Society)』(1964) 등이 있다.

는 생존에 필요한 수준을 넘어 더욱 자유로운 선택이 가능한 소비가 늘어난다는 뜻으로 중간층의 확대를 파악했다. 한 사람 한 사람이 더 높은 생활수준과 소비자의 안락이라는 이상(理想)을 추구하고 그러한 이상이 더 많은 사람들을 매혹시킬 때 파시즘적 '국가 이데올로기상의 영광'이라는 구심력은 약해진다는 것, 이와 같이 중산층의 확대가 평화를 가져온다는 것이었다.[20]

그런데 여기에서는 밀스나 리스먼이 비판했던 중간층 확대에 따른 획일성이, 경제적 안정과 세계 평화를 가져오는 '혁명적인 변화'[21]로 무조건 예찬되고 있다. 이렇게 보면 일본의 회한공동체와 시민사회론은, 인간소외나 파시즘 비판의 논의를 지향하면서도 결과적으로는 소비생활 예찬론에 가까운 것이 되고 말았다고 할 수 있다.

탈공업화기의 대항문화와 공공 보전

1960년대에 들어서면서 계몽적 지식인의 이상(理想) 혹은 강한 정의감을 띠는 인간소외 비판은, 학생운동을 시작으로 해서 흑인·여성운동을 휩쓸게 되는 대항문화(counter culture)의 한 이론적 기반이 된다.

대항문화의 전개에 관해서는 많은 저서가 나와 있으므로 여기서 자세히 소개하지 않겠다. 이 책의 관점에서 흥미로운 점은 오히려 그러한 시대 상황을 배경으로, 서장에서 언급했던 탈공업화의 단계가 진행되고 있었다는 사실이다.

대항문화를 견지한 '좌익'의 번성에 비판적이었던 '보수' 다니엘 벨은, 당시의 시대 상황을 참여민주주의와 능력주의(메리토크라시, meritocray) 간의 대립으로 파악했다. 즉 대중사회는 더욱 지속적인 경제 성장을 위한 기술 혁명을 필요로 하고 있었는데 여기에는 거대한 규모의 투자와 국가 개입이 필수적이었다. 또한 기업은 이미 경제적 이윤 추구의 개념만으로 한정하기 어려운 존재—즉 고용 및 임금의 확보나 환경 문제에 대한 대응 등 '사회적 책임'으로부터 벗어날 수 없는 존재—가 되어 있었다. 때문에 "탈공업사회는 점점 공공적인 사회가 되어 가고, 여기에서는 시장 대신 공적 기구가 재화의 분배자가 되며 개인적 요소가 아닌 공적 선택이 서비스의 조정자가 된다."[22]

즉 탈공업사회는 정부 및 공적 부문과 각 기업 조직이 기술에 관한 전문 지식에 바탕한 강력한 계층(히에라르키, Hierarchie)을 형성하여 관료제로 완성되어 가는 사회인 것이다.

그러나 대항문화로부터 터져 나온 계속된 이의제기는, 경제 성장에 필요한 메리토크라시적 관료제와 대중의 정념 사이에 괴리가 생겨나고 있음을 보여준다. 이것이야말로 자본주의의 문화적 모순이자 대중사회화 이후의 정치를 둘러싼 근본 문제인 것이다.[23]

> 정치에 관해 말하자면, 관료제에 대한 사회 측의 반란과 참가에 대한 욕구가 모든 분야에서 분명히 나타나고 있다고 할 수 있다. …… 이러한 참가(參加) 혁명은 사회의 '전문 직업화'와 탈공업사회에 새롭게 출현한 테크노크라트•적인 의사 결정 방식에 대한 반동의 한 형태이다.[24]

나아가 벨은 관료제에 대한 반항으로 대두한 당시의 대항문화를, 도를 지나친 참여민주주의로 보았다. 당시에는 연령, 인종, 성별 등 다양한 요인으로 결집한 압력 단체들과 사회 전체적인 계획을 입안하는 테크노크라트 사이의 대립이 격화되고 있었다. 그러나 벨은 참여민주주의의 무한한 확장으로는 문제를 근본적으로 해결할 수 없기에 결국 양자의 균형을 맞출 수밖에 없다는 식으로 대항문화에 대한 반론을 펴 나갔다. 이렇게 보면 탈공업화기의 정치적 대립이란 '대항문화'와 '공공의 보전(保全)' 사이에서 형성되는 것이다.

일본의 사례를 돌아보면, 일본은 극히 우수한 성적으로 총중간층화에서 탈공업화로의 이행을 달성했다고 정리할 수 있으리라. 국민 중 성인 남자 모두를 회사의 고용관계에 집어넣고 그 속에서 복리후생을 보장했다. 그리고 여성이나 아동은 남성이 회사로부터 받는 복리에 의해 부수적으로 혜택을 누리는 존재가 되었다.

이러한 가운데, 카토나가 '소비생활의 일반화'라고 불렀던 현상이 세계에서 비슷한 예를 찾아볼 수 없을 정도의 빠른 속도로 진행되었다. 적어도 '파시즘적인 국가 이데올로기상의 영광'에는 별로 관심을 갖지 않는 대중이 형성된 동시에, 벨이 그토록 적대시하던 대항문화 역시 그 속에서 안개처럼 흩어져 사라지면서, 일본은 큰 소란이나 불안 없이 이 시기를 마칠 수 있었다.

그뿐만이 아니다. 일본을 총중간층사회라고 여겼던 사람들이 많을지 몰

● 테크노크라트(technocrat) : 과학 지식이나 전문 기술을 가지고 사회나 조직의 의사 결정에 영향력을 행사하는 관료를 말한다. 뷰로크라트(bureaucrat)를 대신하는 새로운 지배 계층으로 주목받았다. 테크노크라트들이 의사 결정에 큰 영향을 미치는 시스템을 테크노크라시(technocracy)라 부른다. 다니엘 벨, 김원동 옮김, 『탈산업사회의 도래』(아카넷, 2006) 참고.

라도, 일본이 '무경쟁사회'였다고 생각하는 사람들은 별로 없으리라. 경쟁은 극렬했기 때문이다. 단, 그 경쟁의 단위는 개인이 아니라 회사였고, 업계마다 정부 규제에 따른 '칸막이 속의 경쟁' 틀을 가지고 있었다. 이러한 식의 경쟁을 격화해 감으로써 일본은 시장경제화의 과실(果實)까지 동시에 얻으려 했던 셈이다. 즉, 전후 일본은 '시장경제'와 '메리토크라시'라는 생산성 확대의 두 요인을 동시에 잡으려 했고, 상당한 정도로 이에 성공했다고 정리할 수 있겠다.

그러나 이와 같은 전략은 겉으로는 안 보이는 모순을 안고 있었다. 이번 장에서 언급한 '젊은이들의 내팽개쳐짐'과 '단카이 세대의 의미 없는 수고'야말로 그 깊어 가는 내부 모순의 상징이라 할 수 있다. 1990년대 이후 불거진 일본의 각종 사회 문제들 대다수는 이러한 내부 모순이 겉으로 드러날 수밖에 없게 된 일련의 과정과 관련 있다고 해도 과언이 아니다.

4. 사회유동화의 부작용과 청년 문제의 관계

사회유동화와 신자유주의

여기까지 논의에서는 중간층의 증대가 어쨌든 경제 발전 및 지속적인 성장을 가져온다고 파악했다. 다니엘 벨의 탈공업화론 역시 관료제 조직의 보편화라는 형태로 이를 옹호하는 것이었다.

그런데 오늘날 시점에서 이러한 논의를 돌이켜보자면 다소 목가적(牧歌的)인 감이 없지 않다. 그도 그럴 것이, 현재 우리들은 그들이 전제로 삼았던 조건, 즉 "중간층을 확대시키면 생산성이 올라간다"라는 명제 자체가 와해된 이후의 세계를 살고 있기 때문이다.

이와 같은 전환은 1974년과 1979년 두 차례에 걸친 석유 위기와 이를 계기로 한 세계적 장기 불황을 배경으로 비교적 시기적으로 뚜렷하게 나타났다. 1979년 영국 대처 정권, 1980년 미국 레이건 정권의 출범을 시작으로 신자유주의가 제창되면서, 공적 부문 복지가 대폭 삭감되기 시작했다. 연금,

보험 등 기존 공적 부문이 담당해 왔던 복지 부문이 민간으로 대폭 넘겨지기 시작했고, 이제부터는 복지 서비스를 살 돈이 없는 '못 가진 자'들에게는 복지가 미치지 않게 되었다.

이러한 움직임은 규제 완화와 경쟁 격화라는 두 가지로 요약할 수 있다. 그 결과 기업 도산의 급증, 실업자 증대, 가족 붕괴, 치안 악화 등 갖가지 부산물이 생겨나고 있었지만, 영국과 미국의 경기(景氣)는 회복 중이었다.

레이거노믹스와 대처리즘을 분석한 전문가들의 저작은 많이 나와 있으므로, 여기에서 자세한 논의는 하지 않겠다. 단, 이 책의 논점으로 볼 때 흥미로운 점은, 이러한 신자유주의적 정책 기조가 그간 고용을 통해 복지를 공급하던 기존 회사 조직의 '유동화'로 널리 인식되어 있었다는 점이다.

구조조정과 아웃소싱 ●

일본의 사례를 들어 특히 회사 고용에 일어난 변동을 조금 더 자세히 살펴보자.

석유 위기를 한 원인으로 하는 1970년대 세계적 장기 불황 속에서, 임금 상승과 재정 지출 증대에 따른 인플레이션 압력이 자국의 국제 경쟁력을 떨어뜨린다는 '복지국가의 딜레마'는 선진국들이 안은 문젯거리였다. 더욱이

● **구조조정과 아웃소싱** : 구조조정(restructuring)은 기업의 기존 사업 및 조직의 효율을 높이기 위해 구조상의 개혁을, 아웃소싱(outsourcing)은 경영 효율을 높일 목적으로 기업 업무의 일부 과정을 외부로부터 조달하거나 제3자에게 위탁하는 것을 말한다.

일본과 독일 같은 반(牛)후진국들의 추격으로 국제 경쟁이 심화된 까닭에 당시의 영국과 미국은 그때까지 우위를 자랑하던 제조업의 부진을 우려하고 있던 차였다.

이러한 두 가지 요인의 압박 때문에 기업은 구조조정을 추진할 수밖에 없었는데, 미국의 노동경제학자 피터 카펠리(Peter Cappelli)는 이 과정에서 나타난 새로운 고용관계를 "전 생애에 걸친 결혼관계에서 단기 결혼으로의 변화"라고 요약했다.[25]

카펠리에 따르면, 먼저 회사 측의 경우 종업원을 장기 고용하는 이점이 사라졌다. 예전에는 뛰어난 숙련공 종업원을 자기 회사에 묶어 두는 것이 합리적 선택이었으나 이제는 그렇지 않게 되었다는 것이다. 그 배경에는 다음과 같은 요인이 있다.

(1) 제품 시장의 경쟁 격화와 시장 투입 시간의 단축. 가격 경쟁으로는 일본이나 독일의 추격을 따돌릴 수 없으므로 어쩔 수 없이 더욱 세분화된 틈새(니치, Niche)를 뚫어나가듯 고부가가치 산업화로 이행하게 되었다. 대량 생산 제품으로 가격 경쟁을 하는 것이 아니라 디자인과 섬세한 기능성 등 가격 외적인 면에서 비교 우위의 발휘를 노리는 것이다. 이렇게 각 제품마다 나름의 유행 주기가 나타나게 되면, 대량 생산 시대와 같은 고정적인 생산 라인이 아니라 유행의 추세에 따라 생산 라인을 유연하게 변동시킬 수 있는 능력이 필요해진다.

(2) IT가 관리직을 대신하게 되었다. 시대에 적응할 수 있는 기업의 조직 형태는 고정적인 상명하달식 위계 서열형이 아니라 변동에 대응할 수 있는 수평적 네트워크형이라는 점이 점차 분명해졌다. 따라서 이른바 관리직 부

문은 그 자체로 인원 삭감의 대상이 되었다.

(3) 투자 자금의 조달이 용이해짐에 따라 기업 매수가 급증하면서 주주의 압력 및 주가 상승 요구가 커졌다.

(4) (3)과 관련하여 벤치마킹 등 새로운 경영 수법이 등장하여 기업에게는 더욱더 시장 원리를 철저히 따를 것이 요구되고, 비용 삭감에 대한 요구도 증대한다.

이러한 변동 가운데서 살아남은 기업은 어쩔 수 없이 구조조정이라는 커다란 변화를 겪었던 것이다. 지금까지는 기업 몸집의 크기가 경쟁력과 직결된다는 '규모의 경제'가 적용되는 업계가 많았다면, 이제는 오히려 내부의 경쟁력이 낮은 부문에 대해 '잘라내기(언번들링, unbundling)'를 촉구하는 목소리가 높아졌다.

또한 순간적으로 산출되는 시장가치인 주가를 높이기 위한 업적 개선 필요성이 커져 감에 따라 고정비 억제가 요청된다. 인건비 역시 예외가 아니어서 고정적인 종업원을 끌어안기보다는 가능하면 회사 외부에 의탁(아웃소싱)함으로써 이를 변동비에 편입하는 것이 낫다는 인식이 확대되었다.

이와 같은 변화가 구미에서 진행되고 있던 거의 동일한 시기 일본에서는, 앞서 소개한 '오히라 총리의 정책연구회'가 이를 두고 '선진국병'이라 평했다. 튼튼한 회사 조직을 자랑거리 삼아 회사주의의 경제적 합리성을 주장하는, 구미에서와 정반대의 논의가 이 시기부터 본격적으로 선전되고 있었던 것이다.

글로벌한 총외부노동시장화

그러면 피고용자들은 이러한 변화를 어떻게 체감하고 있었을까?

먼저 여태껏처럼 기업의 '내부노동력'으로서, 확고한 조직의 위계 서열 속에서 승진해 나간다는 뜻의 '출세'란 거의 바라보기 힘들게 되었다. 내부노동력으로 보호받던 사람들 역시 능력과 비용 면에서 외부노동자들과 경쟁하지 않을 수 없게 된 것이다.

조직의 틀이 이미 유연해져 있기 때문에, 어디엔가 자신보다 더 낮은 비용으로 일하려는 사람, 혹은 더 능력 있는 인재가 있다면 즉시 자리를 빼앗기게 마련이다. 각 내부노동력의 사이를 나누어 막고 서 있던 벽이 무너지면서, 모든 노동자들은 시장 원리를 기초로 쉽게 자리바꿈을 당할 수 있는 존재가 되었다. 요컨대 회사에 몸담고 있든 그렇지 않든 상관없이 거의 모든 사람들이 '총외부노동력'이라는 상태로 내몰린 것이다. 게다가 글로벌화로 말미암아 경쟁의 무대는 해외, 특히 저임금 노동력의 공급자인 신흥 공업국을 포함한 전 세계로 확장되었다.

따라서 기업 내의 출세 전망이 사라졌다 할지라도 세계 규모로 확대된 외부노동시장에서 더 높은 보수를 받을 수 있도록 스스로의 기술을 연마하는 데 매진하는 것이 개인의 합리적 선택이 되었다. 여러 기업들이 비용을 지불할 만한 능력을 지니고 있음을 스스로 증명할 수만 있다면, '자기 몸 하나만' 가지고도 광대한 외부노동력시장의 한복판에서 충분히 상승 이동을 노려볼 만하다는 인식이 퍼져나갔다.

이를 '관료제에서 개인화로' 가는 변화라고 요약할 수 있으리라.[26] 견고한 위계 서열로서 높이 솟은 회사, 나날의 급여라는 의미뿐 아니라 출세라고 하는 사람들의 목표였던, 혹은 반대로 사람들에게 하루하루 불만을 제공해 왔던 회사라는 조직, 그 자체가 무너져 내리고 있었다. 기존에 서로 대립하던 논의―밀스 같은 학자들의 인간소외 비판과 다니엘 벨의 메리토크라시 논의―모두를 곤경에 빠뜨리는 듯한 세계가 눈 앞에 나타난 것이다.

총외부노동력화의 과정에서는, 한 가지 직업에서만 보더라도, 자신의 가치를 높이는 데 성공하여 높은 보수를 받는 이들과 여기에 실패하면서 시장가치가 떨어져 가는 사람들이 함께 나타난다. 성공이나 실패는 어떤 조직에 속해 있느냐에 따라 갈린다기보다 각자의 재능에 따라 결정되며, 노동자들도 이미 이러한 사실을 인식하기에 이르렀으니, 이것이 곧 계층의 분화이다.

다시 한번 동시대 일본의 논의를 되짚어 보면, 이때 일본에서는 일본 특유의 인간관계를 중시하는 문화가 노사 대립을 초월한 사내 연대감을 만들어내기 때문에, 구미 국가들보다 석유 위기에 따른 불황을 잘 극복해 낼 수 있었다는 이야기가 선전되고 있었다. 석유 위기의 경험이 구미에서 '더 이상회사에 기대지 않고 자기 한 몸으로 헤쳐 나가는 노동자'를 낳았던 반면, 일본에서는 같은 경험이 조직으로서 회사의 끈끈한 응집력을 예찬하는 논의로이어졌던 것이다.

새로운 하층 직종과 이민노동자

구조조정이나 생산·업무자동화(오토메이션, automation), 그리고 고부가

가치 산업화의 추진은, 경기를 회복시키는 동시에 그때까지와 다른 형태의 새로운 하층 노동자를 만들어 냈다. 그 전형으로는 하층 서비스 노동이 있다. 쉽게 떠올릴 수 있는 일본의 이미지로는 이른바 후리타의 일거리라 여겨지는 레스토랑 웨이터나 소매점 점원, 무자격 경비원 등이 여기에 해당한다.

구미에서는 이민이라는 존재가 이러한 배경과 깊이 관련되어 있다. 많은 이민자들이 새로운 하층 직업에 종사하게 되었기 때문이다. 이민들과 마찬가지로 하층 직종에서 일할 수밖에 없는 그 나라 사람들은, "그들에게 일자리를 빼앗기고 있다"는 식의 느낌을 가지게 되면서 인종주의·배외주의적 내셔널리즘의 담당자가 되어 갔다.

글로벌화와 도시 문제에 관한 연구로 유명한 사회학자 사스키아 사센●은 국제화를 추진하는 미국의 국내 '성장 부문'이 실제로는 대량의 저임금 직종을 만들어 내고 있다는 역설을 지적했다.[27] 사센에 따르면 자동화로 인해 숙련 기능이 기계로 대체되고, 기계로 생산 라인화할 수 있는 생산 과정은 점점 더 임금이 싼 개발도상국으로 이전되었다.

이와 같은 과정은 미국 도시 지역의 공장이나 노동 조건이 열악한 저임금 제조업을 소멸시킬 것이었고, 그러기에 더욱 "그들에게 일자리를 빼앗겼다"는 불만이 생겨나는 것이다. 그러나 실제로는 오히려 노동 조건이 가혹한 소규모 영세 공장들이 미국 도시와 그 주변 지역에 늘어갔다.

어째서일까? 생산 라인화되는 생산 과정이 개도국으로 옮겨 간 후 도시에

● 사스키아 사센(Saskia Sassen, 1949~) : 미국의 사회학자·경제학자. 세계화와 국제적 인구 이동(이민)에 대한 연구로 널리 알려져 있다. 국역 저서는 남기범 옮김, 『경제의 세계화와 도시의 위기』(푸른길, 1998) 등이 있다.

남은 제조업이란, 유행을 타는 고급 상품과 대중 시장을 노리는 값싼 대량 생산품으로 명확히 나누어지게 되었다. 그런데 값싼 제품을 다루는 후자는 지리적으로 도시와 가까운 곳에서 대량의 저임금 노동력을 얻으려 하기 때문에, 다시 도시 내부에 노동 조건이 열악한 소규모 공장을 세우게 되는 것이다. 이리하여 선진국 특유의 고도화된 산업 현장의 한복판에 환경이 열악한 공장이 생겨나는 역설이 발생한다.

이뿐만이 아니다. 금융, 광고 등 고도의 서비스 부문 및 제조업 중에서 유행과 밀접하게 결합된 관리 부문이 선진국의 대도시에 남게 되면 거기서 일하는 고소득층도 늘어난다. 이때 이들이 거주하는 부유한 지대가 도시에 생겨나면서, 엘리트들의 라이프스타일을 떠받치는 하층 서비스 산업이 나타난다. 곧 거기서 일할 가사보조 파출부, 경비원, 청소부, 레스토랑 종업원 등 임금 노동력이 필요해지는 것이다.

이러한 이유로 글로벌화의 최전선에 해당하는 '세계 도시'는 부유층뿐만 아니라 빈곤층 역시 증가시키는 바, 두 계층 간의 대비가 더욱 명확하게 나타나는 장소가 바로 세계 도시라는 것이 사센의 분석이다. 그녀는 이민의 유입이 백인 노동자의 일거리를 빼앗는다기보다는 그들이 기피하는 하층 노동을 떠맡을 "순종적인 저임금 육체노동자를 대량으로 공급한다"고 결론짓는다.

여기서 다시 1980년대 전후 일본에서 벌어진 논의—예컨대 제1장 2절에서 소개한 구사카 기민토의 논의—를 놓고 생각해 보자. 구사카는 젊은이들이 새로운 형태의 문화 산업에 모여들고, 그 일이 저임금일지라도 자진하여 즐겨 일할 것이라는 점에서 일본의 밝은 미래를 보았다. 또한 현재 후리타가 하고 있는 노동이란 거의가 사센이 말하는 '새로운 하층 서비스 노동'이다.

이는 무엇을 뜻하는가?

내가 보기에는, 1970년대 말부터 1980년대 초입에 걸쳐 일본에서 널리 논의되던 '고부가가치 산업 및 서비스업에 대한 기대'란, 구미 모델에서 이민이 떠맡은 저임금 노동을 자국민들로부터 조달하려는 것이었다. 곧 '청년'을 그 대량 공급원으로 간주했던 것이다.

이 같은 하층 계급의 출현 방식은 일본 회사주의 모델의 잔존(殘存)이라는 문제와 관련되어 있을 것이다. 견고한 기업 고용으로부터 튕겨져 나온 층이 하층 계급으로 유입되었다고 여겨지기 때문이다. 현재 후리타의 증가라는 식으로 이야기되는 문제란, 일본이 탈공업화에는 매우 성공적으로 적응했지만 사회유동화를 제대로 인식하지 못해 왔다는 사실이, 구미에서 사회유동화가 나타난 지 20년이 지난 지금에서야 비로소 명백해지고 있음을 보여주는 것이리라. 이것이 바로 일본에서 '고도성장의 재검토'가 제 모습을 드러내는 방식인 것이다.

5. 세대 간 대립을 대신하는 내셔널리즘

중국위협론과 '잃어버린 민주주의'

이번 장에서 다루고 있는 일본의 고도성장에 대한 재검토와 매우 밀접한 관계를 가지고 있는 또 한 가지가 중국에 대한 시선이다.

중일 양국 간의 논의 혹은 중국에 대한 일본 내의 평가를 둘러싼 논의는 거의 역사 문제를 중심으로 이루어지고 있다. 그 내용이 주로 국가 간의 분쟁으로 해석되면서, 모든 이야기가 서장에서 언급했던 당구공 모델로 환원되어 버리는 구조가 존재하는 것이다. 그러나 최근 들어 중국에 대한 일본인들의 인식이 명백히 내부적으로 다양하게 나뉘며 극화(極化)하고 있는 것은 아닐까?

일본의 보수 논단을 보면, 중국의 대일 강경 자세에 대한 비판, 중국 경제의 거대화를 과장된 허상(虛像)으로 보는 시각, 중국 공산당의 횡포 등 중화인민공화국에 대한 부정적인 평가를 자기 목적으로 하는 논의가 즐비하다.

이러한 보수 언설을 상세히 분석할 필요가 있을지도 모르겠으나, 여기에서 그 내용을 살펴보는 것은 생략한다. 어쨌든 이들 논의가 이른바 '중국위협론' ─그 위협을 부채질하는 것이든 위협의 존재를 부정하는 것이든─을 형성하고 있는 것이 오늘날의 형국이다.

이런 움직임을, 예전의 패권주의적 일본의 아시아관(觀)이 그 세를 다시 불리기 시작한 것으로 보아야 할 것인가? 그렇지 않다.

중요한 것은 이러한 보수 논단의 아시아 인식에 정면으로 반론하는 듯한 논의가, 특히 재계나 행정부의 상층부에서 나오고 있다는 사실이다. 그것이 바로 아시아의 경제 성장, 특히 중국의 거대 시장 및 생산 거점이 되는 대두를 발판 삼아서 일본과 중국 간 적극적인 분업 체제의 구조를 형성하자는 주장이다. 이러한 식의 중국위협론 비판은 지금까지의 일본 내셔널리즘, 곧 회사사회로서 일본 사회 특유의 내셔널리즘에 대한 재해석과 짝패가 되어 제기되고 있다.

곧잘 지적하듯, 일본식 경영에 커다란 전화점이 된 것은 1995년 일본 게이단렌(經團連)이 발표한 보고서이다. 여기에서는 '인간 존중'이라는 기존의 일본식 경영 이념이 중요하기는 하지만 앞으로도 이를 그대로 지속하는 것이 좋은 방책일 수 없다는 점을 지적하고 있다.

고용에 대해서도 기존의 종신고용을 유지하는 대신, 종업원을 '장기 축적 능력개발형(長期蓄積能力開發型)', '고도의 전문 능력 활용형(高度專門能力活用型)', '고용유연형(雇用柔軟型)'이라는 세 유형으로 분류하는 '고용 포트폴리오'를 도입할 필요성을 논하고 있다.[28] 즉, 관리 부문의 후보생은 종신고용으로, 전문 기술직은 능력 급여로, 그리고 그 이하의 일반직(一般職)●과 같이 외부에 위탁 가능한 부문에는 파트타이머나 아르바이트를 적극 활용하라는 것이다. 이는 획일적인 종신고용 적용의 불합리성에 대한 지적이 기업 사회 내부에서도 나오기 시작했다는 것을 뜻한다. 더욱이 2004년의 '닛케이렌(日經連)●비전'에 이르러서는, 종래의 기업과 개인의 관계에 대한 분명한 비판이 나타난다. '회사인간' 대신 '자립한 개인의 다양성'의 필요성을 역설하게 된 것이다.[29]

이러한 동향은, 일본의 고도성장을 낳은 개발 정책에서 정부와 음양으로 관계를 맺어 온 재계의 대표격이자 정당 정치와는 다소 상이한 '보이지 않는 손'의 회로를 지녀온 경제 단체의 변화를 시사한다. 즉 기존 일본의 개발 정책의 성공─회사주의·신중간대중사회로서 일본─을 그대로 지속하는 것

● **종합직과 일반직** : 일본 회사의 일반적인 사원의 분류. 종합직(綜合職)은 관리직 및 차후에 관리직으로 승진할 수 있는 후보가 되는 사원을, 이에 반해 일반직(一般職)은 정형적이고 보조적인 업무를 담당하는 사원을 뜻한다. ('종합직'으로 기재된 원문의 오류를, 저자와의 협의를 거쳐 '일반직'으로 고쳐서 옮겼다.)

● **게이단렌과 닛케이렌** : 제2차 세계대전 전의 일본 재계는 정치 자금으로 정치에 대한 강한 영향력을 행사하였으나, 전시 통제기에 들어 단순히 정부의 의향을 개별 업계에 전달하는 단체로서의 성격만을 갖게 되었다. 그러다가 패전 직후 당시 연합군사령부(GHQ)와 정부에 경제계의 의사를 반영해야만 했던 격변기에 새로운 중추적 경제 단체로서 1946년 탄생한 게이단렌(經團連, 경제단체연합회)은 각종 경제 단체들의 연락 기관으로서 재계의 의견을 모아 정부나 국회에 건의하는 창구 역할을 한다. 한편 보수 성향의 게이단렌에 이어 당시 40~50대 초반의 진보 성향의 중견 경영인들이 결속해 만들어 낸 것이 오늘날의 경제동우회다. 전후 민주화 개혁과 노동 공세의 상황에서 노동 문제에 관한 경영자들 간의 상호 협력과 연락 및 경영권 확립을 위한 닛케이렌(日經連, 일본경영자단체연맹)이 출범했다(1948년 경영자단체연합회를 확대하여 조직한 것으로 한국의 전국경영자총연합회에 상당). 2002년 게이단렌과 닛케이렌이 통합하기 전에는 중소기업과 지방 상권을 대변하는 일본상공회의소와 함께 이들 '경제 4단체'가 공동 대표로서 오랫동안 재계를 이끌어 왔다. 이들 재계 단체들은 각자의 개별적 특수성을 지니면서도 수평적으로 연대하여 재계 공통 이익을 한목소리로 대변해 온 것이다. 『広辞苑』第五版(岩波書店, 2002) 관련 항목 ; 「'히노마루' 다시 뜬다─재계의 탄탄한 위상」, 『한경비지니스』 2004년 5월 30일자 등 참고.

이 불가능하다는 사실을 자각하였으며, 이제 이들이 스스로 이를 깨나가는 방향으로 선회했음을 뜻한다.

더불어 이러한 움직임은 이미 그 자체로서 분열을 시작한 일본 중간층 내부에서 아시아관(觀)의 분열을 가져오고 있다. 중국이 큰 화제가 되는 이유는, 이러한 국내적 노동과 고용 상황의 변동이라는 요소가 중국을 중심으로 하는 아시아 국가들의 제조업 추격이나 지역 내 소비 시장의 융성과 함께 수레의 두 바퀴를 이루고 있기 때문이다.

일본 게이단렌의 2004년 비전은 "중국위협론이란 중국과는 다른 비교 우위를 가진 일본이 중국과 같은 제품을 계속 만들고자 하는 발상에서 생겨난다"고 분명히 말하고 있다. 현재 중국이 흉내 낼 수 없는 새로운 산업 이외에는 미래가 없다고 보는 것이다. 더 나아가 "동아시아 연대를 강화하여 글로벌 경쟁에 도전하는" 것을 '제3의 개국(開國)'이라 부르고 있다.[30]

또 하나의 예로, 경제산업성(經濟産業省)의 『통상백서 2001』은 한발 더 나아가 이렇게 말한다. 즉, 일본 경제는 선진국형의 '새로운 발전 단계'에 들어서 있기 때문에 지속적인 성장을 위해서는 '내외일체(內外一體)의 발전', 즉 동아시아와의 분업 체제의 정비가 필요하다. 이 경우 '물건 만들기(모노즈쿠리)'●에서 일본의 비교 우위 저하를 일단 인정한 상태에서 '선진국형 서비스

● **모노즈쿠리** : 직역하면 '물건 만들기'이나, 일본 제조업이 갖는 다양한 강점을 포괄적으로 지칭하기도 한다. 단순한 제조 능력이나 그 향상을 위한 방법에서부터, 현장 노하우를 축적한 노동자가 고부가가치 제품 생산을 주도한다는 생산 관리의 측면, 노사 대립을 초월하여 경영자와 현장 노동자가 함께 제품 생산에 주력한다는 문화의 측면까지 다양한 문맥에서 쓰인다. 장기 불황 후 최근 일본 제조업의 부활과 쾌조의 배경으로 지목되면서 다시 주목받고 있다. 후지모토 다카히로, 박정규 옮김, 『모노즈쿠리』(월간조선사, 2006) 참고. 이 책의 저자가 설립한 모노즈쿠리 경영연구센터(동경대학교 경영교육연구센터 산하)는 다수의 토론 보고서를 인터넷에 공개하고 있다. (http://www.ut-mmrc.jp)

산업화'를 진흥시켜 나갈 필요가 있다는 것이다.

이렇듯 현재 일본에서는 '중국의 대두'라는 동아시아 규모의 변동을 배경으로 노동 자원 관리 방법의 개혁과 국내 산업 구조의 재편성을 모두 포괄하는 실로 '내외일체의 개혁'이라 할 만한 변화가 일어나고 있다.

그러나 한편에서는 일본식 경영이 그렇게 놀랄 만큼 허물어져 버린 것은 아니라는 시각 역시 다수 찾아볼 수 있는데, 겐다 유지의 '세대격차론(世代格差論)'이 한 예이다. 여기에서 엿볼 수 있는 것은, 일본 기업 사회의 상하 분해(上下分解)라는 것이, 글로벌한 유동성의 복판에 뛰어들어 그 위험을 부담할 만한 여력을 가진 상층의 사람들과, 종래의 사회보장제도에 계속 매달려 있을 수밖에 없는 나머지 사람들 사이의 괴리로서 진행되고 있는 점이다.

이러한 가운데, 종래 일본의 자화상 및 그 연장선상에서 역사 문제를 고집해 온 보수 논단 같은 부류의 언설은, 현재 동아시아를 관통하며 벌어지는 위험스런 변동을 견뎌 내기에 힘이 부치는 말단 기업인들의 고통을 위로해 주는, 일종의 위무(慰撫)로서 기능하고 있는 것이 아닌가 하고 생각해 볼 수 있으리라.

이 같은 방대한 수의 말단 기업인들은 '칸막이 속의 경쟁'과 회사주의를 방패삼아 기존의 일본 개발주의가 '의도적으로' 만들어 낸 사람들로서, 그 계층의 두터움은 곧 그러한 전략이 성공했다는 증거이기도 하다. 그러나 개발주의의 주도층 자체가 방향 전환을 모색하기 시작한 현재, 이러한 성공의 증거는 역으로 질곡(桎梏)이 되고 있다. 기존 전후 안정사회에 대한 기억을 버리지 못한 채 그 향수만을 즐기고 있는 민중과, 개혁을 지향하는 정부, 그리고 경제계의 사이에서 국내적 대립관계가 생겨나고 있는 것이다.

이들 중에서 대중들의 불만을 내 나름대로 대변해 보자면 다음과 같다. "예전의 정부나 재계는, 엘리트들이 알아서 나라를 풍요롭게 하니까 국민은 정치나 경제 같은 거창한 일들은 생각할 필요가 없다고 말했다. 우리는 그걸 믿고 일상생활에만 힘을 쏟아왔는데, 언제인지 모르게 자기네들 마음대로 방향을 틀더니 개혁이니, 자기책임이니 하면서 떠들어 대기 시작했다. 하지만 이제 와서 우리한테 그런 말을 하면 곤란하다."

이 대립 축은 고도성장과 민주주의에 관련한 것이다. 예전의 좌익은 진정한 민주주의를 회구하는 대항문화에 몸을 던졌다. 하지만 이후 이것이 소멸하게 된 것은 "엘리트가 나라를 풍요롭게 만들겠다"는 약속이 있었기 때문이었다. 양측의 합의 아래 '참된 민주주의의 희구'가 미결(未決)인 채로 유예되었던 것이다. '견고한 관료제하의 사회 운영'을 쌍방이 받아들였기에, 그 결과로 '모두가 풍요롭고 안정된 전후 일본'이 새로운 일본의 내셔널리즘이 될 수 있었다.

오늘날의 일본에서는, 그 약속을 배반당했다는 민중의 정념(情念)이 '잃어버린 민주주의'의 망령으로 되살아나 소용돌이치고 있다. 나는 이 정념이 바로 지금 국내 문제에 대한 '적(敵) 찾아내기'로 이어지고 있다고 본다.

그러면 '적'으로서, 젊은이나 단카이 세대 등의 특정 세대, 혹은 중국을 비롯한 다른 나라와 같이 눈에 잘 드러나는 헛된 대상이 선택되는 이유는 무엇인가? 불만을 투사해야 하는 진짜 상대란 예전 개발주의의 주도층이 아닌가? 잃어버린 민주주의를 부활시키려면, 개발주의의 기득권층을 효율적으로 해체시키고 또한 그 권익이 특정 계층에 남아 있지 않도록 지속적인 감시를 늦추지 않는 것 말고는 다른 방법이 없다.

이렇게 되면 이 문제는 당연히 전후 일본의 내셔널리즘에 대한 재해석으로 이어진다. 여기서 쟁점이 되어야 하는 것은 한국도, 중국도, '그 전쟁'도 아닌, 전후 고도성장에 부수된 문제들일 터이다. 좌익/우익을 막론하고 이상과 같은 국내 문제와 내셔널리즘 변동의 관계를 충분히 인식하지 못하고 있다는 의미에서, 일본에서 고도성장의 재검토는 제3~4장에서 소개하는 한국이나 중국의 그것에 비해 훨씬 더 뒤처져 있다고 평가할 수밖에 없다.

인터넷 내셔널리즘과 젊은이들의 자기소외

인터넷상의 혐한(嫌韓)·혐중(嫌中)이라는 것도 이러한 움직임 가운데에서 생겨난 것이다. 오늘날 일본어권 인터넷에서 한국이나 중국에 대한 욕설은 매우 흔한 풍경의 일부가 되어 버렸다. 그 주된 무대는 인터넷 사이트 '니찬네루'의 '한글 게시판(ハングル板)'이나 '극동아시아 뉴스 게시판' 혹은 거기서 파생된 것으로 보이는 많은 개인 홈페이지나 블로그 들이다. 이들은 인터넷상에서 확고한 '신(scene)'을 형성하고 있는데, 아마도 그 수는 1만 명을 넘을 것이다.

이와 반대로, 예컨대 일본의 전쟁 책임을 추궁하는 블로그는 아마 천분의 일도 없으리라. 종래의 좌우 대립을 전제로 말하자면, 일본의 인터넷 언론은 분명히 우경화하고 있다. 그러나 이러한 개개의 언설은, 한국과 중국에 대한 막연한 반감을 바탕으로 보수파 잡지 및 미디어의 '중국위협론' 따위의 언설을 조잡하게 재구성하여 인터넷 공간에 유입시켰다는 측면이 강하다.

이는 무엇을 뜻하는가? 인터넷상의 '혐한·혐중'이란 미디어 정보—앞에서 말한 바와 같이 동아시아를 관통하는 변동의 위험을 견뎌 내지 못하는 말단 기업인들을 위무하는 기능을 가지는—에 젊은이들이 장단을 맞추며 행동을 같이하고 있는 상태라고 말할 수 있다.

이러한 종류의 반중 감정이란, 중국의 대두라는 글로벌한 시장경제의 동향을 배경으로 하고 있다는 점에서, 외국인 노동자에 대한 배척 등과도 통하는 '개별불안형'의 한 종류라고 할 수 있다. 이는 회사주의를 중심으로 하는 일본의 성장 신화인 고도성장형 내셔널리즘과 기묘한 동조를 보인다.

한 가지 참담한 점은, 보수 논단의 노스탤지어적 '반중(反中)'이라고 하는 것이 "느긋하게 책을 읽으며 여생을 즐기고 싶다"고 생각할 만한 사람들을 대상으로 하고 있는 데 반해, 청년층은 실로 중간층이 상하로 분열되고 있는 현실의 복판을 살아가는 이들이라는 사실이다.

이번 장에서는 이들 모두가 사회유동화가 명백해진 시점에서 나름의 불행을 등에 짊어지게 된 존재라는 점을 논했다. 결국 어디에선가는 느끼지 않을 수 없게 되어 있는 배신감이 중국이나 다른 나라로 향하게 한다면, 이는 자국의 내력(來歷)으로부터 생긴 문제를 은폐하는 대신 사이비 적을 제공하는 역할을 할 뿐이다.

특히 청년층의 경우 주목해야 하는 사태의 배경은, 결코 일본의 '아시아 멸시의 전통'이 아니라 그들이 안고 있는 미래에 대한 불투명한 전망이라고 생각한다. 예를 들어 현재의 후리타·니트 문제에 대해, 한편에서는 겐다 유지나 무라카미 류(村上龍) 같은 논자들은 '상상을 초월한' 새로운 타입의 기업가를 육성할 수밖에 없다고—즉 종래 회사주의와는 완전히 동떨어진 길을 개척해 나갈 수밖에 없다고—주장한다.[31] 그러나 또 한편에서는, 청년 취업을 지원하는 NPO(Non Profit Organization, 비영리민간단체)의 주최자가 "부모나 청년 스스로가 '정장 차림으로 만원 전철을 타고 회사로 향하는 것'이 일하는 것이라는 고정관념에 사로잡혀 있는 경우가 많다"고 지적하고 있다.[32]

이는 기존의 개발 체제와 사회유동화 이후의 상황 중, 어느 장단에 춤을 추어야 좋을지 몰라 하는 사람이 많다는 점을 보여준다. 낡은 회사주의에 대한 기대감이 아직까지도 사라지지 않고 있는 것도 이 때문이다. "어떻게 하면 좋을지 모르겠다"는 불안감이 과거 자국의 성공에 대한 향수를 키우고 있는 한편, 그 연장선상에서 대중 감정으로서 반중 감정이 나타나고 있는 것은 아닐까?

이에 대해 "내셔널리즘이니까 잘못"이라는 식의 비판을 하는 것은 타당하지 않다. 이는 특히 청년층에 대한 심각한 자기소외의 올가미이며, '모두가 풍요로운 안정사회'라는 국내적 관념의 잔재, 이 모토가 실현되어 있던 때조차 거기에서 누군가를 배제했던 회사주의의 잔재, 그리고 이것들을 몽땅 외부로부터 허물어 내고 있는 동아시아의 글로벌한 경제 동향의 현실, 이 모든 것을 은폐하는 이중, 삼중의 허위의식인 것이다. 이는 '아름다운 애국심'이나 '일본적 자긍심'과는 아무런 관계가 없다.

여기서 읽어 내야 하는 문제는 너무도 큰 성공을 거둔 일본의 고도성장을 역사적으로 되돌아보고 검증하는 일이 얼마나 어려운가 하는 점이며, 보수나 혁신 모두가 그 작업을 게을리 해왔다는 사실이다. 역사 문제는 이러한 난제(難題)를 대신하여 호출되어 나타난 것에 지나지 않아 보인다. 중국이나

116

한국의 국내 혁신 여론이 이러한 경향을 '우경화'라 부르는 것이 핵심에서 벗어나 있는 것도 이러한 까닭에서다. 내셔널리즘을 둘러싼 논의는 역사 문제에만 집중할 것이 아니라, 일본 국내의 고도성장에 대한 재검토라는 작업과 새로이 결합되어야 할 것이다.

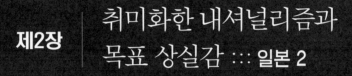

제2장 | 취미화한 내셔널리즘과
목표 상실감 ⋯ 일본 2

1. '문화'를 둘러싼 낙관론과 비관론

취미가 되어 버린 내셔널리즘

앞 장에서는 고용 불안을 배경으로 한 정치적 이의제기가, 응당 문제 삼아야 할 국내 개발주의의 문제는 제쳐두고 오히려 다른 아시아 국가에서 잘못된 적을 찾아내려 하고 있음을 지적했다. 또한 바로 이것이, 특히 젊은층이 자기들과 이해를 달리하고 있을 터인 자국의 성장 신화와 사이비 연대감을 느끼게 되는 원인이 되고 있다고 지적했다.

이번 장에서는 이러한 일이 벌어지게 된 원인을 살펴보고자 한다. 그 한 가지 이유는, 한국과 중국에 대한 이미지나 내셔널리즘이라는 것이 개인생활이나 직장일과는 그다지 관계가 없어 보이기 때문이다. 기업 사회의 상층부나 위정자들 사이에서는 이미 일본 경제의 방향 전환과 아시아 연대를 서로 연결지어 생각하고 있지만, 일본 국민 대다수는 아직 이를 실감하지 못하고 있다.

그리고 젊은층의 경우에는 '내셔널리즘의 취미화(趣味化)'라는 요인이 크다고 생각된다. 원래부터 경제적 재분배에 대한 관심이 희박하며 '그 전쟁' 정도 외에는 그다지 쟁점을 갖지 않는 일본의 좌우 대립에, 막연한 '아시아에 대한 속죄의식'과 그에 대한 반동으로서 반중·반한이라고 하는, 애당초 사람들의 일상생활과는 무관한 대립 축이 얽히게 된 것이다. 동시에 이는 회사주의를 방패로 삼았던 일본 경제의 유례없는 성공 속에서라면 국민 대다수가 그다지 경제적 재분배에 대해 고민할 필요가 없었다는 것을 뜻한다.

그러나 기존의 정치적 대립 축을 따라 진행되고 있는 청년층의 우익화에 이르면 사태는 더욱 심각해진다. 그곳에서 희화화(戲畫化)되고 있는 좌우 대립이란, 마치 좋아하는 야구팀이나 격투기 선수를 응원하듯이 한쪽 진영에 붙어서 (주로 인터넷상에서) 자기 편을 옹호하는 것을 목적으로 하는 일종의 오락과 같은 것이기 때문이다.

이렇게 하위문화가 되어 버린 내셔널리즘에 관해서도 여러 가지 논평이 나와 있지만, 크게 보아 우경화 혹은 좌경화라는 관점의 비판이 많다.

그러나 나는 '그 전쟁'을 기준으로 한 정의의 논리로 이러한 움직임을 비판하는 일은 그다지 의미가 없다고 본다. 되돌아보아야 할 점은, 내셔널리즘의 역사라기보다는 일본에서 이러한 '취미'나 '문화'를 이야기해 온 역사가 아닐까?

사회 속에 이렇게 희화화된 정치가 펼쳐지는 공간이 등장하게 된 이유는 무엇인가? 혹은 그 공간에서 자기 생활과 내셔널리즘 사이의 관련을 상실한 채 스스로에게 아무런 도움도 되지 않을 정치의식을 속속 드러내는 사람들이 나타나게 된 것은 무슨 연유인지를 묻는 편이 더욱 생산적이리라.

또한 나는 일본에서는 자신의 생활이나 경제 상황 및 문화라는 것들이 애당초 서로 연결되지 않고 있었던 것은 아닌가 하는 의심을 떨칠 수 없다. 이러한 질문에 대해 생각해 보기 위한 실마리로서, 이번 장에서는 먼저 '고도소비사회'라는 표현을 도입하였다. '소비사회'란 대중이 소비생활을 영위할 수 있게 되고, 활발한 소비 없이는 경제 성장을 이룰 수 없는 상태를 말한다.

서장에서 말했듯, 사회유동화와 같은 시기에 찾아온 고도소비사회화의 과정 속에서 '문화'라는 것은, 새로운 형태의 부유층과 하강 이동층, 두 부류를 낳아 계층 분화의 새로운 회로를 만들었다. 그러나 일본의 논의를 보면 문화적 관심의 고조—하고 싶은 일 지향 등—와 결부된 것은 오직 하강 이동의 경우뿐이고, 같은 이유로 부유층이 생겨날 가능성에 대해 언급하는 일은 극히 드물다는 것을 알 수 있다.

미리 결론을 밝히자면, 이러한 상태는 앞 장에서 서술한 일본의 '사회유동화에 대한 오해'라는 역사와 관계 깊다 하겠다. 언제부터인가 일본에서는 '취미'를 가지면 가질수록 하강 이동하게 될 뿐인 구조가 생겨 버린 것은 아닐까? 물론 이와 유사한 구조는 어디에나 있게 마련이다. 하지만 사회유동화는 모두를 하강 이동시키는 것이 아니라 성공한 사람들도 더러 낳을 터이다.

후자의 가능성이 어디선가 닫혀 버렸기 때문에, 좋든 싫든 고도소비사회화 시대를 살아갈 수밖에 없는 사람들, 특히 젊은층에게 목표 상실감이 생겨나는 것이 아닐까? 취미화한 내셔널리즘에서 느껴지는 정념이란 오히려 이러한 감정이기 때문에, 거기서 혐한·혐중 감정이라든가 우익적인 생각 자체를 문제 삼는 것은 별로 의미가 없다.

잘못된 꿈인가, 주요 산업인가

취미나 문화를 논하는 방식상의 일본적 특징이라는 문제는, 그 범위가 우경화 문제에만 한정되지 않는다. 예를 들어 현재 일본에는 '문화'에 대한 상반된 평가가 동시에 존재하고 있다.

한쪽에서는 '꿈을 좇는 후리타'라는 표현이 전형적으로 보여주듯 문화활동이 젊은이들의 잘못된 목표나 욕구의 대상이 되고 있다는 논의를 펴고 있다. 제1장에서 언급한 고스기 레이코가 그 한 예이지만 이와 비슷한 논의는 매우 많으며, 이러한 관점이 사회의 가치관으로 널리 정착되어 있는 것 같다.

반면 경제적 침체가 계속되고 있는 상황에서 문화가 일본의 새로운 주력 상품이 될 수 있다는 목소리 역시 상당히 높다. 이러한 논의에서는 애니메이션이나 게임 같은 이른바 '오타쿠●문화'의 인기가 높은 것 같다.

예를 들어 내각에 설치된 지적재산전략본부의 보고서 『지적재산추진계획 2004』는 '지식 경제' 시대의 도래와 함께 지금껏 일본이 지나고 있던 '물건

● **오타쿠(オタク)**: 애니메이션·만화·게임 등 하위문화에 몰두하는 이른바 '마니아'들을 일컫는 말로, 칼럼니스트 나카모리 아키오(中森明夫)가 1983년에 처음 사용한 것으로 알려져 있다. 원래 '댁'이라는 뜻의 '오타쿠(お宅)'는 통상 그다지 쓰이지 않는 2인칭 표현이나, 이를 마니아들이 즐겨 사용한다는 점에 착안하여 그들 자체를 이렇게 명명했다. 이 말은 원래 성격이 어두워 대인관계가 서툰 사람들이라는 부정적 뉘앙스로 쓰이는 경우가 많았다. 특히 1989년 발생한 소녀 유괴 연쇄살인사건의 범인 미아자키 쓰토무(宮崎勤)의 집에서 애니메이션과 공포물 비디오테이프가 대량으로 발견되면서 갑자기 유명해졌고, 그 뒤 일반적으로 사용되기에 이르렀다. 최근에는 '오타쿠 문화 산업' 등 부정적인 뜻이 아닌 긍정적인 의미를 부여하려는 움직임도 나타났다. 국역 참고문헌으로, 에티엔 바랄, 송지수 옮김, 『오타쿠 가상 세계의 아이들』(문학과지성사, 2002) ; 오카다 도시오, 김승현 옮김, 『오타쿠—21세기 문화의 새로운 지배자들』(현실과미래, 2000) ; 다카야스 마사아키, 김준영 옮김, 『아키바계 오타쿠 비즈니스의 매커니즘』(킵스라이센싱, 2006) ; 아즈마 히로키, 이은미 옮김, 『동물화하는 포스트모던—오타쿠를 통해 본 일본 사회』(문학동네, 2007) 등.

만들기'의 우위성이 낮아지고 있다는 인식에서, 무형의 '정보 만들기'를 새로운 일본의 산업적 기반으로 삼아야 한다고 주장한다.[1] 여기서 말하는 정보는 좁은 의미의 미디어 산업이나 과학기술상의 발명, 지적재산권뿐만 아니라 브랜드나 음악·영화 등의 콘텐츠까지 포함하는 것으로서, 지적재산전략본부의 내부에는 콘텐츠 전문조사회까지 설치하고 있다. 여기서의 문화란, '잘못된 꿈' 논의에서와는 반대로, 일본에 경제 효과를 가져다줄 기대주인 것이다.

문화란 자라나는 다음 세대의 젊은이들을 그릇된 길로 이끄는 '잘못된 꿈'인가? 아니면 일본의 우위 회복이라는 경제 효과를 가져올 '새로운 주력 산업'인가? 문화에 대한 기대가 낙관론과 비관론, 양극으로 명확히 분열되어 있는 것이 현재의 상황이다.

이렇게 다른 측면에서 보면, 문화는 단순히 취미나 여유라는 문제가 아니라 교육 및 통상 산업 정책 등 정책적 과제와 관련하여 대립 축을 형성하고 있다. 그럼에도 불구하고 양측의 입장은 정책적 논의 속에서 완전히 동떨어진 자리에 놓여 있기 때문에 서로 간에 대화가 이루어지지 못하고 있는 듯하다. 아마 문화의 문제를 생각하는 데 기초가 되는 어떤 인식 틀이 없기 때문에 애당초 그러한 상호간의 논의가 성립하기 어려운 것이리라.

아시아 정체성인가, 상호 대립인가

문화에 대한 두 극단적인 평가가 나타나는 영역이 또 한군데 있다. 바로

'동아시아론'이다. 한편에서는, 문화가 동아시아라는 지역 단위 공동체의식을 고양하는 한편 객관적인 면에서도 생활 방식을 통일시킨다는 점에서 '동아시아 공동체'를 형성하는 데 중요한 역할을 할 수 있을 것으로 전망한다. 도시 중간층을 시장으로 하는 공통 문화권에서 텔레비전이나 패션 등 대중문화가 동아시아의 통일적 정체성의 원천이 되고 있다는 시라이시 다카시(白石隆)의 논의가 그 대표적인 예이다.[2]

또한 아시아 나라들에서 일본 애니메이션이나 게임, 음악이 높은 인기를 누리고 있다는 점을 강조하면서, 이것들이 미국산 문화 상품보다 높은 친근감으로 다가가고 있다는 논의는 셀 수 없을 정도다. 이들 논의는, "아시아는 문화를 통해 상호교류를 넓혀 가고 있다", "이를 통해 일본의 이미지를 제고할 수 있다"라는 식의 '동아시아 관계와 문화의 결합에 대한 낙관론'이라고 정리할 수 있다.

그러나 한편에서는, 중국과 한국의 반일적인 기운, 일본에서 혐한·혐중의 기운이 특히 인터넷상에서 고조되고 있다는 점 역시 자주 지적되고 있다.

한국이나 중국의 인터넷상에 캐리커처화 된 '반일'이 존재하고 있다는 것은 명백한 사실이다. 또한 2005년 4월 중국의 여러 도시 지역에서 발생한 반일 데모에서도 인터넷이 커다란 역할을 했다는 사실은 보도로 널리 알려진 바와 같다. 여기에서 다시 확인할 수 있는 것은, '내셔널리즘의 응수'가 이제 인터넷이라는 최근 가장 눈에 띄는 새로운 문화적 표현 활동을 배경으로 그 모습을 드러내고 있다는 사태이다.

현재 동아시아의 상호관계에 대한 문화의 역할에 대해 이렇게 낙관론과 비관론이 극단적으로 분열되어 있는 한 가지 이유는, 일본 국내에서 '잘못된 꿈' 논의와 '경제효용론'이 병존하고 있는 것과 마찬가지로, 동아시아 규모에서도 문화에 대한 인식 틀이 형성되어 있지 않은 탓이다. 그러한 인식 틀의 결여 때문에 성급하게 경제 효용을 기대하는 논의와, 이와 상반되는 성급한 비관론이라는 양극으로 분열되어 버리는 것이다.

　그러면 이러한 혼란이 생기는 원인은 무엇인지 먼저 일본의 체험을 되짚어 본 후, 이를 다시 좀더 넓은 문맥에 자리매김하면서 자세히 살펴보자.

2. '일본적 포스트모더니즘'에서 '꿈을 좇는 후리타'까지

민주주의로서 소비생활—전사(前史)

일본 소비사회는 흔히 제1차 세계대전과 제2차 세계대전 사이, 다이쇼 시대(大正, 1912~1926년)에 성립했다고 일컬어진다. 실제로 당시 도시 지역은 이미 '모보·모가'〔모던 보이(modern boy)·모던 걸(modern girl)〕라는 말로 대표되는 소비문화를 꽃피우고 있었다. 하지만 이 책의 목적은 상세한 역사적 검토가 아니라, 현재 발생하는 문제를 해석하기 위한 틀을 제시하는 것이기에 전후의 역사로부터 이야기를 시작하고자 한다.

가토 히데토시●는 1950년대를 굶주림과의 싸움이라는, '생존의 노력'에서 해방하고자 한 시대로 회고한다. "어딘지 모르게, 단순한 '생존'을 넘어선

● **가토 히데토시(加藤秀俊, 1930~)** : 사회학자. 1950~1960년대의 대중사회론 및 미디어론의 초창기 연구자. 데이비드 리스먼의 『고독한 군중(The Lonely Crowd)』을 일본에 소개한 이로도 널리 알려져 있다.

곳에 더 풍족한 '생활'이라는 것이 있으리라는 것을 어슴푸레 알기 시작했다." 이는 패전 후의 가난에서 해방이라는 소박한 일상감각으로서, 당시 텔레비전에서 CM송을 처음으로 들었을 때의 느낌을 "일종의 문화적 감동 같은 것에 휩싸였다"며 회고하는 것도 그 한 예이다.[3]

1950년대가 한창이던 시절 가토는, 대중소비사회에서 인간소외를 읽어 냈던 동시대 미국의 밀스나 리스먼과는 대조적으로, 텔레비전이나 레코드 등 소비재의 공유를 '신분'의 소멸이자 민주주의의 진전이라며 적극적으로 평가했다.[4] 즉, 향촌의 청년단[青年團 : 지역 청년들에 의해 조직된 수양, 친목, 사회봉사 자치 단체], 공장 노동자, 대학의 교실 등 예전 같았으면 '신분차' 때문에 동떨어져 있었을 사람들의 태도나 생활 방식이 서로 점점 더 비슷해져 간다는 것이다.

> 깔끔한 양복 한 벌이라든가 카메라, 전기세탁기, LP레코드, 텔레비전, 스쿠터, 자동차 등 생활의 쾌적함과 편리를 보증하는 소비재가, 우리들 세대에 공통된 생활적 향상심(向上心)의 지평선 위에 늘어서 있는 것이다. 만약 40대 이상의 농민이나 공장 노동자라면, 분명 자동차 따위는 큰 부자나 가질 수 있는 것이라 생각해 버릴 뿐이다. 그런 것에 대한 욕망은, 예컨대 공상은 할 수 있을지언정 겉으로는 떠오르지 않는 것이리라. …… 요컨대 신분적으로 규정된 욕구 체계라는 것이 우리 사이에서 소멸하기 시작한 것이다.[5]

이렇게 소비에서 신분차가 소멸함에 따라 "전후파[戰後派 : 제2차 세계대전 후에 자라난 세대]는 민주적인 인간관계와 세계관을 갖게 되었다"고 여겨졌다.[6] 게다가 제1장에서 소개한 쓰루미 슌스케의 논의—매스미디어의 보급을

'대중의 저항성'으로서 시민사회의 원천으로 보는 논의—까지를 여러모로 생각해 볼 때, 일본에서는 소비 활동의 일반화를, 국가주의에 대한 시민 편의 방어 혹은 빈곤으로부터 해방되고 문화에 접하게 된다는 소박한 기쁨으로 받아들였다고 보아도 좋을 것이다. 특히 쓰루미의 논의에서 보이는 매스커뮤니케이션 내부에서 벌어지는 '일상생활에서 대중적 저항으로서 문화'라는 모티프는, 뒤에서 검증할 일본의 문화론을 꿰뚫는 일종의 '문화성선설(文化性善說)' 따위들의 원류가 아닌가 한다.

그 후 1957년 경제기획청이 "이제는 전후(戰後)가 아니다"라는 유명한 어구를 백서에 적어 넣는다. 그리고 얼마 안 가 '세 종류의 신기(神器 : 흑백텔레비전, 세탁기, 냉장고)'라 불리는 생활가전 붐이 도래하여 '생활 혁명'이라 불린 급격한 라이프스타일상의 변화가 나타났다.

이때부터 고도성장기에 걸쳐 생겨난 '풍요로움'에 대해서는 많은 연구가 있는 터라 여기서는 상세히 다루지 않는다. 제1장에서 말한 대항문화로서 학생운동은, 회사주의에 배반당한 총중간층화를 거치면서 일상 소비생활로서의 생활보수주의 속으로 사라져 갔다.

'취미적 차이'에 갇혀 버린 문화

이 책에서 주목하고 싶은 것은 오히려 조금 더 뒷시기로서, 1970년대 말 이후 일본어권의 언론을 석권하는 지적 유행어로서 널리 퍼져나간 '포스트모더니즘'과 '문화기호론(嗜好論)'이다.

130

구미의 사례는 뒤에서 논하겠지만, 이들 논의의 원래 의도는 마르크스주의라는 토대 위에서 총중간층화의 허위성을 폭로하는 것, 즉 언뜻 소멸한 것으로 보이는 '계급차'가 그 형태를 달리하여 '풍요로운 생활'의 내부를 관통하고 있는 것이 아닌가 하는 문제의식이었다.

그러나 이미 일본이 신중간대중사회라는 인식이 팽배해 있던 당시 일본에서는 그 누구도, 심지어 연구자들조차도 계급차에 관한 문제의식을 갖고 있지 않았다. 더욱이 서장에서 인용한 오쓰카 에이지가 말한 것처럼, 대중소비사회를 '전후 민주주의의 도착점'으로 여겨 왔던 것이다.

이런 상황에서 무언가 '차이'를 읽어 내려는 의도만을 여기에 가져다 넣은 것이 일본적 포스트모더니즘이었다. 그 하나의 도착점이 베스트셀러였던 아사다 아키라(浅田彰)의 『구조와 힘』이라는 사실은 누구라도 부정할 수 없을 것이다.

아사다 아키라를 필두로 한 일본적 포스트모더니즘이란, 자신의 생활이나 경제 상황, 사회적 위치 등에서 완전히 동떨어진 어딘가에 '취미'라는 영역이 존재하고 있다는 주장으로서, 그곳에서의 섬세한 취미 추구를 철학적으로 미화한 것에 다름 아니었다고 요약해 볼 수 있을 것이다.

'열의 없이 희미하게 지내기'●를 제창하는 이 책에서는 모더니즘을 '차이

● 원문 'シラケつつノリノリつつシラケる'의 의역으로서, 사건에 대해 무감각하거나 무관심한 모습, 이데올로기에 기반한 열정을 잃은 시대의 젊은이들의 사고와 생활 방식을 뜻한다. 참고로 전공투 세대가 이데올로기를 가지고 기존의 사회질서에 대항하였다고 한다면, 그 후의 세대, 즉 '이데올로기 없는 세대'에 해당하는 아사다 아키라는 이미 존재하는 질서 '속'에서 그 질서를 '탈구축'해 나간다는 자세를 보이고 있다. 20대 후반의 나이로 난해한 현대 사상을 나름대로 정리한 『구조와 힘(構造と力)』은 이정우 옮김, 『구조주의와 포스트구조주의』(새길, 1995)로 국역되어 있다. (참고로 원문의 표현은 서문에 나오나, 국역본은 1장부터 시작한다.)

의 체계'인 동시에 '차이화의 누적적 진행'이라는 운동을 내포하는 것, 포스트모더니즘을 '차이를 차이로서 긍정하고 향유'하는 것이라 보고 있다.[7]

여기에서는 문화적 기호론(嗜好論)이 근대사회 전반에 일반화되는 '차이의 체계'나 '상징질서' 등과 같은 것으로 궁극적으로 추상화되어 있다. 마치 '문화'가 세계 전부를 뒤덮는다는 식으로 논의가 진행되는 것이다.

지금 생각해 보면, 『구조와 힘』에서 '상징질서'를 떠받치는 사회·경제적 문맥을 전혀 고려하고 있지 않다는 사실은 가히 놀랄 만한 일이다. 이 책에 많이 나오는 모든 '차이'란, 사회·경제적 맥락 없이 마치 밀폐된 진공관 속에서 배양된 듯한 '취미적 차이' 영역에만 놓여 있는 것이다. 이는 아사다의 의도를 넘어 원래 맥락과 동떨어진 채 '자본주의 내부에서의 유희'라는 모티프로 일본 사회에 유포되었다.

돌이켜 볼 때, 이들 논의는 한결같이 "취미를 떠받치는 사회·경제적 인프라는 블랙박스에 넣어 두어도 좋다"라는 안도감으로 가득 찬 '총중간층화라는 꿈'의 산물이었다고 평할 수밖에 없다. 1980년대 '마케팅론' 역시 아사다의 '자본주의 내부에서의 유희'라는 모티프를 유용한다. 일본적인 포스트모더니즘에서는 문화를 낙관적인 '취미적 차이'에 접합시켰고, 대기업은 앞장서서 이를 '소비자 교육'이라는 형태로 구체화하였다. 여기에서는 예를 들어 남들과 똑같은 물건을 갖고 싶어 한다는 '보통 지향'의 단계가 이미 끝났고, 이제는 자신을 타인들로부터 '차이화'하고 싶다는 욕망이 생겨났다고 보는 것이 통례였다. 즉 차이화의 욕구를 적절하게 고려한 마케팅을 전개할 필요가 생기는 동시에 점차 이러한 차이화로써 이윤을 만들어 내는 산업이 요청되고 있었던 것이다.

차이화에 주목하게 되는 과정은, 그 말의 표면적 의미와는 달리 오히려 사람들의 균질화를 의미했다. 사람들 대부분이 여러 가지의 취미적 차이 중 나름대로 임의로 하나를 선택할 수 있는 그런 사회를 전제하고 있었기 때문이다.

예를 들면 하쿠호도(博報堂) 생활종합연구소가 발표한 『분중(分衆)의 탄생』은 문화적 기호론을 '기호(嗜好)의 체계'라고 단언하는 데서부터 시작한다. 한동안 소비재가 인구의 다수에게 보급되고 나면, 사람들의 욕구에 '획일화의 포화 상태로부터 차이화(差異化)로'라는 시대 인식이 나타난다.[8] 이로써 비로소 처음으로 총중간층사회라는 전제 위에서 취미적 차이를 논하게된 것이다.

총중간층화를 비판적으로 보는 논의는 많지 않다. 이누타 미쓰루(犬田充)처럼 욕망의 무한증대라는 도덕적 타락 및 대량 생산과 대량 소비 시스템이낳는 환경 파괴의 위험에 대한 우려,[9] 혹은 에도 준(江藤淳)에 이어, 무미건조하고 교환 가능한 소비사회의 논리의 일본 잠식에 이의를 제기하면서 일본이라는 장소가 지니는 아우라를 복권시키려고 하는 니시베 스스무(西部邁)같은 낭만주의적 내셔널리즘밖에는 없는 것이다.[10] 이들 논의가 일본적 포스트모더니즘에 대한 비판이기는 하다. 하지만 역시 지구 환경의 파괴나 내셔널리즘의 약화 등 개인 생활과 그다지 관계가 없는 논점만 이야기하고 있었다는 점에서 큰 의미를 찾을 수 없다.

착한 소비자로서 젊은이

문화 마케팅의 가장 큰 대상은 청년층과 주부였다. 그중 주부·여성운동과 소비사회화의 관계에 관해서는 이미 나와 있는 여러 연구들에게 논의를 양보하기로 한다. 이 책에서 주목하는 대상은 청년층이다. 여기서 문화론의 전개는 제1장에서 소개한 이민노동자 문제와도 관련되어 있다.

예를 들어 1980년대 초 젊은이들의 생활에 대한 현장 조사를 실시한 총합 개발연구기구의 보고서에 따르면, 1980년 전후에 지방에서 도쿄로 대거 유입되어 고도성장을 떠받치는 노동력이 되었던 당시의 청년 세대에 비해, 오늘날 청년층 노동은 아르바이트라는 유동적 형태를 취하고 있다. 또 이들은 자기들이 받은 임금으로 생활필수품 이상의 훨씬 다양한 상품을 소비하고 있다.[11]

특히 지방에서 상경하여 취학을 하거나 취직하는 젊은이들 경우, 다양한 아르바이트와 이를 통해 번 돈으로 노는 것, 그리고 이런 생활 방식을 가능케 하는 아파트 독신생활이라는 세 가지가 '일하고 놀고 배우며 살아가는 것이 상호 결합된 형태'로 나타나고 있다. 이렇게 지방에서 올라온 청년들이 많이 모여 독자적인 네트워크를 형성하는 지역은 고엔지(高円寺) 등 거주지 입지형(立地型) 번화가로서 거기에서는 새로운 도시 공간이 만들어져 가고 있다. 또한 이들이 담당하는 새로운 소비문화는, 석유 위기 후의 경제적 저성장 가운데 경제를 밀어주는 순풍 같은 '고도성장 산업'으로 인식되기에 이른다.

저성장 시대를 극복하는 데 '질에서 양'으로의 전환이 주요한 테마라고 할 때, 이러한 전환을 보증해 주는 것이 바로 젊은이들이다. 내구 소비재뿐만이 아니다. 도쿄의 산업 가운데 외식업을 비롯하여 의류, 취미, 레저 관련업 등 젊은이들의 생활 행동과 소비력을 주요 기반으로 삼는 산업은, 최근 들어 특히 빠르게 성장하고 있다. 이들이 바로 오늘날 도쿄의 고도성장 산업이다. 이렇게 볼 때 현재 대도시 산업은 젊은이들에 대한 의존을 급속도로 강화하고 있다고 할 수 있겠다.[12]

취미와 레저가 젊은이들의 노동 기피를 낳고 있다는 자기책임론이 어느 정도 영향력을 행사하고 있는 지금 되돌아보면, 이러한 논의에서는 역시 격세지감을 느끼지 않을 수 없다. 하지만 바로 이런 젊은이들이 늘어나는 덕에 비로소 경제 성장이 가능하고, 기업 역시 이런 젊은이들을 부단히 필요로 한다는 논의가 주류였던 시대가 분명 존재했던 것이다.

2005년 현재 '버블 세대'나 '단카이 주니어 세대'를 두고 "소비만 잘했지 일은 못하는 바보들"이라는 식으로 야유하는 통속적 잡지 기사가 많아졌지만, 이러한 내용들은 역시 피상적인 세대론이라는 비난을 피하기 어려울 것이다. 비판의 대상이 되어야 하는 것은 사람 개개인이 아니라 '그렇게 하지 않을 수 없었던' 사람들을 낳은 거시적 사회 구조이기 때문이다.

일본적인 문화연구

1980년대 문화론의 연장선상에서 그 뒤를 이은 것이 1990년경 영어권에

서 일본으로 도입되어 지금까지 계속되고 있는 '문화연구(cultural studies)'
이다.

뒤에서 자세히 살펴보겠지만 원래 문화연구가 가진 문제의식은 '차이의
정치학'이라고 요약할 만한 것이다. 이는 앞 장에서 언급한 '이민노동자와
노동자 계급의 충돌'을 비롯하여 사회유동화라는 특정한 시대 배경을 가진
연구 시각이다. 그 유동화의 과정에서 계급으로 환원되지 않는 성(性)·인종
등의 차이야말로 문제로 삼아야 할 것이라고 생각한 것이 바로 문화연구였
던 것이다.

그런데 문화연구가 일본에 수입되었을 때 과연 어떠한 형태로 나타났던
가? 일본에서 '문화연구'라는 이름을 내건 첫 저작은 아마도 우에노 도시야
(上野俊哉)의 『시츄아시옹—팝의 정치학』일 것이다.

이 책에서 우에노는 하위문화라는 '스타일'의 고집은, 1950년대 이후에
'어번던스(abundance)＝풍요'의 미디어로서 발견된 것이기는 하지만 이것
이 풍요로운 소비생활에 대한 비판의 회로로써도 기능해 왔다고 주장한다.[13]

> 록이나 팝은, 이러한 (소비의) 시스템이 가져다준 물건 혹은 그 프로그램을
> 써서 즐기고 그 향락의 끝에서 이를 전복할 것을 꿈꿨다. …… 주어진 시츄
> 아시옹(상황)의 향락을 부정하지 않고 거기에 휩쓸려 들어가면서도 그 시츄
> 아시옹에 대한 '답례'를 되돌려주는 것, 그것은 스스로 속해 있는 구조 자체
> 의 폭파 지향으로도 이어진다.[14] (괄호 안은 인용자)

여기서 세계 그 자체로 동일시되는 '문화'의 '구조'라는 용어법이, 근대사

회 전반에 걸쳐 일반화된 상징질서를 이야기한 아사다 아키라의 영향 아래 놓여 있다는 것은 분명하다. 결국 우에노의 논의는 아사다의 포스트모더니즘론에 하위문화라는 겉옷을 입혀 놓은 것이라고 볼 수 있다.

그리고 일본의 문화연구의 경우, 이 '구조의 이화(異化)'라는 모티브는 예전의 일본 좌익을 순박하게 계승하는 것으로 볼 수 있으리라. 아시아에 대한 속죄의식과 약자의 참여민주주의라는 고전적인 일본 좌익의 테마를, 하위문화라는 영역에서 추구하는 것이 바로 일본 문화연구의 문법으로 정착한 것이다. 여기에서는 이 책의 전반부에서 쓰루미 슌스케를 중심으로 살펴본 '시민사회, 회한공동체'론과의 명확한 연속성을 발견할 수 있다. '문화'에 대한 나이브한 기대는, 쓰루미 슌스케가 말했던 "대중문화의 세계성과 '사적인 성격(私性)'의 상호작용이 파시즘에 대한 저항이 된다"라는 논조의 연장선 위에 놓여 있는 것이다.

그러나 결론적으로 보자면, 본디 '차이의 정치학'이어야 할 문화연구가 일본에서는 '정치화된 취미론' 같은 것이 되어 버렸음을 부정할 수 없다.

그 누구도 의심하지 않는 균질적 중간층의 존재라는 전제가 확고할 뿐만 아니라 계급이나 이민자가 없는 일본에서의 주된 차이란, 우선 취미, 그 다음이 성(性)과 민족이었다. 이때 균질적 중간층의 내부를 관통하는 차이는 단지 취미 집단 간의 차이로 한정되었다. 또한 그 외부로 간주된 것이 '균질적인 중간층에 들어가지 않기 때문에' 문제가 된 여성, 동성애자 등 성적소수자 그리고 재일 코리언을 비롯한 민족적 소수자나 하층 노동자들이었다.

역설적인 것은 이들 '약자'의 입장에서 이의를 활발하게 제기할수록, 균질적인 중간층의 표면이 깎이면서 벽이 더욱 단단해질 뿐 이들 문제제기가 결코 균질성 존재 자체에 대한 비판으로 이어지지 못했다는 점이다.

또한 '보통의 일본인' 내부에는 계급이나 인종 차이가 없다는 점에 뭔가 석연치 않음을 느끼면서도 '취미적 차이를 통한 좌익 정치의 가능성'에 대한 관심에 더욱 박차를 더해 가는 구조가 존재하고 있었다. 여기에는 총중간층화의 부작용에 주목했던 미국의 대중사회론과, 중간층을 '좋은 것'이라고밖에 해석하지 못했던 전후 일본의 시민사회론 간의 차이로 나타나는 중간층을 둘러싼 해석의 틀 그 자체의 문제가 있었던 것이리라.

미야다이 신지의 제4공간론

1990년대 중반 주목 받은 미야다이 신지●의 논의는 일반적으로 포스트모더니즘이나 문화연구와 관계없는 것으로 여겨져 왔으나, 이 역시 이상의 맥락에서 다시 검토해 보고자 한다.

미야다이에 따르면 1980년대 중반 이후, 그때까지 젊은이들을 '학교적

● 미야다이 신지(宮台真司, 1959~) : 일본의 가장 널리 알려진 사회학자의 한 사람. 1989년 사회체계론의 이론서『권력의 예기(豫期) 이론』으로 데뷔한 후 1990년대 초반부터 원조교제나 텔레폰 클럽(전화를 통한 여성과의 만남을 주선하는 유흥업소, 속칭 '테레쿠라')에 대한 현지 조사를 통해 '성의 자기결정' 문제에 관해 사회적으로 널리 발언했다. 본문에서 언급하는 제4공간론은 이러한 행위를 하는 여고생들의 삶의 태도를, 지루해서 때로 우울증에 걸릴지 모르는 현대의 일상을 꿋꿋하게 살아나가기 위한 그녀들만의 '지혜'라고 평가한 것이다. 현재는 성에 관한 논의를 일단락한 상태이고, 주로 천황제나 일본의 아시아주의에 관해 발언하고 있다. 저서에는『제복 소녀들의 선택(制服少女たちの選択)』(講談社, 1994) ;『'성의 자기결정' 원론─원조교제, 매매춘, 아이들의 성(「性の自己決定」原論─援助交際・売買春・子どもの性)』(紀伊國屋書店, 1998) 등이 있다.

인' 가치에 묶어 두던 세 영역—가족, 학교, 지역사회—을 넘어서는 '제4공간'이라 부를 만한 것이 나타났다. 이른바 '길거리'라는 공간이었다. 이를 잘 보여주는 것이 "편의점에서 모인다"는 상징적인 행위이다.

미야다이는 이러한 청년층의 출현을 '후기 근대(後期近代)에의 적응'이라고 해석한다. 그가 블루세라[푸른 세일러복] 여고생에 관심을 집중시킨 이유 역시, '전기 근대(前期近代)'로서—이 책의 어법으로 말하자면 '회사주의'의— 일본을 더 이상 유지할 수 없게 되었음에도 기존 도덕이나 사회관을 그대로 계속 지키려는 태도가 곧 '아저씨들의 몰염치함'이라는 증거를 거기서 찾아낼 수 있었기 때문이다. 젊은이들은 이미, 사회로부터 누락되고 내몰린 자리에서 사회적 구조 변동에 적응하려 하고 있다는 것이 그 중심 논점이었다.[15]

그러나 최근 그는 자신의 의견을 철회했다. 그에 따르면 후기 근대에 적응하는 것으로 여겨졌던 예전의 여고생들은 '멘헤라'[정신 건강(mental health)에서 나온 말로, 정신과 치료를 받는 환자]가 되었다는 것이다.

그의 빗나간 짐작을 나름대로 정리해 보면 이렇다. 미야다이의 논의는 야마다 마사히로가 전후 안정사회라고 부른 것의 붕괴를 처음 정면으로 다룬 것으로서 그 의의가 크다 할 것이다. 그러나 그는 "커뮤니케이션 영역을 논하면 세계를 논한 것이 된다"는, 1980년대에 널리 유포된 착각을 상당한 정도 그대로 답습했다.

그의 방법론은 아사다 아키라 같은 일본적 포스트모더니즘의 연장선상에 놓여 있었다. 이는 '중간층 내부의 취미적 차이로서의 문화'를 미디어상의 표상 대신 '길거리'라고 하는 구체적인 사회 공간에 새로이 위치함으로서, 그 출현을 당시의 사회 변동 증거로 제시하고자 했던 것이다. 그러나 그 커뮤니케이션을 떠받치는 사회·경제적 인프라—예를 들어 당사자들의 구직 방식—에는 거의 관심을 기울이지 않았다는 점에서는 그때까지의 문화론과 다를 바 없었다.

당시 젊은이들에 대한 미야다이의 현지 조사 기록은 이 책 제1장에서 언급한 회사주의에 의한 청년층 '내팽개치기'와 더불어 재해석되어야만 할 것이다.

내가 보기에는 그가 그려 낸 젊은이들의 세계란, '내팽개쳐진' 후에 길거리나 제4공간에서 머물 곳을 찾았다는 일시적인 안도감이 다하기 직전의 과도기적 상태였다. 이러한 그들의 환상은 일이나 수입이라는 문제를 의식하는 순간 흔적도 없이 사라질 수밖에 없었던 것이다.

이러한 젊은이들의 존재는, 고부가가치 산업의 저임금 노동자 및 소비자로서 그네들을 적당히 조달하면 된다고 여겨 온 전후 일본의 회사주의와 문화론의 좌우 합작의 결과 같은 것이다. 지금 젊은이들이 '우울'을 느끼고 있다면, 이는 새로운 거처라 여겼던 문화 영역이 중간층의 상하 분열과 함께 무너져 버릴 수밖에 없게 되었다는 사실을 그네들 스스로가 잘 알고 있기 때문이리라.

이렇게 되면, 많은 젊은이들은 이제 어떻게 하면 좋을지 알 수가 없다. 실존적인 거처가 되는 '길거리' 다음에는 무엇이 있을지 알 수 없는 것이다. 그로부터 10년 가까이 지난 현재, 미야다이가 묘사했던 세계의 청소년들보다 더 어린 세대들 사이에서는 길거리의 존재 자체를 우습게보면서 "문화에 장단을 맞추는 후리타 같은 거 되지 않을래"라고 하는 풍조가 주류가 되어 가는 것 같다. 그들 중 일부는 '뭐든 좋으니 정사원 되고 보기'에 목을 매고 있으나, 사회유동화가 명백한 조류인 지금 이런 자세에 손을 들어줄 수는 없다. 회사주의 혹은 '취미화 부추기기'로 이원화되어 온 기존 스토리와는 다른, 고도소비사회화를 전제로 한 새로운 비전이 필요한 때이다.

'춤추는 젊은이들' 이라는 문제

중간층 내부의 취미적 차이로서 문화가 품고 있는 여러 문제는 최근 들어서야 비로소 널리 인식되기에 이르렀다. 2005년 커다란 화제를 모은 미우라 아쓰시(三浦展)의 저서 『하류사회(下流社會)』는 '커뮤니케이션론'이라는 형태로 사회와 유리되어 있었던 '문화'를 다시 사회경제적 영역 속으로 위치하려는 시도로 볼 수 있지 않을까?

그가 말하는 '하류'란 물질적 곤궁이 아니라 '의욕'이 없는 계층을 일컫는 것이다.

> '하류'란 단순히 소득이 낮은 것이 아니다. 커뮤니케이션 능력, 생활 능력, 일할 의욕, 소비 의욕 등 요컨대 인생에 대한 총체적인 의욕이 낮은 것이다. 그 결과로 소득도 오르지 않고 미혼으로 남아 있을 확률도 높다. 그들 중에는 되는 대로 걷고 되는 대로 살아가는 사람들이 적지 않다. 그렇게 사는 것이 편하기 때문이다.[16]

이들 대부분은 빈부의 차를 실감하지 못하고 자라난 '단카이 주니어' 세대이다. 이러한 의욕 상실에는 취미나 문화에 대한 관여, 즉 자기다움에 대한 강한 지향성이 관련되어 있는 것 같다. 의욕이 없는 층의 전형적인 이미지는, 남자로 말하자면 히키코모리이자, 컴퓨터 앞에 앉아 페트병 음료를 마시고 포테이토칩을 먹으며 인터넷 혹은 게임을 하거나 휴대폰 문자 메시지나 보내고 있는 사람들이다. 한편 여자의 경우에는 노래하거나 춤추거나 그림을 그리는 등 이른바 하위문화 계열의 취미 세계에 빠져 있는 사람을 말한다.[17]

그러나 제1장에서 검토한 일본적 탈공업화기의 청년층에 대한 이해 그리고 이번 장에서 살펴본 '문화적 커뮤니케이션 예찬'을 주축으로 하는 문화론의 전개로부터 알 수 있는 점은, 일본에서는 '춤추는 소비자 젊은이들'이 많이 보일수록 이를 환영해 왔으며 기본적인 논의의 틀 역시 이러한 전제 위에 만들어져 왔다는 것이다.

미우라의 책은 그의 원래 의도와는 다소 다르게, "춤추는 소비자들이 늘어나서 곤란하다"는 식의 논의로 읽혀지는 것 같다. 내가 여기서 불편함을 느끼는 까닭은, 첫째로 이러한 독해가 지금까지의 회사주의나 문화론이 오히려 이런 젊은이들의 출현을 두 손 들어 환영해 왔다는 역사를 망각하고 있기 때문이다.

둘째로 만약 이러한 젊은이들의 증가가 곤란하다고 말해 버리면, 이것은 예전처럼 모든 인간이 평생 같은 회사나 공장, 사무소에서 '물건 만들기'에 전념하는 사회로 돌아가자는 말인가? 내가 아는 한 한국이나 중국은 물론이고 그러한 광기의 사태를 진지하게 고려하고 있는 선진 국가는 그 어디에서도 찾아볼 수 없다. 그런 사회에서는, 예컨대 빌 게이츠 같은 뉴리치 기업인은 영원히 나오지 못할 것이다. 미야다이가 읽어 낸 젊은이들의 우울이란 이러한 틈바구니에서 그네들이 느끼고 있는, '어찌하면 좋을지 모르겠다'는 목표 상실감 같은 것이 아니었을까?

여기에서도 우리는 과거 일본의 내력을 거시적인 흐름 가운데 자리매김하고, 어디에서 무엇이 잘못되었는지를 냉정하게 다시 생각해 볼 필요가 있다. 취업 방식의 문제를 다룬 제1장과 쌍을 이루기 위해 아래에서는 이러한 관점에서 문화 문제를 검토할 것이다.

미리 말해 두자면 여기서 중요한 점 역시 사회유동화에 대한 인식의 부족이다. 문화라는 것은 이러한 단계에서의 새로운 (하강 이동뿐만 아니라 상승을 포함한) 계층 이동이 나타나는 기점(起点)이 될 터였다. 그러나 일본에서는 사회유동화를 계층 이동과 연관하여 논의한 적이 없고, 이를 단지 하강 이동의 원인으로만 다루었다. 바로 이 점이 고도소비사회화 시대를 살아가는 젊은이들에게 목표 상실감을 준 것이 아닐까?

3. 고도소비사회의 뉴리치와 뉴푸어

문화 좌익 : 포스트모더니즘과 문화연구

청년 문제가 문화적 관심을 불러일으키는 일은 어디에서나 볼 수 있는 현상이다. 그러나 그 논의 방식은 영미권과 일본에서 크게 다르다.

구미에서 취미적 차이는 우선, 총중간층화 상황에 대한 비판의 가능성을 모색하는 가운데 차이가 사라지는 상황에 대응하여 새로운 차이를 발견해나가려는 문화 좌익의 이론으로 등장했다.

이들 혁신 세력은 제1장에서 소개한 다니엘 벨이 내놓은 '관료제의 관철로서의 탈공업화'라는 보수적 비전에 대항했다. 그들은 문화에 주목하면서, 그 정치적 의미를 더욱 적극적으로 평가함으로써 문화 좌익이란 형태의 비판이론을 재차 가다듬었다.

초기 문화이론 흐름은 '문화의 기호론(記號論)'이라 일컬어진 부류로서 그 선두는 프랑스의 장 보드리야르(Jean Baudrillard)였다. 그에 따르면 현대의

144

물질 소비는 그 물질의 유용성에 의해서가 아니라 생타금적[syntagme, 계열적(paradigme)에 상대되는 의미로서 기호연쇄적, 통합적, 연사적]인 '전체로서의 의미 집합(set)'에 의해 이루어진다. 물질의 기능성보다 그것이 지니고 있는 의미가 더 중요해진다는 것이다. 각종 물질의 의미는 하나의 시스템으로서, 언어활동과 통저(通低)하는 듯한 구조를 갖게 된다. 물질 자체보다 그 의미가 소비를 유도하게 됨으로써 소비는 생산에 의존하기는커녕 생산의 질서로부터 괴리된 독자적 시스템을 갖추게 된다.[18]

이러한 의미시스템 속에는 이미 소멸한 것으로 여겨졌던 계급차가 포함되어 있었다. 엘리트 집단의 소비 행동이 사회 전체의 모델로서 인식되면서 다른 사회 계층들은 그들 아래서 이를 수동적으로 흉내 내는 존재가 된다. 즉 기호로서의 소비 행동이 '사회적 특권의 원천'이 되면서 새로운 사회적 불평등의 기준으로 등장하는 것이다. 또한 소비는 정치나 사회로부터 동떨어진 '사생활'의 영역에서 이루어지기에 이런 불평등은 쾌락과 유희 속에 은폐된다.

보드리야르의 논의는 '총중산층화의 꿈' 속에서 언뜻 사라져 버린 것 같았던 계급차를 다시 한번 차이로서 드러내려는 의도를 가진 것이었다.

보드리야르 이론에서 의미를 '취미적 센스'라고만 해석하고, '고감도의 인간으로부터 대중으로'라는 계급차에 대한 문제의식을 빼버린 형태로 일본에 들여온 것이 앞서 말한 문화마케팅론이라고 할 수 있다.

이와 같은 문화 좌익의 전개, 그 연장선상에 놓인 것이 바로 포스트모더니즘이었다. 그 대표적인 논자였던 프레드릭 제임슨(Fredric Jameson)은 풍요함 그리고 소비 활동과 취미적 차이가 이미 불가피한 전제가 된 상황을 '문화론적 전환'이라고 불렀다.[19] 동시에 이는 예술·사회 이론에서 '모더니즘의 종말'로도 해석되었다.

그의 동지로서 역시 저명한 문화 좌익인 페리 앤더슨(Perry Anderson)은, 특히 예술에서 모더니즘의 모티프란 세 가지 특징을 지닌다고 정리하였다.

(1) 반(反)부르주아

(2) 기술 발전의 급진주의(radicalism)

(3) 자본주의와는 상이한 사회 질서의 모색

그러나 1970년대에는 이들 세 가지 특징을 계속 유지하는 것이 불가능해졌다고 한다.

(1) 전후 20년 동안 시장경제가 관철되는 가운데 계급적 자각과 도덕관을 지니고 있는 부르주아가 소멸하였으므로 그들에게 반대하는 의미가 없어졌다.

(2) 기술 및 이로써 초래되는 기계화의 이미지가 '세속화'하여 오히려 공허함을 가져오는 동시에 그 즉시 진부해질 뿐인 존재가 되었다.

(3) 1960년대의 '혁명과 아방가르드의 꿈'은 1970년대에 이르기까지 좌절과 후퇴를 경험하였고, 자본주의에 대한 대안을 상상하기가 어렵게 되었다.[20]

이들 논의는 이미 이러한 모더니즘적 표현 활동이 불가능해졌다는 멜랑콜리한 절망감을 드러내고 있다. 즉 보드리야르와는 약간 달리, 이들은 문화 속에서 계급차를 발견해 낸다는 최후의 마르크스주의적 보루를 더 이상 지켜 낼 수 없다고 보고 있다. 포스트모더니즘은 소비사회의 관철과 '역사의 종언'을 일단 인정한 후에 '사회적 차이가 사라지고 만 상황이란 대체 무엇인가'를 고민한다는 일종의 비관적인 인식론이었다. 말하자면 '총중간층화라는 꿈의 허위성과 우울'이 그 관심사였던 셈이다.

계급차 문제에 대한 논의를 포기하고 비관주의적 색채를 더해 가던 포스트모더니즘에 대항하여, 소비사회에서의 차이로부터 계급뿐 아니라 민족·성적(性的) 차이라는 다양한 정치적 주제를 읽어 내는 방향을 내세운 것이 바로 1970년대 중반부터 1980년대에 걸쳐 영국 버밍엄을 중심으로 펼쳐진 문화연구였다.

그 중심인물이었던 스튜어트 홀(Stuart Hall)은 문화연구 초기의 관심을 다음과 같이 회고한다. 1970년대 중반 영국에서는 이 책에서 총중간층화에서 탈공업화로의 이행이라 부른 상황―구체적으로는 케인즈주의적 경제 운영 및 복지 문제에 관한 사회적 합의―이 나타나면서 노사관계와 계급차의 대립관계가 해결되는 듯이 보였다. 이것이 바로 포스트모더니즘에서 '부르주아의 소멸'이나 '혁명의 꿈의 종언'이라고 논하는 상황이었다.

그러나 이로써 사회의 대립관계가 전부 사라져 버렸다고 생각할 수는 없었다. 노동자/자본가라는 전통적인 사회관계는 분명 소멸했지만, 그 대신 개인적인 소비라는 새로운 패턴으로 옷을 갈아입은 사회관계가 점차 모습을 드러내고 있었다. 그러한 가운데 세대, 라이프스타일, 성, 인종 등 계급 이외의 여러 가지 차이가 새로운 형태로 사람들의 정체성을 재정의하게 되었다. 문화·취미적 차이는 이러한 새로운 차이와 깊이 관련되어 있는 것이기에 더욱 중요한 연구 대상이었다.[21]

바꾸어 말하면, 이 책에서 말하는 사회유동화 단계, 즉 견고한 조직이 붕괴되고 개인화가 진행되면서 고전적 마르크스주의의 타당성이 점차 저하되는 가운데, 자본주의 사회에 대해 이의를 제기하기 위한 새로운 도구로서 문화라는 것이 출현한 것이다.

이렇게 전통적 좌익과 포스트모더니즘 양측에 대한 부정으로부터 나온 것이 영국의 문화연구라고 한다면, 일본의 문화연구는 전통적 좌익 위에 문화성선설을 덮어씌운 이상의 것이 아니었다고밖에 평할 수 없으리라. 여기에는 전후 안정사회에 대한 일본 보수의 계속된 신뢰가 사회유동화에 대한 그릇된 이해와 표리를 이루고 있는 것과 마찬가지로, 혁신 측 역시 이러한 변동을 해석하는 데 줄곧 실패해 왔다는 역사적 사실이 뚜렷하게 새겨져 있다.

보보스와 덤피 : 새로운 부유층과 하강 이동층

영어권의 문화연구는 과도기적 논의로서, 이 책의 표현으로 말하자면 '사회유동화의 도래를 고했다는 점'에 그 의미가 있다. 하지만 사회유동화가 일단 당연한 사실로 널리 인식되기에 이르면, 소비 속에서의 불평등과 차이를 폭로하고자 하는 정의감 같은 것은 공회전하기 시작한다.

말하자면 보수의 다니엘 벨이 구상한 관료제가 관철된 탈공업화사회가 불가능해짐과 동시에, 그 대립항이었던 대항문화의 계승자 문화 좌익 역시 설 자리를 잃게 되는 것이다.

이러한 경위로 전개되던 문화론이 사회유동화 속에서 어떻게 변모해 왔는지를 상징적으로 보여주는 표현으로 '보보스'라는 말이 있다. 이는 '부르주아 보헤미안'의 각 앞 글자를 합성한 것이다. 이 말을 만들어 낸 데이비드 브룩스에 따르면 '보보스 = 부르주아 보헤미안'이란 1990년대부터 나타난 새로운 형태의 엘리트들의 모습이다. 그들의 특징은 1960년대의 대항문화

와 1980년대의 출세주의가 어떤 종류의 사회 분위기 속에서 어울려 공존하고 있다는 것이다.[22]

오늘날 정보화 시대의 엘리트들은 종래의 문화적 급진주의와 똑같은 말을 구사하면서 실로 비즈니스와 이윤 증대를 논하고 있다. 반체제를 지향하는 사람과 체제 내부의 기업인을 판별하기가 점점 더 어려워지고 있는 것이다.

> (보보스는) 급진주의자와 보헤미안과 닮은 사고방식을 회사의 이데올로기로 채용하고 있다. 끊임없는 변화, 최대한의 자유, 약동하는 정열, 급진적 실험, 관습의 거부 그리고 새로운 것에 대한 갈망. 최근의 상투어는 "상식을 버리고 사고하라"라는 것이다.[23]
>
> 오늘날에는 창조성이야말로, '조직인(organization man)'의 미덕이었던 효율성을 대신하는 생산성 향상을 위한 새로운 열쇠라고 여겨진다.[24]

이들 대부분은 스스로의 풍부한 창조성을 뒷받침하는 '감각'을 돈과 맞바꾸는 듯한 직종에서 일하고 있다. 예전에는 상상도 할 수 없었던 새로운 형태의 일을 통해서 부를 얻는다.

> 정보화 사회는 직장에서도 완전히 새로운 직종을 만들어 낸다. 개중에는 농담으로밖에는 보이지 않는 것도 있지만 그 급료를 알게 되면 그것이 농담이 아니라는 것을 알게 된다. 예를 들면 창의성 책임자(creative officer), 지식 총괄 책임자(chief knowledge officer), 협동정신 코디네이터(team spirit coordinator) 등 …… 이 시대의 경제는 올리버 스톤 같은 괴짜들이 억만장

자 갑부가 되고, 빌 게이츠 같은 대학 중퇴생이 세상을 좌우하는 그런 경제이다.[25]

이들은 어느 지점에선가 예전의 대항문화를 계승하는 취미와 기호를 가지고 있어서 유기농 식품이나 수공예 가구 등을 선호한다. 이러한 의미에서 이들은 보헤미안의 전통 위에 놓여 있다. 그러나 경제적으로 명백한 부유층인 이들은 동시에 부르주아의 계승자이기도 한 것이다.

이는 1960년대 대항문화가 전통적인 가치관을 파괴한 이후 회사의 서열제가 과연 어떠한 것이어야 하는지에 대한 혼란이 계속되던 1970~1980년대가 지나간 후, 비로소 게임의 규칙이 단일하게 수렴되고 있는 모습을 보여준다. 그것은 이미 대항문화를 포섭한 형태의 자본주의이며, 비판적 지식인이 줄곧 상호 모순되는 것으로 여겨 온, 효율성과 개인의 창조성 양자를 공히 이용하자는 경제인 것이다.

그러나 이러한 경제 상황에서 성공하여 부를 움켜잡은 보보스들은 과거의 엘리트층보다 더 큰 불안에 휩싸인 존재이다. 이들은 종래의 부자들처럼, 명예직 같은 지위에 은둔할 수가 없다. 언제 경쟁에서 패배하여 자리를 떠나야 할지 모르는 엘리트일 뿐이기 때문이다.

보보스는 이 책에서 말하는 사회유동화, 특히 그 과정에서 큰 존재감을 갖는 '문화'를 통해 성공함으로써 새로운 형태의 사회적 상승 이동을 이루어 낸 사람들인 것이다.

한편 동일한 사회유동화라는 시대 배경은 새로운 형태의 하강 이동도 초래한다. 보보스처럼 최근의 조어로 이를 소개하자면 '덤피(Dumpies)'라 부를 수 있다. 이는 'Downwardly Mobile Professionals'의 약어인데, 직역하면 '하강 이동하는 전문직'이라는 뜻이다. IT, 광고, 정보 등 오늘날 인기 직종들의 한가운데에서 실로 새로운 하층 노동이 생겨나고 있다는 것을 가리키는 말이다. 숙련이란 개념이 남아 있던 시대에 전문직이란 장래의 안정성을 담보하는 것이었다. 그러나 현재의 전문직은 중간층으로부터 밀려 떨어져 나온, 거의 하층에 가까운 노동을 다수 포함하고 있다.

예를 들어 미국에서는 컴퓨터 엔지니어나 엔지니어링 기술자 등 신기술과 관련한 직업의 평균 실질 임금이 낮아지거나 정체를 보이고 있다. 이에 반해 의사, 변호사, 판사 등 종래의 높은 계층이면서 기술과 관계없는 직종의 실질 임금은 계속 상승하고 있다.[26] 정보화나 IT화가 불러온 '새로운 전문직'이란 '예전의 전문직'이 아닌 것이다.

내가 보기에는 일본에서도 이미 같은 상황이 나타나고 있다. 실제로 하층부 IT 고용의 실태는 비참하기 그지없다. 웹디자이너나 시스템 엔지니어라는 이름으로 정사원이 되었다 할지라도, 하루 12시간 이상 근무에 휴일은 일주일에 한 번 있을까 말까 한 조건으로 17만 엔 전후의 월급을 받는 사람들이 주위에 셀 수 없을 정도로 많다. 예컨대 컴퓨터 몇 대 들여 놓은 정도의 좁고 침침한 공간에서 하루 종일 일러스트 제작 프로그램을 돌리며 디자인 작업을 하는 직장을 떠올려 보라.

일본에서는 정사원/후리타라는 완전히 사이비 같은 구분이 커다란 화제가 되고 있는 가운데, 정사원이 될 수 있다는 이유만으로 자진해서 덤피가 되어 가는 청년층이 대량 생산되고 있는 것으로 보인다. 이러한 하층 전문직은 해고가 쉽다는 면에서 후리타와 다르지 않다. '바보 같은 후리타가 되고 싶지 않다'는 이유로 '정사원이기만 하면 된다'는 현재 젊은이들 사이에 널리 퍼진 사고방식은 극히 위험해 보인다.

덤피로 남아 노력도 별로 필요 없고 수입도 낮은 인생을 택할 것인가? 아니면 전문 영역에서 능력을 키워 자신을 데려가려는 여러 회사들 간에 경쟁이 일어나게 해서 수입과 지위 상승을 꾀할 것인가? 또 아니면 애당초 전문직을 떠나 관리직에 파고드는 식으로 경력 축적을 노릴 것인가? 이러한 다양한 선택 중에서 자신이 무엇을 택하고 그것을 향해 무엇을 하면 좋을지를 생각하는 것이 필요하다.

사회유동화와 고도소비사회 속에서 어떠한 비전이 가능할지, 보수 측도 혁신 측도 그 모습을 제시하지 못하고 있다. 더 이상 존재할 리 없는 '회사주의에 의한 총중류사회의 꿈'을 이야기하는 보수는 말할 것도 없고, 혁신 측 역시 문화성선설 외에 말하지 못하고 있는 상황인 것이다. 그 가운데 '내팽개쳐져' 하류층으로 전락하는 이들에 대한 비난만 늘어나고 있는 것은 아닌가?

견고한 관료제 조직 형태 이외의 사회 모습을 그려 내지 못한 일본에서는—현실적으로 이에 가까운 현상이 벌어지고 있을지라도—보보스 같은 존재를 새롭게 나타나는 계층의 현실적인 모습으로 해석하지 못하고 있다.

서비스 산업과 새로운 빈곤

고도소비사회화에 얽힌 이러한 전개 과정은 중간층 내부의 격차 확대라는 측면뿐만 아니라 더 이상 중간층에 머물 수 없는 층, 즉 기존과는 다른 형태의 빈곤층이 생겨나는 측면을 갖는다.

영국의 저명한 칼럼니스트로서 마르크스주의에 가까운 입장을 갖는 제레미 시브룩(Jeremy Seabrook)은, 1985년의 시점에서 도시화와 서비스 산업화의 진전에 따른 부작용으로서 전례 없는 풍요를 구가하는 자본주의 국가들 내부에 생겨나는 '새로운 빈곤'에 주목했다.

시브룩이 만난 샤론이라는 한 소녀는 17살 때부터 런던에서 옷가게 점원으로 일하고 있다. 샤론이 일하는 옷가게는 도로에 붙어 있고 언제나 음악을 틀어 대는 곳이다. 그녀는 가게에서 점원이라기보다는 모델 같은 일을 하고 있다고 말한다. 그러나 "그녀는 아침 7시 30분에 집을 나서지만 오후 7시 30분 이전에 집에 돌아가는 일이 거의 없다. 하루 12시간을 집을 떠나 일을 하고 있는 셈이다. 그런데도 하루 수입은 20파운드에도 미치지 못한다."[27]

서비스 산업에 종사하는 노동자들이 늘어난 배경에는 노동자들의 빈곤에서 해방과 소비 능력의 향상이 있었다. 많은 사람들이 갖가지 물품들을 구매하게 되면서 이러한 업종의 고용이 점점 더 늘어났고, 소비자들 역시 이를 생활에서 더욱 많은 자유를 누리는 것으로 받아들였다. 그러나 시브룩이 보여주듯이 언뜻 좋아 보이는 고도소비사회화는 '올가미'에 지나지 않는 터라 실은 새로운 하층 노동자를 대량으로 생산해 내고 있다.

또 다른 소녀 미셸의 경우 15살 때 머리를 빨갛게 물들이는 것을 시작으로 집을 나와 거리의 문화에 빠져들기 시작했다. 16살 때 남자친구와 함께 집을 나갔다가 18살이 되어 두 아이를 가진 미혼모로 되돌아왔다. 남자친구에게 구타와 학대를 당했다고 한다.

그녀는 3년 전 자신이 뛰쳐나간 침실에 앉아 있었다. 유행이 지난 팝스타의 빛바랜 사진이 아직 벽에 걸려 있다. "백 살이 된 것 같아"라고 말하는 그녀는 지쳐서 진절머리를 내고 있었다. 그녀는 인생의 온갖 가능성을 모두 시험해 보았던 것이다. 남은 것은 아무것도 없었다.[28]

시브룩은, 미셸처럼 단기간 동안 인생의 고난을 '폭력적으로 경험하여 몇년 만에 늙어 버린' 젊은이들이 늘어나고 있다고 말한다. 부모가 자식을 보호하면서 소비생활을 시키는 시스템이 있다. 아직 숙련이라는 개념이 남아 있던 부모 세대와 달리, 자식 세대는 어떤 능력도 몸에 익히지 못한 채, 혹은 그것을 기대조차 할 수 없는 상황에서 노동시장에 내팽개쳐지는 것이다. 여기에는 일하려는 의지 자체를 내던져 버리고 탈락(dropout)해 버리는 아이들이 포함된다.

젊은 세대는 단순히 억압에서 면제된 것이 아니라 '공허' 속으로 내몰리고 있다. 그들에게는 인생의 목적도, 예전 같은 노동자들 간의 연대의식이나 상호 네트워크 같은 것도 없다. 이 공백을 메우는 것이 바로 소비문화라는 것이 시브룩의 시대 진단이다.

1985년의 시점에 나왔던 그의 논점을 일본에서 흔한 논의들—예를 들어 기호품을 소비하는 파라사이트 싱글을 칠칠치 못하다며 비난하면서 이들이 부모에게서 독립해 나와 독신생활을 시작하기만 하면 문제 대부분이 해결될 것이라고까지 하는 논의들—과 비교해 볼 때, 그 시야의 폭 차이가 얼마나 큰지 명백해진다.

이런 논의가 한바탕 통속화한 후 이젠 젊은이들 자신부터가 '아르바이트라도 좋으니 혼자 살겠다'는 지향을 강하게 하고 있는 것 같다. 하지만 정확히 말하자면 파라사이트 싱글이 독신생활을 시작하는 바로 그 시점부터 본격적인 문제가 시작된다. 취업 선택에 대한 통찰력을 갖지 못한 채 아직 고도성장의 혜택을 받고 있는 부모의 가계로부터 이탈해 나오는 경우, 바로 거기에서 진짜 하층 계급이 탄생하는 것이다. 파라사이트 싱글을 논하는 사람들이 이를 모를 리 없다. 일본의 '젊은층 내팽개치기' 명맥은 여기에서도 이어지고 있는 것이다.

4. 오타쿠화하는 내셔널리즘

오타쿠가 될 수밖에 없었다

이번 장에서 개관하고 있는 일본 고도소비사회화의 과정을 가장 단적으로 보여주는 말은 '보보스'도 '덤피'도 아닌 '오타쿠'일 것이다.

'오타쿠론'이라 불리는 분야를 개척한 한 사람, 오카다 도시오(岡田斗司夫)는 오타쿠야말로 세계에 내놓아 자랑할 수 있는 유일한 일본의 문화라고 말했다. 영화의 중심이 헐리우드인 것처럼 파리의 오타쿠들이 가고 싶어 하는 곳은 '하루미'(만화 마케팅 이벤트 전시장)라고 한다.[29]

분명 오타쿠는 일본의 독자적 산물이다. 하지만 그것이 자랑할 만한 것인가? 필시 오카다는 업계 내부인으로서 이러한 발언을 했고, 그 당연한 귀결로서 '오타쿠 예찬'이 나온 것이다. 또한 이는 곧 정책적 콘텐츠 비즈니스 진흥 같은 흐름으로 이어지게 된다. 여기서 유의해야 할 점은, 이러한 흐름이 공공예산의 분배권을 가진 자들이 문화 산업에 주목하도록 할 목적으로 기획된 것이라는 사실이다. 그럼에도 불구하고 단순한 소비자에 지나지 않는 오타쿠들, 이런 논의가 애초에 별달리 말 걸 상대로 생각지도 않았던 그들이 여기에 이상하리만치 열렬한 지지를 보내는 아이러니한 현상이 벌어지고 있다.

오카다보다 객관적인 입장에서 논의를 전개하는 모리카와 가이치로(森川嘉一郎)는, 오타쿠의 출현 배경에는 일본 고도성장이라는 꿈의 상실이 있다고 파악한다. "그들은 성격상 과학을 신봉하고 큰 꿈을 품었어야 하는 소년들이다. 그렇기에 '미래'의 상실로 인해 받은 타격이 한층 더 컸던 것이다. 그래서 그들은 애니메이션이나 게임 따위의 취미 속으로 퇴행해 갔던 것이다."[30]

그들이 퇴행할 수밖에 없었던 이유의 하나는, 1980년대 거대 산업 자본이 사람들의 외향적 상승 지향을 부채질한 탓이다.

> 성격상 그런 압력과 어울리기 힘든 오타쿠들은, 광고 대리점처럼 상업적으로 개발된 거리에서 심정적인 아웃사이더 혹은 마이너리티일 수밖에 없었다. 상점 측이나 손님 측 모두 눈에 띄는 자리로 나서는 것을 꺼려했다. 그런 그들이 컴퓨터에 대한 애착을 결절점(結節点) 삼아 아키하바라●라는 취미의 도시(趣都)를 발견해 나가고 흡사 민족자결처럼 그곳으로 모여들게 된 것이다.[31]

도시론 전문가인 모리카와는 그들이 가진 취미의 구조가 도시라는 장소

● 아키하바라(秋葉原) : 일본 최대의 전자제품 상가로 유명한 거리. 전후에 도쿄의 암시장으로 시작하여 고도성장기 이후는 가전제품 염가매출 양판점들이 모이는 거리가 되었다. 그러나 1990년대부터는 가전제품 구매 손님을 주택가 근처의 할인점에게 빼앗기면서 '오타쿠 문화' 중심지로서 의미가 커졌다. 흔히 '아키바'라는 약칭으로 불리며 애니메이션이나 게임을 중심으로 한 문화의 발신지가 되고 있다.

에 구현된다는 식으로—그 상징이 아키하바라이다—도시의 새로운 형태에서 적극적인 의의를 읽어 내려 했다.

그러나 내 관심은 모리카와와 다르다. 고용이나 개발주의 및 그 변용이라는 관점에서 보자면 다음과 같다. 일본에서는 오히려 고용상의 회사주의라는 낡은 관습이 문화를 취미로밖에 해석하지 않는 문화론과 결합하여 요컨대 '젊은이들을 소비자로 조달하기만 하면 된다'는 생각을 낳았다.

말하자면 결과적으로 여기에 성공적으로 조달된 사람들에게 붙여진 딱지가 바로 오타쿠란 이름인 것이다. 그들이 '외향적인 상승 지향'이라는 말에 거부감을 느끼고 아웃사이더가 될 수밖에 없었던 것을 결코 긍정적으로 해석해서는 안 된다. 일본의 고도소비사회화는 순종적 소비자를 만들어 내는 데에만 만족했을 뿐, 그 소비자를 생산자 쪽으로 돌려 해석함으로써 지속적인 산업 발전으로 향하게 하는 것까지는 내다보지 못했다. 다시 말해 그 속에서 빌 게이츠 같은 기업인이 생겨날 수 있는 가능성을 제거해 버린 것이다.

회사주의라는 기반 위의 생활 보장을 당연시해 온 두터운 중간층은 자신들의 취미에 따른 소비를 하더라도 생활이 근본적으로 위협 받지 않았다. '선풍적인 취미화'에 일정한 타당성이 있었던 것은 바로 이러한 사정으로서, 일반적으로 이야기하는 오타쿠 문화의 유행란 이러한 경우를 가리킨 말이었다.

그러나 중간층의 상하 분열 현상이 명백해지고 종래의 취업 방식이 불투명해지면서부터는 그 취미의 소비 세계로 퇴행하는 사람들이 나타나기 시작했다. 이는 그들을 새로운 생산자의 예비군으로 파악하지 못했던 인식상의 한계가 필연적으로 불러온 결과였다. 그들은 오타쿠가 되어 그 상태 그대로 기존의 취업 방식으로부터 점점 멀어지면서 새로운 빈곤층이 되어 갔다. 오타쿠 예찬론이 한참 널리 퍼지고 난 후인 지금은 오히려 이렇게 하강 이동한 사람들의 존재 및 그 일종의 기묘성을 냉정하게 분석하려는 논의가 나오고 있다. 아즈마 히로키(東浩紀)가 이들의 소비 행동 원리를 '동물화(動物化)'라고 평하고 있는 것이 그 한 예이다.[32]

얼마 안 되는 예외 중 하나는 신흥 IT 기업군으로서, 이 업종 자체가 사회 유동화 이후에 탄생한 것이기에 여기에는 애초에 회사주의적 운영과는 궁합이 맞지 않는 부문이 다수 포함되어 있다. 또 하나의 예외는 증권 등 글로벌 시장에 직접 연결된 분야인데, 이 역시 일찍부터 사회유동화의 진행을 경험했다. 그 결과 일본의 사회유동화와 고도소비사회화는 원래 사회 모든 부문에 걸친 계층 구조 규칙상의 변동이었어야 함에도 불구하고, 극히 일부 '윗물'인 신흥 부유층—보보스처럼 '감각을 돈으로 맞바꾸는 직업'이 아니다— 및 다수의 새로운 빈곤층— '감각을 돈으로 맞바꾸는' 것이 아니라 소비로만 돌진해 나가는 사람들—을 낳았다.

그리고 그 사이의 두꺼운 중간 영역, 유동화가 파급되지 않을 것으로 여겨지고 있는 지대에는 아직도 개발주의 시절 기득권익의 은혜를 입은 '고참 부유층'이 많이 남아 있다. 이러한 요인은 일본에서 '현대의 상류'라는 것에 대한 사회적 합의 형성을 어렵게 하고 있다. 동시에, 사회유동화 속에서 사회의 어디쯤에 자기를 자리매김해야 좋을지 혹은 어디를 지향해야 좋을지 모르겠다는 젊은층의 목표 상실감을 불러오는 원인이 되고 있다.

청년 : 생산자인가 소비자인가?

이번 장의 서두에서 현재 일본에는 문화를 '잘못된 꿈', 아니면 '주요 산업'으로 간주하는 양극단의 논의가 나란히 존재하고 있다는 점을 지적했다. 이 대립 축은 문화의 주된 담당자인 청년층을 소비자로 볼 것인가, 아니면 노동자(생산자)로 볼 것인가 하는 인식의 차이로 바꾸어 이해해 볼 수 있다.

이들 둘 다는 나름의 타당성을 가지고 있다. 하지만 전자는 '소비밖에 할 줄 모르는 젊은이'들을 바로 눈에 잘 띄는 적(敵)으로 삼은 논의이기에 실질적인 의미가 거의 없다.

후자의 논의―콘텐츠 비즈니스의 진흥 등―는 이렇게 방대한 잉여 인구가 '이미 생겨나 버린' 현재 상황에 대한 일종의 '뒷수습'으로 나온 이야기라는 측면이 있다. 이 분야의 논의에서는 새로운 산업, 더 나아가서는 새로운 고용의 창출 능력에 대한 기대와, 결국 그 대부분이 저임금에 불안정한 직종일 뿐이라는 사실 간의 딜레마가 자주 지적되고 있다.

원래 문화 관련 산업이란 극히 불안정하고, 승자와 패자 간의 격차가 크게 마련인 터라, 이는 가혹한 노동에 시달리는 애니메이터 같은 방대한 저변 노동을 양산하는 측면이 있다. 그중에서도 콘텐츠 비즈니스 진흥론의 대변자라고도 불리는 오쿠노 다쿠지(奧野卓司)의 논의는, 새로운 하층 노동자를 '잘 조달하기만 하면 된다'라는, 제1장에서 소개한 구사카 기민토의 발상을 그대로 이어받고 있다.

이와 같이 만화·애니메이션·게임·피겨〔영화·만화·게임 등에 나오는 캐릭

터들을 재현한 인형〕산업의 주변에는 더욱 다양한 새로운 산업들이 생겨나고 또한 그 각각은 내부적으로 여러 종류의 새로운 전문직을 증식시킨다. …… 분명 각각의 산업 규모가 영세하고 결코 고액 소득을 올리지 못하는 직종이지만, 실은 이러한 업계의 주변에서 많은 사람들이 직·간접적으로, 즉 지금까지의 고용 형태로 보면 후리타나 계약사원의 형태로 일하고 있다. 종래의 노사관계라는 관점에서 보면 불안정한 직종임이 틀림없다. 하지만 이들은 자신의 취미와 목적을 기반으로 삼아 '자신의 이야기 만들기'라는 감성을 표현하며 비즈니스를 해나간다는 긍정적이고 적극적인 의지를 가지고 일하고 있다.[33]

그러나 이러한 발상은 새로운 문화 산업이라는 것이 '감각과 돈을 맞바꾼다'는 사회 전체적인 직업관의 전환을 바탕에 깔고 있다는 점을 이해하지 못하고 있다. 여기에서 보이는 것은 '어쩔 수 없이 유동화해 버린 하류층에게 다른 길을 주자'라는 논리뿐이다. 이들이 모두 덤피 속으로 흡수되기만 하면 그걸로 만사형통이라는 것이다. 이는 비뚤어진 모습으로 진행된 일본 '사회 유동화의 청구서'를 전부 문화 산업에 부담 지우자는 식의 무리한 주문인 셈이다.

고도소비사회화―혹은 신경제(new economy)라고 해도 좋으리라―가 분명해진 이후의 세계에서 경제 성장을 지속하기 위해서는, 국민의 생활과 문화를 어느 지점에서든 관련짓지 않을 수 없다. 이때 정책적으로 가능한 것은 고전적인 개발주의의 수법인 특정한 산업에 대한 집중적 투자가 아니라, 사회유동화와 고도소비사회화에 수반하는 냉혹함을 널리 알림으로써 국민들을 그 가차 없는 환경에 적응할 수 있는 인간으로 키워 내는 일이리라.

이에 관해서는 마지막 장에서 다시 다루겠지만, 이 경우 보보스 같은 존재를 모든 이들의 생활 및 직업과 연관된 구체적인 사회 변동의 한 모습으로서 우리의 인식 틀 안쪽에 위치 지을 필요가 있다. '사회유동화로 인한 파급 효과의 여파가 될 수 있는 한 하층에만 머물도록 막아보자'는 발상이 바로 모든 잘못의 근원인 바, 이러한 사고방식이 사이비 해결책이나 희생양을 차례로 만들어 내는 가운데 젊은층은 어떻게 하면 좋을지 몰라 하는 것이 바로 오늘날의 상황이다.

문화 개발과 내셔널리즘

이번 장의 맨 앞에서 언급한 문화에 관한 또 한 가지의 딜레마—동아시아 공통성의 토대인가, 새로운 내셔널리즘의 온상인가—역시 개발주의의 문제와 깊이 관련되어 있다.

그 대표적 예라 할 수 있는 인터넷의 경우를 보자. 동아시아에 인터넷이 보급된 것은 각 나라가 신경제 이후의 세계 경제에 적응하기 위해 지속적인 경제 성장을 목표로 삼아 적극적인 인프라 개발에 힘써온 결과이다.

이는 각국의 라이프스타일이 인터넷이 가능한 일상생활이라는 공통적 형태를 띠게 되었음을 뜻한다. 이러한 인프라 정비를 토대로 문화 산업 속에 '동아시아 시장'이라는 새로운 공간 인식을 구축하자는 움직임이 나타나고 있다. 분명 그 속에서는 기업별 혹은 국가별 경쟁관계가 펼쳐지고 있지만,

전례 없는 문화 교류의 회로와 시장을 형성하자는 의미에서의 이른바 '협조적 경쟁관계' 같은 것이 움트고 있다. 따라서 '공통의 라이프스타일' 논의는 결코 그르다고 할 수 없다.

한편 인터넷을 주된 무대로 하여 이러한 상호교류의 증가에 찬물을 끼얹는 듯한 사태가 점차 확산되고 있는 것도 사실이다. 따라서 이렇게 볼 때 '내셔널리즘의 온상' 논의 역시 틀리지 않다.

그렇다면 이들 두 논의를, 서로 모순되는 것이 아니라 같은 내용을 논하고 있는 것으로서 이해하는 것이 타당하리라. 각국이 지속적인 경제 성장을 위해 국내적 개발을 추진하는 동시에, 그와 연동하는 형태로 동아시아의 경제적 상호관계가 심화되어 나간다면 이 지역에 고도소비사회화가 초래되는 것이다.

그 결과, 국민 대다수가 문화적인 것에 관심을 높이는 가운데 그 내부로 낡은 내셔널리즘이 개입해 들어감으로써 희화적(戲畵的)으로 취미화한 내셔널리즘이 자라난다. 다음 장에서 보듯 이러한 사태 자체는 한국과 중국에서도 마찬가지로 나타나고 있는 현상이다. 인터넷상의 내셔널리즘이 그 전형인 바, 이를 종래의 내셔널리즘과 똑같이 놓고 논하면서 '반일 감정의 확대' 혹은 '일본의 우경화'라고 서로 규탄하는 모습이 동아시아 풍경의 일부로 정착된 듯하다.

그러나 이러한 해석은 표면적인 것일 뿐이다. 첫째로, 이렇게 희화적으로 선동되는 적의(敵意)란, 각국의 합의된 총의(總意)도 그 이상의 아무것도 아니기 때문에 특히 위정자들에겐 그 대응책을 마련하기 어려운 문젯거리이다. 일본의 고이즈미 전 수상이 "야스쿠니 참배는 하겠지만 중국과 제휴는 유지해 나간다'라고 말할 수밖에 없었던 것이나, 중국 공산당이 "일본의 역사 인식에는 마땅히 항의할 점이 있지만 일본 제품 불매운동은 잘못이다"라고 할 수밖에 없었던 것도 마찬가지 이유에서다. 자국의 경제 성장에 필요한 고도소비사회화가 인터넷을 비롯한 새로운 문화 표현과 의견 표명의 장을 만들어 내는 동시에, 그 속에서 실로 자국의 경제적 이익에 반하는 동아시아 내의 상호 반감을 증폭시키고 있다는 딜레마가 존재하는 것이다.

여기서 주목해야 하는 점은 동아시아의 경제적 연계의 심화가 그 속에 품고 있을 수밖에 없는 내셔널리즘이라는 장애 요인이다. '정랭경열(政冷經熱)'〔정치관계는 냉각기이고 경제관계는 뜨겁다〕이라는 표현을 빌려 말하자면, '정랭(政冷)'이 '정열(政熱)'이 될 수 있도록 노력하면 된다는 이야기가 아니라 '경열(經熱)'의 결과로서 '정랭(政冷)'이 나타나는 측면이 있다는 것이다. 이러한 가운데 증폭되는 적의는 '경제협력에 대한 잡음' 정도로 간단히 보아 넘길 것이 아니라는 점에 유의해야 한다.

둘째로, 취미화한 내셔널리즘이 머금은 정념이란, 국가 위기의 문제도 역사의 문제도 아닌 오히려 국내적인 사회유동화·고도소비사회화의 진전에 수반되는 불투명한 전망이라는 불안감이다. 특히 일본의 경우, 문화성선설이 부추긴 취미화의 움직임이 '놀면서 지내는 사이에 나도 모르게 하강 이동하는 오타쿠'라는 계층을 만들어 낸 것이 컸다.

그리고 제1장에서 언급한 사회유동화와 회사주의 잔재의 틈바구니에서 어떻게 하면 좋을지 몰라 하는 젊은이들이 이와 같이 취미화한 내셔널리즘에 말려드는 것은, 그네들이 스스로의 불안감이 바로 국내에서 유래하고 있다는 사실을 직시하는 대신에 시선을 돌려 외부에서 사이비 적을 찾게 되는 사태인 것이다.

　그런데 이는 그네들 자신의 무지 때문이라기보다는, 주로 보수파가 칭송해 온 일본의 과거 고도성장과 주로 혁신파가 논의해 온 문화성선설이 함께 만들어 낸 일종의 좌우 합작의 결과이다. 지금 필요한 것은 그들을 직접 두둔하거나 비판하는 것이 아니라 일본의 고도소비사회화에 대한 인식을 재검토하여 과거의 좌우 대립이 얼마나 쓸 데 없는 것이었는지를 검증하는 일일 터이다.

　지금까지 제1장과 2장에 걸쳐 사회유동화 및 고도소비사회화와 내셔널리즘 변용의 관계를 일본 사례를 중심으로 개관했다. 뒤이은 제3장과 4장에서는 한국과 중국에서도 이와 유사한 변동이 일어나고 있음을 지적할 것이다.

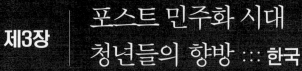

제3장 | 포스트 민주화 시대
청년들의 향방 ::: 한국

1. 반일의 삼층 구조

한국은 비교적 일본 문화를 받아들이기 쉬운 면도 있어서, 일반적으로 볼 때 '덮어놓고' 반일적인 자세를 취하는 젊은이들이 많지는 않다. 오히려 일본에 대한 동경(憧憬) 비슷한 감정을 가지고 있는 이들도 적지 않아 보인다.

하지만 한국 젊은이들과 이야기를 나누다가, 예컨대 독도 같은 화제에 이르기라도 하면, 금세 정색을 하고 대들며 일본을 비판하는 이들이 있는 것도 사실이다. 이렇듯 한국의 젊은이들은 상징성이 강한 특정 역사 문제에 대한 관심을 폭넓게 공유하고 있다.

종래에는 한국 사람들이 일본에 대해 갖는 이미지를 '좋고 싫음이 섞인 양의적인 것'이라고 분석하는 경우가 많았다. 하지만 그 역사적 내력을 고려하기에 앞서, 상대국에 대해 서로가 "완전히 좋아" 혹은 "완전히 싫어"라고 분명히 잘라 말할 수 있는 양국관계란 그 어디서도 찾아볼 수 없다. 기존의 분석은 일본에 대해 갖는 이미지의 양의성을 지적한다 하더라도 그 이상은 더 아무것도 설명해 내지 못한다.

한편 일본에서는 왠지 한국이나 중국에서 반일 감정이 높아지고 있다는 뉴스가 인기가 높다. 때문에 한국인들 대다수가 반일적이라고 단정하는 사람들이 많다. 서장에서 소개한 『만화 혐한류』 역시 그 한 가지 사례라 할 수 있다.

상대국을 반일 국가/친일 국가 중 하나로 명확히 분류할 수 있다면 그렇게 나눠 본 것만으로 뭔가 설명한 것 같은 느낌이 들게 마련인데, 이는 서장에서 설명한 당구공 모델 내셔널리즘 논의의 전형적인 예이다. 하지만 실제로는 자기 나라도 상대국도 균일한 한 덩어리일 수 없다. 한국 사회 역시 한창 글로벌한 변동을 경험하고 있는 터라 그 속에서 사람들이 가지는 대일관 (對日觀) 역시 다원화하고 있는 것이다.

이번 장에서는 (1) 한국 역시 총중간층화부터 탈공업화를 거쳐 현재 사회유동화가 진행 중이라는 사실 및 (2) 이 사회유동화에는 문화라는 요인이 연관되어 있다는 이 책의 주요 모티프의 범위 내에서, 관련된 역사적 사건들을 다루어 보고자 한다. 또한 이들 내용과 대일관의 관계를 다룰 것이다.

우선 대강의 밑그림을 그려 보자. 한국의 국민의식은 그 발단부터 '국가주의'와 '저항적 민족주의'●라는 서로 다른 요인을 같이 포함하고 있을 수밖에 없었다. 현실적 국가를 단위로 하는 국가주의가 '대한민국'을 염두에 둔 것인 데 반해, 민족주의는 조선 민족을 염두에 둔 말이다. 요컨대 전자는 대한민국을 중시하면서 북한을 제외하는 것임에 반해, 후자는 한반도·한민족

● 원문에서는 '한국의 내셔널리즘'과 '저항 민족주의'라는 표현을 사용하고 있으나, 저자와의 논의를 거쳐 각각 '국가주의'와 '저항적 민족주의'로 번역했음을 밝힌다. 또한 문맥에 따라 '국가주의'나 '내셔널리즘'을 '국가주의적 내셔널리즘'으로 번역하기도 했다.

전체를 고려하고 있는 것이다.

'내셔널리즘'과 '민족주의'는 일본의 입장에서 볼 때 언뜻 똑같아 보일지도 모르지만, 사실 그 차이가 상당할 뿐만 아니라 한국의 경우에는 근대사 전체를 꿰뚫는 중요한 좌우 간의 분기점이 되어 왔다. 한국의 고도성장을 견인해 온 개발독재 정권은 북한을 명백한 적으로 간주하는 반공주의적 입장을 취하면서 일본과 미국을 중심으로 하는 서방과의 긴밀한 제휴에 기반한 성장을 지향해 왔다. 여기서 말하는 '국가주의'란 이러한 독재 정권의 성격에 그 뿌리를 두는 것으로서 주로 한국의 보수파가 중요하게 여겨 온 이념이라 할 수 있다.

한국에서는 독재 정권에 대항하는 민주화운동이 오랫동안 지속되었는데, 이들 민주화 세력이 바로 한국의 혁신파로서 그동안 '저항적 민족주의'를 특히 중시해 왔다고 할 수 있다. 보수파가 반공·반북 지향이었던 데 반해 이들은 남북통일을 지향해 왔다.

최근 일본에 전해지는 한국 관련 보도 중에는 이러한 혁신 세력의 입장이 이미 한국 사회의 주류로 자리 잡게 되었다는 점—이른바 한국의 좌경화—을 전제하고 있는 것이 많다. 그러나 보수파 역시 아직 엄연히 존재하고 있는 것이 현실로서, 최근까지만 하더라도 그 주요한 담당자인 한나라당이 의회의 다수를 차지하고 있었다.

이러한 정당정치의 동향은 한국의 전통적인 정치적 대립 축의 연장선상에서 비로소 이해할 수 있다. 그러나 오늘날의 사회유동화 과정 속에서, 고도성장의 역사를 찬양하는 국가주의적 내셔널리즘과 민주화운동의 정의감을 띤 저항적 민족주의, 그 어느 쪽으로도 온전히 회수되지 못하면서 대일관의 변화에 영향을 미치는 정념 같은 것이 나타나고 있음을 감지하게 된다. 이것이 바로 이 책에서 말하고자 하는 개별불안형 내셔널리즘이다.

따라서 일본에서 단순히 한국의 민족주의라고 부르던 것을 세 가지 층위로 나누어 생각해 볼 필요가 있지 않은가 한다.

(1) 고도성장 이데올로기로서의 국가주의적 내셔널리즘
(2) 민주주의에 대한 회구와 결합된 저항적 민족주의
(3) 사회유동화 속의 개별불안형 내셔널리즘

일본의 입장에서 보면 '매끈하고 평평한 반일 감정'으로 보이는 동향의 배후에는 이러한 세 가지 층위가 존재하고 있다. (1)과 (2)는 각기 강한 정치적 정통성을 가지고 한국 사회의 가치관에 영향력을 행사하고 있으며, 둘 모두는 분명히 '반일'로 연결되는 이데올로기적 회로의 역할을 해왔다.

한편 오늘날 진행되는 사회유동화는 보수 측인 (1)에게도 혁신 측인 (2)에게도 스스로의 목소리를 의탁하지 못하는 사람들, 특히 젊은층을 낳았다고 여겨진다. 그리고 그 일부가 인터넷상의 전형적인 반일 감정에 흡수되기도 하는 것이다.

이러한 사람들이 출현하게 된 배경에는, 사회유동화와 더불어 기존 민중들 거의 대다수가 '옳은 것'으로서 바라 마지않던 '민주화'가 이미 달성되었다는 사정의 변화가 있을 터이다. 이러한 '포스트 민주화'의 상황을 생각해 보려는 것이 이번 장의 주제이다.

2. 국가주의와 저항적 민족주의의 차이

분단 개발 체제 속의 민주주의에 대한 희구

모리야마 시게노리(森山茂徳)는 한국의 정치 체제를 '분단 체제와 그 변용(變容)'이라는 축으로 분석한다.[1] 여기서 분단 체제란 북한이라는 적국의 존재와 준(準)전시 체제를 전제로 한 구조하에 정권이 스스로의 정치적 정통성을 담보하려 하는 체제를 말한다.

물론 한국의 '민족주의'는 일본의 식민지 통치기부터 이미 존재했고, 이러한 뜻에서 '반일'이라는 것은 한국 근현대사 전체에 걸친 문제이다. 그러나 분단 체제의 '국가주의'는 그때까지 정치적 정통성을 지니고 있던 민족주의를 국가 개발주의의 논리, 국가주의적 내셔널리즘 속으로 끌어들여 이용하려 했다. 이에 반해 다른 한편에는 '악독한 독재의 논리'에 회수되지 않는 '진정한 민족주의' —남북통일로 완성될 민족주의—를 추구하는 '저항적 민족주의'가 자리하고 있었다.

이러한 분단 체제를 상징하는 것이 바로 박정희 전 대통령이다. 박정희는 한국 근대사의 양의성(兩義性)을 짊어진 한 사람으로서, 대중을 탄압하는 '악독한 독재자'와 한국의 경제 발전을 입안한 '조국 중흥의 아버지'라는 극단적인 두 이미지 사이를 오가는 존재이다. 한국 근현대사를 다루는 논의의 성격은 박정희를 어떻게 평가하는가에 따라 완전히 갈라지곤 한다.

우선 박정희 정권에 이르기까지의 전사(前史)를 아주 간단한 달음질로 되짚어 보자. 1945년 일본의 '패전' —한국의 '광복' —직후부터 한반도는 북위 38도선을 경계로 미소의 분할 통치 아래 들어가게 되었다. 1948년 남쪽과 북쪽은 대한민국과 조선민주주의인민공화국을 각각 수립함으로써 한반도는 두 나라로 분열되고, 그 후 1950년부터 1953년에 걸쳐 격렬한 한국전쟁을 치른다.

대한민국 초대 대통령인 이승만은 철저한 반공·반일주의 입장을 고수했다. 일본에서 흔히 이야기하듯, 이때 시작된 한국의 반일 교육은 분명 오늘날 강력한 반일 감정의 한 원류가 되었으리라.

그러나 또 하나, 반공이라는 요인 역시 간과해서는 안 된다. 즉 이것이 분단 체제의 초기 단계를 형성하였기 때문이다. 민족주의와 이승만 정권의 이데올로기는 반일이라는 점에서는 공통적이었다. 하지만 분단을 기정사실로 전제해 버리는 반공 이데올로기를 가지고 보면 이 둘은 서로 대립할 수밖에 없었다. 민족주의는 조국통일을 지향하고 있었기 때문이다. 하지만 대통령에게 권력 집중이 심화되면서 좌파들은 탄압의 대상이 되었다. 현재까지도 이어지는 한국의 보수/혁신 대립의 원류가 바로 여기에 있다.

이승만 정권은 1960년 부정선거 반대운동의 확대로 발생한 대중운동인

4·19혁명으로 타도되고, 새롭게 치른 총선거의 결과로 장면이 선출되어 단 9개월을 유지한 단명의 민주 정권을 수립한다. 장면 정권은 북한에 대한 평화적 접근과 외자 도입을 위한 대일 접근을 시도했다. 하지만 국내 반일·반공 이데올로기와의 알력을 일으키고 점차 좌우 여러 입장이 다양한 대중 정치운동을 일으키면서 한국 사회는 혼란에 빠졌다.

박정희와 한일기본조약

이러한 혼란 가운데 박정희는 1961년 군사 쿠데타를 일으켜 정권을 탈취한다. 그의 통치는 권력의 대통령 집중을 더욱 강화시키고 권위주의 체제를 확립하며 국가의식을 중시하는 것이었다고 할 수 있다. 민족 통일이 정책적 의제에서 확실히 멀어진 대신, 대한민국의 내부적 국민 통합과 국가 경제 발전이 대규모로 추진되었다.

박정희 정권 초기(제3공화국)에는 1965년 한일기본조약과 한국군의 베트남 파병이라는, 오늘날까지도 역사적인 논쟁거리인 커다란 외교 정책이 나왔다. 이 두 사건은 독재 정권의 오랜 언론탄압으로 공적인 논평이 금지되었던 것으로써, 일종의 터부가 되어 버렸다.

현재 한국에서 진행되는 친일파 청산 및 혁신파의 반미 감정은 단순한 내셔널리즘의 고조가 아니다. 일차적으로 박정희 정권의 외교 자세에 대해, "일본의 원조를 얻어 내려다 대일 배상의 기회를 놓치고, 미국의 원조를 얻어 내려다 부정한 전쟁에 참가했다"는 식으로 비판적으로 평가하는 움직임인 것이다.

한편 박정희 정권기는 독재 체제와 민주화운동의 탄압의 시대이면서 동시에 한국이 고도성장을 이룬 시대이기도 했다. 그런데 이 고도성장은 한일기본조약과 베트남전 파병을 실마리로 하여 이루어진 것으로서, 일본과 미국의 원조가 없었다면 가능하지 않았을 것이다. 이 터부를 입 밖에 내기 쉽지 않은 이유가 여기에 있다.

역사적인 경위를 잠깐 언급하자면 다음과 같다. 박정희는 1962년에 제1차 5개년계획을 시작하여 국내적인 자율적 발전, 즉 자립 경제의 발전을 추구했으나, 이는 점차 그 실패가 분명해지고 있었다. 쿠데타로 탄생한 정권의 정통성이란 원래부터 위태로운 것이다. 때문에 정통성이라는 결점을 메우기 위해 내건 슬로건인 제1차 5개년계획이 당시 북한의 급속한 성장보다 뒤처지는 사태란, 박 정권의 입장에서 볼 때 심각한 위기가 아닐 수 없었다.

이러한 배경에서 박 정권은 민중의 강력한 반대 운동을 무릅쓰고 일본의 무상원조를 받는 한일기본조약을 체결했다. 이는 결코 양국민의 화해에 바탕하거나 환영받을 만한 것일 수 없었음은 물론, 오히려 두 나라의 국내적인 반대를 억눌러 가며 강행한 결단이었다.

당시 박 정권은 '자립 경제 발전' 전략의 실패를 깨닫고 외자 도입을 통한 수출 지향적 공업화로 전환을 모색하고 있었고, 이를 위해서는 일본이라는 자유자본주의 국가와의 연계를 강화할 필요가 있었다. 한국은 실제로 이러한 전환에 성공함으로써 고도성장으로 접어들게 된다.

와타나베 도시오(渡辺利夫)가 지적하듯이 다른 지역의 개발도상국들은 전후 오랫동안 자폐적인 보호주의적 공업화로 나가는 정책을 취하고 있었다. 애초에 공업 제품 수출 시장에서 선진국과 나란히 경쟁하겠다는 의도가 없었던 것이다. 그러나 이러한 보호주의는 점차 국내적 부패와 유착을 심각하게 만들었고 도리어 성장의 걸림돌로 작용했다. 박정희의 강력한 독재 체제는 수출 지향적 공업화를 향한 국가 체제를 성공적으로 정비했다고 평가할 수 있다.[2] 이렇게 경제 성장의 차원에서 보면, 박정희의 국내 정책 및 이와 밀접히 관련된 일련의 외교 정책이 성공적이었다고 긍정적으로 평가하는 목소리가 높은 것도 전혀 근거가 없지는 않다.

하지만 특히 대일관계의 관점에서 보자면, 일본의 원조는 한일 보수 정치가들 사이의 개인적인 연줄을 통해 배분되면서 사람들 사이에 불공평한 감정을 불러일으켰다. 한국 좌파의 또 하나의 주장인 '재벌 지배 체제에 대한 비판'이 반일 비판과 연속성을 가지게 된 데에는 이러한 배경이 놓여 있다.

게다가 이러한 식으로 달성한 경제 성장이란, 국내 산업의 취약성을 무시하고 강행한 막무가내식 성장으로서, 이는 재벌의 성장을 우선하는 대신에 노동자들에게 저임금을 강요하고 노동운동을 강력히 통제한 결과이기도 했다. 또한 이는 현재까지도 계속되고 있는 경상도와 전라도의 지역 간 불균형 발전 및 정치적인 지역주의의 대립 구조를 낳은 원흉이기도 하다.[3]

유신 체제와 민주화 투쟁

이어 박정희는 1971년 4월 노골적인 부정선거로 김대중을 누르고 대통령에 재선된 후, 1972년 10월에 비상계엄령을 발령하여 국회를 해산하고 12

월에는 유신헌법을 발포한다. 이제 박정희는 명실공히 독재자로 군림하며 영구 집권을 꾀하는 존재가 되어 있었다. 유신 체제(제4공화국) 때는 대통령 긴급조치권이라는 것이 있어서 주로 반체제운동을 봉쇄하고 언론 보도를 통제하는 명령을 차례로 발하게 된다. 이로써 매스미디어는 완전히 정부 통제 아래 놓여 정부 측의 발표만 보도할 수 있게 되었다.

당시는 수많은 탄압 사건이 연달아 일어났던 '정치범 대량 생산의 시대'[4] 이기도 했다. 일본에 널리 알려진 1974년의 민청학련사건(서울의 각 대학에서 발생한 동시 데모와 관련하여 재일교포 2명과 저명한 반체제 시인 김지하 등을 포함, 1,024명을 연행하여 8명을 사형에 처한 사건●)은 이 시기 대표적인 탄압 사건의 하나이다. 당시 일본에서 한국에 대한 이미지는, 현재의 북한에 가까운 '독재와 인권 탄압의 나라'였다.

박정희가 서둘러 유신 체제의 발족으로 치달은 데에는 나름의 배경이 있었다. 여기서 중요한 것은 1970년대 초 베트남전 실패에 따른 미국의 외교 정책 방침의 변화였다. '닉슨 독트린'이라 불리는 냉전 전략의 전환이 명백해지면서 미국은 지역 분쟁 개입에 지극히 소극적인 입장을 취하게 된다. 동아시아에서는 먼저 주한미군의 감축으로 그 방향 전환이 구체적으로 나타났고, 미국은 그때까지 공산주의 적국으로 간주하던 중국에 접근하는 자세를

● 당시 연행 당한 사람은 천 명 이상이었으며, 본문에서 제시한 1,024명은 사건에 대한 연루 관련 조사를 받은 사람의 수를 말한다. 참고로 2005년 국가정보원 '과거사건 진실규명을 통한 발전위원회'(과거사위)는, 인혁당(인민혁명당)사건과 더불어 민청학련(전국민주청년학생연맹)사건이 박정희 대통령의 지침에 따라 조작되었다는 조사 결과를 발표했다. 이에 따르면 인혁당, 민청학련, 인혁당재건위란 조직은 실재하지 않았으며, 민청학련을 인혁당재건위나 일본 공산당이 배후에서 조종했다는 당시 중앙정보부의 주장 역시 구체적인 근거가 부족한 것이었다. 「국정원 과거사위가 밝힌 인혁당-민청학련 사건」, 『동아일보』 2005년 12월 8일자 참고.

보이기 시작했다. 그런데 당시까지 대북한 준(準)전시 체제에서 적국을 전제로 한 국내 통치를 펼치던 박정희 정권에게 이러한 변화는 큰 '국난(國難)'이라 할만 했다.

이에 박정희는 미군에 의존하지 않는 자국의 방위 산업 개발을 긴급한 과제로 삼아 중화학공업을 추진한다. 유신 체제는 이를 위해 나라 안을 더욱 강력하게 휘어잡기 위한 것이기도 했다. 이로써 중화학공업을 골자로 하는 제2차 5개년계획은 당초 예정보다 일찍 그 성장 목표를 달성한다.

경제 발전으로서는 성공이라 할 만한 이 과정은, 동시에 재벌 우선과 노동자 억압이 점차 심각해지면서 대통령 독재의 '반공 안보 국가 체제'가 확립되는 과정이기도 했다. 이 시기에는 저임금 정책하의 지속적인 노동력 동원을 위한 노동운동 탄압과 대통령 측근의 테크노크라토(기술관료) 지배가 강화되는 동시에, 정부로부터 자원을 우선적으로 배분받는 재벌의 지배력 강화와 그들의 대정부 의존 및 정부와의 유착 심화가 나타났다. 게다가 이러한 성장의 이면에는 외자에 대한 의존 심화 및 늘어가는 대외 채무의 문제가 점차 심각해지고 있었다. 이러한 가운데 국내 빈부 격차는 점점 더 확대되어 노동운동은 과격해졌으며 노골적인 반정부운동의 기운이 높아갔다.[5]

이 책의 관점에서 중요한 점은 민주화 투쟁에서의 반독재가, 반(反)대일 종속 혹은 반(反)신식민지와 뗄 수 없는 관계를 가진 것으로서 여겨졌다는 사실이다. 즉 미국과 일본을 중심으로 하는 외부 세력에 대한 반발과 국내 독재 권력에 대한 비판은 서로 단단히 연결되어 있었던 것이다. 예를 들어 당시의 반체제운동에 참가하고 있던 대학생 하나는 일본 신문기자에게 이렇게 말했다. '민족의 장래를 생각해 볼 때 우리들은 일본의 신식민지주의와 이를 추구하는 정부에 반발하지 않을 수 없다. 양국 정부는 구조적으로 서로 달라붙어 있다."[6]

또한 당시 학생운동의 선언문은 이렇게 쓰고 있다.

> 보라! 자유를 박탈하여 노예 상태를 강요하는 저들 깡패 집단들을!
> 보라! 호화방탕을 일삼으며 민중의 살과 뼈를 삼켜 살찐 저 도둑무리들을!
> 보라! 이 땅을 신식민주의자들에게 제물로 바친 저 매국노들을![7]

여기서 알 수 있는 것은, 일본에서 성급히 '반일'이라 단정 지어 버리곤 하는 저항적 민족주의가 무엇보다도 자국의 개발독재에 대한 이의제기였고, 이러한 의미에서 저항적 민족주의는 고도성장에 대한 자부심을 중시하는 국가주의와 줄곧 대립적인 관계였다는 점이다. 그리고 이러한 국내 정치적 대립과 대일·대미관계란 딱 잘라 나눠서 생각할 수 없다는 사실이다.

1979년 박정희가 암살된 후 혼란을 틈타 군사 쿠데타를 일으킨 전두환은 실권을 장악한다. 1980년 들어 전두환은 서울 지역의 데모를 이유로 계엄령을 발포했고, 이에 항거하는 대규모 시위 진압을 위해 군을 투입했던 광주항쟁(5·18민주화운동)은 민주화 세력과 군사 정권 간의 가장 큰 충돌로 번졌다. 체포된 사람만 2천여 명, 공식 발표상 193명의 사망자를 낸 이 사건에서 김대중은 내란음모죄로 사형 판결을 받았으며, 당시 미국이 진압군에 대해 지

● 본문의 인용은, 1974년 4월 3일을 전후로 하여 '전국민주청년학생총연맹'의 이름으로 발표된 민청학련 투쟁 선언문 「민중, 민족, 민주 선언」(나병식 초안)의 일부이다. 이 선언문의 배경과 관련해서는 유인태, 「내가 겪은 민청학련 사건」, 『1974년 4월』(학민사, 2004) 참고.

지를 보증했던 것은 후일 한국 반미 감정의 한 원인이 되었다. 전두환 정권의 죄과가 공식적으로 인정된 것은 1995년이 되어서였다.

전두환 정권은 체질적으로 박정희 정권과 매우 유사했고, 독재 체제, 일본의 원조 그리고 정치적 탄압을 이전 그대로 유지했다. 이에 민주화운동은 점점 더 활발해지고 있었으니, 이른바 '386세대'가 직접적인 최대 적으로 삼았던 것이 바로 전두환이었다. 한국 현대사 해석을 둘러싼 최근의 논쟁은, 당시 운동의 전성기에는 비교적 뒷자리에 놓여 있던 박정희 문제가 민주화를 거친 후 다시 부상했음을 뜻한다.

저항적 민족주의의 신화화

민주화 투쟁이 한창이던 당시, 한편으론 고도성장과 더불어 중간층이 늘어나고 있었다. 커져 가는 중간층의 정치적 발언권과 쌓이는 불만은 1987년 6월 민주화 항쟁으로 결집한다. 전두환 정권은 학생을 중심으로 한 데모에 의해 퇴진을 맞았고 뒤이어 노태우 정권이 들어섰다. 노태우는 군인이기는 했지만 이는 형식상 문민 정권으로서, 한국의 민주화는 민중적 불만을 남기면서도 점차 그 달성을 향해 나아가고 있었다.

이후의 정치적 논쟁은 개발독재 아래에서 형성된 재벌이라는 기득권익을 둘러싸고 일어났으며, 민주화를 향한 의지는 노동운동이 계승해 나갔다. 노태우 정권에서 김영삼 정권기에 걸친 가장 큰 쟁점이 재벌 개혁이었던 점은 이러한 배경에서 이해할 수 있다. 노태우와 김영삼 두 정권은 모두 임기 후반에 이르러 레임덕 현상을 보였을 뿐만 아니라 재벌 개혁에 늦장을 부리며 이를 질질 끄는 모습을 보였다. 그리고 이것이 불붙은 노동운동에 기름을 붓는 결과를 낳았으니, 이러한 과정에서 점차 명백해진 것이 바로 다음 사태이다.

> 민주화운동 세력은 6·29선언으로 민주화가 실현될 것이라는 환상을 안은 채, 민주화를 분단 체제 해체의 방향으로 이어가는 대신 외세의 개입이나 한국 반공주의를 비난하는 노선을 취했기에 결국 새로운 안보와 성장의 논리를 만들어 내는 데 실패했다. 이러한 민주화 세력의 분열과 노선 채택상의 문제 때문에 정부가 안보와 성장을 국민적 과제로서 내놓았을 때—야당 총재 김대중 역시 안보와 경제를 과제로 삼았다—이에 유효하게 대응하지 못했을 뿐만 아니라 민주화 세력과 국민들 사이의 괴리라는 결과까지 낳았다.[8]

저항적 민족주의에 기반한 민주화운동은, 말하자면 여러 한계를 가지면서도 일정 수준의 민주화를 달성하였지만 그 이후 일종의 공회전을 시작했다. 그 배경에는 분단 상황에서 개발독재라는 형태를 취했던 한국의 고도성장이 구조적으로 민주화운동을 격화시켰다는 측면이 있을 것이다. 개발 체제가 이끈 경제 성장은 민중의 입장에서 보면 명백히 부정한 권익을 취하는 계층을 낳았기 때문에 이에 대항하는 민주화운동의 출현은 필연적인 것이었다.

한국의 사회 이론은 일본의 그것과 비교할 수 없을 정도로 운동론과 밀접한 관계를 보이는데, 이들 이론은 개발독재 주도의 사회 발전을 '왜곡된 근대성'으로 간주하곤 했다. 즉 민주화운동의 이론적 기반은 마르크스주의나 주체사상 등 다양하지만 그 공통된 목표는 "일본·미국과 결탁한 독재자 박정희가 왜곡시킨 한국의 미완(未完)의 근대를 되찾자"라고 요약할 수 있을 것이다.

민족주의 측의 이론에서는 통일국가가 형성되지 않는 한 아무리 경제가 성장해도 한국의 근대는 '미완의 것'일 수밖에 없다고 보았다. 이들에게 혁명은 아직 끝나지 않은 것이다. 하지만 이는 동시에 사회의 가치관의 일단(一端)을 크게 규정짓는 이들 논리가 보통 사람들의 일상생활로부터 유리되어 가는 과정이기도 했다. 모두가 줄곧 통일국가에 대해서만 생각하고 있을 수는 없는 법이기에, 이런 논리가 젊은이들의 정치에 대한 무관심을 가속화한 측면 역시 없지 않다고 여겨진다.

3. IMF 위기와 중간층 시대의 종언

IMF 위기가 불러온 밖으로부터의 개혁

이렇게 개발 체제와 재벌을 쟁점으로 하는 정치적 대립 구도는, 1997년의 아시아 통화 위기를 시발로 한 IMF〔국제통화기금〕위기로 인해 대대적으로 다시 짜여진다. 같은 해, 오랫동안 계속되던 한국의 고도성장이 결정적인 종언을 고했다. 태국 바트화의 폭락으로 시작된 아시아 통화 위기가 그 직접적인 계기가 되기는 했지만, 한국의 불합리한 국내 시스템에도 그 원인이 있었다는 점이 드러났다. 정부와 재벌 간의 유착에 의해 추진되었던 개발 체제의 불합리성이 이미 수년 전부터 경상수지 적자나 대외 채무의 증가로서 문제가 되고 있던 터였다.

대외 채무 불이행(디폴트) 위기에 몰려 실질적인 국가 파산 상태에 놓인 한국은 국가의 경제적 독립성을 포기하면서까지 IMF에 구제 융자를 신청할 수밖에 없었다. IMF의 융자에는 수많은 국내적 구조 개혁 및 대외 개방이라는 조건이 포함되어 있었다. 금융의 외자 규제 철폐, 공공 투자 삭감, 은행 정리, 노동시장 유연화 촉진 등이 그것이다.[9]

여기서 이러한 '자유화' 동향의 수치를 들어 당시 경제 동향을 설명하지는 않겠다. 단 역설적인 것은, 김대중 정권기에 진행된 'IMF 개혁'이라는 것이 실로 그간 전후 민주화운동이 비판의 표적으로 삼아 온 정부-재벌 유착에 의한 개발 체제를 정부가 솔선하여 무너뜨리는 움직임이었다는 사실이다. 재벌 개혁은 과거 수차례 한국의 좌우 대립과 충돌의 중심점이었던 과제인 바, 혁신 측은 항상 이에 대한 미온적인 개혁 실태를 지탄해 온 터였다. 그런데 IMF 개혁은 노골적인 외압을 업고 그 개혁을 일거에 추진해 버렸다. 문어발식 경영으로 다양한 업종에 걸친 사업을 전개하면서 한국 경제의 중심에 버티고 앉아 있던 재벌 및 그 계열사들은 점차 해체되고 예전의 명문 계열사들이 줄줄이 외국 자본에 팔려 나갔다.

또한 이는 재벌 측만의 일방적인 해체가 아니었다. 이제껏 줄곧 기업과 적대적인 입장에서 운동을 펼쳐 온 노동조합 역시 고통을 분담하지 않을 수 없었다. 1998년 2월에는 노조 측 반대에도 불구하고 정리해고제가 도입되었다. IMF의 융자 조건은 노동시장의 자유화 역시 포함하고 있었기 때문이다.

당시 한국에서는 이를 국난(國難)의 시기로 여기면서 좌우, 지역 그리고 계급의 차를 뛰어넘는 국가적 단결을 부르짖었다. 그런데 이러한 과정은, 1987년 민주화선언(6월혁명)부터 본격적으로 시작된 것으로 보이는 '한국 중간층 시대'의 종언이기도 했다. 재벌 지배 체제가 단단히 옭죄고 있던 견고한 기업 조직의 해체는, 이를 전제로 했던 개개인의 생애 과정(life course) 및 가족관계를 크게 바꾸어 놓기에 이르렀다. 이것이 바로 한국의 신자유주의였다.

유동화와 가족의 해체

이 시기 한국은 그로부터 10년 후 나타나는 일본의 '고이즈미 개혁'과 닮아 있다. 그러나 일본의 경우와 달리 IMF는 분명한 외부로부터의 개혁 요인이었기 때문에 일본에서처럼 기득권층이 반격을 할 수 있는 여지가 적었다. 한국에서 IMF 개혁이란 국민 전부가 함께 끌어안아야 했던 어려움으로 받아들여졌다.

한국이 일본과는 달리 사회유동화 과정에서 '세대'라는 요인을 그다지 중요하게 여기지 않는 것도 이 때문이리라. 청년 실업이 심각하고 대학 졸업 직후의 취업률이 바닥을 긴다고는 하지만 한국의 청년 실업은, 주로 회사주의의 잔재 때문에 정사원/후리타를 구별하면서 생겨나는 일본형 청년 실업과 그 성격이 다르다.

사회유동화를 당연시하는 세상에서는 개인의 직업 경력이 중요하기 때문에, 일반적으로 경력이 없는 젊은이들은 취업이 불리하다. 한국에서 벌어지고 있는 상황이란 바로 이와 비슷한 것으로써 이른바 미국형 청년 실업에 해당한다.

IMF 개혁에 의한 사회유동화는 사회의 핵심부에까지 깊은 영향을 미쳤다. 얼마 전까지 사장이었던 사람이 택시 운전사가 되었다는 이야기, 일류 기업에 다니던 아버지가 회사에서 해고되고도 그 사실을 가족에게 말하지 못한 채 양복차림으로 집을 나와 건축 현장에서 일한다는 이야기 등, 한국인이라면 누구라도 이러한 주위의 비참한 이야기 대여섯 개쯤은 떠올릴 수 있다고 한다.

내가 아는 어떤 이의 아버지는 큰 은행의 지점장으로서 한국에서는 상당한 부유층이었으나 은행의 통폐합 과정에서 정리해고되었다. 그 후 그간 모아 둔 저축을 찾아 가족을 데리고 미국으로 건너가 심기일전하여 데리야키점을 열었다. 지금 캘리포니아에서 매일 데리야키를 굽고 있는 것이다. 당시 고등학생이던 아들은 미국행이 싫어 서울에 남기를 원했고, 이를 이해해 준 부모는 재산의 일부를 원룸 계약금으로 남겨주고서 떠났다. 그는 그 이후로 혼자 살면서 여러 아르바이트를 전전하다가 지금은 음악을 하면서 생계를 꾸려가고 있다. 그는 말한다. "부모님은 내가 음악 하는 것을 반대했었고, 나도 회사원인 아버지를 무시했다. 하지만 IMF 이후 아버지는 지금까지 하던 사무직과는 완전히 딴판인 일을 시작했다. 그것도 외국에서. 그때부터 나는 아버지가 존경스러워졌다. 아버지 당신도 이렇게 괴로운 시대를 함께 겪고 나서야 비로소 처음으로 나에게 '네 길을 열심히 가라'고 말하게 되었다. 부모님은 음악 같은 것은 하나도 모를 테지만, 이걸로 돈을 벌어 이런 내 노력을 부모님에게 전할 수 있으면 좋겠다."

이 가족의 이야기를 내 식으로 바꾸어 말해 보겠다. 지금까지 관료제의 세계를 살아가던 아버지와 그 바깥을 살던 자식 사이에는 대립이 존재했다. 그러던 어느 날 갑자기 둘이 함께 '개인화'라는 세계에 던져졌다. 그럼으로써 비로소 '개인으로 살아가는' 같은 처지의 사람이라는 연대관계가 기존의 부모와 자식관계 위에 겹쳐지게 된 것이다.

분명 IMF 개혁은 한국 국민 대다수를 '지옥'으로 밀어 넣었다. 다른 나라에서 실업자가 늘어나는 것을 보고 실패라고 야유하기는 쉬울지 모른다. 하지만 지금까지도 '젊은이론'이나 '단카이 세대론'이 위세를 떨치는 일본의 상황을 생각해 볼 때, IMF 개혁을 통해 사회유동화라는 불가피한 동향을 사회적으로 널리 인식하게 되었다는 점을 완전히 부정적으로만 평가할 수는 없지 않겠는가?

남북 분단과 계속되는 저항적 민족주의

한국의 국내 정치적 구도를 일신한 김대중 정권의 개혁은, 박정희적인 개발 체제의 논리를 옹호하는 보수파의 입지를 없애는 동시에 그 해체를 요구하는 혁신 측의 주장 역시 시장의 논리로 선취해 버리는 양면을 가지고 있었다.

그러나 일단 형성된 좌우 대립이라는 것은 변동이 일어나더라도 오래 지속되는 것이 보통이고, 한국도 예외는 아니었다. 혁신 측에서는 실로 그 '시장의 논리'를 새로운 적으로 삼는 뉴레프트●가 등장한다. 예를 들어 철저한 개혁과 인원 감축 및 효율화를 추구한 결과 크게 실적을 회복하면서 세계 유수의 기업으로 올라선 삼성 같은 기업은, 아직까지도 그 형태만 바꾼 채 재

● 여기서 '뉴레프트'는, 흔히 '신좌익'이나 '신좌파'로 번역되는 1950년대 말에 나타난 영국의 비공산당 좌익의 사상운동이었던 'New Left'를 뜻하지 않는다. 또한 2005년경 열린우리당 내 '신진보연대'나 '좋은정책포럼' 등이 뉴라이트의 등장에 대항하면서 유럽식 사민주의와 신자유주의의 일부 요소를 절충적으로 포괄하는 이념으로서 내걸었던 '뉴레프트'와도 다르다. 이하의 본문 내용을 보건대, 저자가 말하는 '뉴레프트'는 한국의 정치적 맥락에서 신자유주의에 대한 이의제기를 중심으로 하는 느슨한 형태의 정치적 좌표를 뜻하는 것으로 보인다.

벌 지배를 지속하고 있다는 점 때문에 이들의 비판 대상이 되고 있다.

그러나 이러한 경제 동향보다 중요하며, 또한 한국의 사회의식에 커다란 영향을 끼치고 있다고 여겨지는 요소는, 지금까지도 이어지고 있는 남북의 분단 상황이다. 무엇보다도 이 한 가지 점에서 보더라도 한국의 저항적 민족주의는 끝나지 않았고, 혁신파가 지향해 온 '미완의 근대를 향한 희구'가 계속되고 있다 하겠다.

1997년 김대중의 대통령 당선은 박정희가 완성한 '반공 안보 국가 체제' 이래 그와 완전히 무관한 계보로부터 등장한 첫 번째 정권의 탄생을 알렸다. 1987년 6월혁명으로 일단 민주화를 달성하기는 했지만 당시 노태우 대통령은 군인 출신이었기에 이를 진정한 혁신 정치의 승리라고 부르기에는 어려웠다. 게다가 뒤를 이은 김영삼 역시 기존 세력과 깊이 연루되어 있는 인물이었다. 그러나 김대중은 출신지, 경력, 인맥 등 모든 면에서 개발독재와 일체 관계가 없는 대통령이었다.

김대중의 당선 후 곧 IMF의 폭풍이 찾아왔기에 한국의 좌우 대립은 일시적으로 유보되었고, 노동조합/기업 또는 민중/정부라는 대립 축을 초월한 '국난' 대응의 시기가 나타났다. 그러나 개혁의 성과로서 경기가 회복되면서 좌우 대립은 다시 불붙기 시작했다.

2002년 대통령 선거에서는 김대중에 이은 혁신 정권이자 민주화운동-민족주의-친북 노선임이 명확하게 드러나는 노무현과, 그간 눈에 띄게 영향력이 떨어지고 있던 종래 기득권층의 이해를 대변하는 이회창이 맞붙었다. 결국, 특히 기득권층과 이해를 달리하는 젊은층의 높은 지지를 토대로 노무현이 당선되면서 한국 정치는 이른바 혁신 측의 주도로 움직이게 되었다.

이상 간략히 논한 지금까지의 경위만 놓고 보더라도 노무현 대통령의 당선 과정에서 나타난 한국의 민족주의 고조를, 항간에서 말하듯 '반일 내셔널리즘'이라고만 일본인들이 받아들이는 것은 너무나도 피상적인 해석임을 쉽게 알 수 있다.

이러한 맥락에서 볼 때 한국 민족주의란, 박정희 체제 아래 — 바꿔 말하면 개발주의 내셔널리즘 아래 — 억압당하고 정책상 배제되었던 '남북통일을 지향하는 저항적 민족주의의 복권'이라는 성격이 강하기 때문이다. 최소한 혁신 측의 자의식으로는 이것이 사실이다. 이를 두고 나라 밖에서 "내셔널리즘은 위험하다"라는 등 아무리 말해 본들 '쇠귀에 경 읽기'밖에 되지 못하는 것이 당연하리라. 당사자들은 이를 단순한 '내셔널리즘'과는 완전히 다른 것으로 여기고 있기 때문이다.

386세대의 '뜨거운 정치'

이처럼 두터운 한국 좌파 세력의 중심을 이루는 것이 이른바 386세대이다. 1960년대에 태어나 1980년대에 대학을 다녔고 30대 나이였던 이 세대는 현재 이미 40대에 들어서고 있는데, 이들은 한국의 베이비 붐 세대이기도 해서 그 인구가 적지 않다.

젊은 시절을 운동권에 투신했던 이들 대부분은 투석전 같은 격렬한 데모를 선도한 장본인이다. 그런 의미에서는 일본의 대항문화를 담당했던 단카이 세대와 비슷한 분위기를 지니고 있다. 그러나 '세계 혁명', '아시아에 대한 속죄', '약자구제(弱者救濟)' 등의 막연한 주제밖에 갖지 못했기에 안정적인 사생활의 보장 앞에 흔적도 없이 사라져 버린 일본의 사회운동과는 달리, 이들이 주도한 한국의 사회운동은 독재 정권이라는 눈앞에 보이는 명확한 적을 가지고 있었다.

형식적인 민주화라고 해도 재벌 지배나 지역주의 척결과는 거리가 멀었던 1986년의 민주화선언과는 달리, 김대중에서 노무현에 이르는 혁신 정권의 탄생은 드디어 386세대가 기성세대라 불리는 이전의 중장년 세대로부터 거의 모든 사회적 주도권을 쟁취하였음을 뜻했다. 실제로 오늘날 정치경제의 중추를 장악하고 있는 것이 바로 이들 세대이다. 이들이 주도해 온 민주화운동 및 그 가치관의 중심인 저항적 민족주의는 오늘날까지 남아 이른바 '해방 전후사의 청산', '반일-반미-친북 노선'으로 나타나고 있다.

2004년 제정된 '일제강점하 반민족행위 진상규명에 관한 특별법'은 일제 식민 통치기의 구일본 군속, 당시의 대일 경제협력자, 경찰(독립운동에 대한 탄압) 관계자 등 여러 종류의 대일 협력자에 대한 처분을 추진하는 법안이었다. 이 법률이 단적으로 보여주는 '친일파 청산'의 움직임을 일본에서는 단순히 반일 기운의 고조라고 해석하는 경우가 많았다.

그러나 여기서 말하는 친일파 비판의 근저에 놓인 것은 일본 자체가 아니다. 식민 통치기의 조선에는 분명 자립적 자본이 없었는데 일본 주도로 위로부터 형성된 자본이 다수의 조선인 노동자들을 착취했으며, 이 시기에 나타난 기득권층 및 박정희 개발독재 시절에 형성된 기득권익이 아직까지 남아 있기 때문에 더욱 '친일파 청산'이라는 문제가 두루 국민의 관심을 끄는 것이다. 이번 장에서 군데군데 언급한 재벌 지배 체제가 바로 여기에 걸리는 문제이다. 이는 단순한 반일·반미가 아니다. 경제적 기득권익에 대한 비판의 수준을 넘어 '자민족의 정화'로 이어지지 않을까 우려하는 목소리가 내부에서 나올 정도로, 나라 안쪽으로 향해 있는 비판인 것이다.

저항적 민족주의의 연장선상에 놓여 있는 이러한 가치관은 더 아랫세대들에 대해서도 큰 영향력을 가지고 있다. 노무현 정권을 탄생시킨 원동력이 된 것도 바로 이들 청년층인데, 특히 비교적 젊은 세대들에게는 박정희 시대에나 있었을 법한 강렬한 반공주의란 거의 현실성이 없다. 일찍이 북한의 국력이 남한보다 우월했던 시대와는 상황이 완전히 달라졌기 때문이다. 그만큼 오늘날 젊은이들에게 분단 체제의 잔재는 더욱 무의미한 것으로 비치고 있다.

반미 감정의 고조 역시 '미완의 근대화에 대한 희구'의 연장선상에서 이해할 수 있다. 외부로부터 개발독재에게 정당성을 부여했던 미국의 영향력을 이제 될 수 있는 한 배제하자는 것은, 왜곡된 한국의 근대를 되찾으려는 움직임의 일환인 셈이다. 친일파 청산이나 주한미군의 삭감 요구 역시 단순한 반일·반미가 아니라 이와 같은 자국사를 둘러싼 투쟁을 배경으로 하고 있다.

'친일/반일'과의 관계

일본에서는 혐한론에 반박하면서 주로 "한국 혁신 정치는 대단하다"며 치켜세우는 논의가 늘고 있다. 분명 한국에서는 '혁신 세력이 민주화를 추구한

192

다'는 뜻에서의 '뜨거운 정치'가 아직도 계속되고 있다. 그러나 이렇게 된 경위는 단순히 환영해야만 할 것은 아닐 것이다.

저항적 민족주의는 강력한 개발독재 체제가 국내적인 불균형을 낳으며 고도성장을 견인하는 상황에서만 의미를 가질 수 있었다. 일단 민주화가 달성되고 나면 '경제로 회수되지 않는 민주주의의 중요성'을 강조할 필요성이 떨어지는 대신에 경제나 안보에 대한 좀더 개별적이고 구체적인 논의가 필요해진다. 말하자면 독재라는 특정 조건에서 저항적 민족주의는, 이른바 항구적으로 신화화되면서 경제적 현실로부터 구조적으로 유리되어 가도록 운명지어져 있었다. 이러한 '혁신'과 '고도성장의 은혜를 입은 이들'의 '보수'라는 대립 축은 아직까지도 견고하게 남아 있지만, 양쪽 어디로도 회수될 수 없는 사회유동화라는 현상이 나타나고 있는 것은 일본의 경우와 다르지 않다.

혁신 세력이 주도권을 쥔 한국에서의 사회유동화는 먼저 보수의 재편성이라는 형태로 나타나고 있다. 지금까지는 혁신 측을 중심으로 논해 왔지만 IMF 개혁 이후 보수 측에서도 급속한 재편성이 일어나, 이른바 '뉴라이트'라 불리기도 하는 사람들이 젊은층을 포함해 점차 늘어나고 있다.

첫째로, 박정희에 대한 노스탤지어적인 재평가의 움직임이 그 배경의 하나이다. 박정희의 딸 박근혜의 인기 상승 역시 그 대표적인 예라 할 수 있다. 나의 젊은 친구 중 하나는 이렇게 말하기도 했다. "한국에는 대통령이 당당한 리더가 되어 주길 바라는 의식이 있다. 노무현은 의도적으로 이를 허물어 냄으로써 서민의 변호사라는 이미지를 만들어 왔고 처음에는 이것이 모두에게 먹혀 들어갔다. 그런데 실상 대통령이 되고 나니 '역시 리더는 단호해야 한다'고 느끼는 사람들이 늘어났다. 그래서 그런 분위기를 가지고 있는 이회

창 같은 인물의 인기가 오르고 있다."

둘째로, 박정희에 대한 향수라기보다는 경제를 우선하는 관점에서 저항적 민족주의를 반대하는 입장이 있다. 즉 "지금 한국 경제가 얼마나 어려운데 지금이 민족주의나 이야기하고 있을 때인가"라는 것이다. 이 같은 한국 뉴라이트의 민족주의에 대한 상대화나 경제우선론을 친일적인 정치 세력의 증가로 연결지어 이해하는 시각이 일본에서 간혹 눈에 띄기도 한다. 하지만 뉴라이트라고 하더라도 역시 한국의 국내 사정을 배경으로 나타난 새로운 움직임이므로, 이를 친일 아니면 반일이라는 틀에 밀어 넣는 것은 역시 무리일 것이다.

이러한 혁신과 보수 나름의 재편성이 대일·대미관과 밀접하게 관련되어 있다는 점은 사실이다. 하지만 현재 '일본 문제'라는 틀로만 논의하고 있는 내용, 혹은 불행히도 그 일본 문제와 뗄 수 없는 관계를 갖게 된 논의의 핵심이란 결국 '박정희를 둘러싼 평가'라는 한국의 국내적인 문제가 아닌가 싶다. 특히 최근 뉴라이트의 등장으로 이 점이 더욱 분명해지고 있는 듯하다.

이러한 국내적 대립의 구조를 빼놓고 한국인들 모두를 균질적으로 간주하여 '매끈하고 평평한 반일/친일'을 아무리 논한다 한들 결코 생산적일 수 없다. 그리고 일본 측에서 반일이나 친일 어느 하나를 한국인 전체의 합의된 총의(總意)로 받아들이거나, 거기서 무언가 정의로움을 구하려 하는 일은 결국 헛수고가 될 터이다.

4. IT 강국과 청년 실업의 사이

동북아 중심 해양 국가 구상과 위로부터의 문화 산업 개발

지금까지 논의는 오늘날까지의 한국의 큰 정치적 대립 축에 관한 것이었다. 마지막으로 이와 같은 한국의 좌우 대립으로 온전히 담아내지 못하는 여러 문제들이 생겨나고 있는 측면을 언급하고자 한다.

김대중과 노무현 정권에게서 공통적인 것은 중국의 경제 대국화를 경계하면서 미국과 중국 간의 연결다리 역할을 자청하는 '해양 국가'라는 구상이다. 이렇게 되면 남북통일이 교통로의 확보라는 의미 역시 가지게 된다. 중국과 직접 이어지는 경의선 철도의 개통이 커다란 뉴스가 되는 것도 이 때문이다. 이를 실현할 목적으로 국내의 보수파(반공적 내셔널리스트)들을 '냉전 지향 분열 세력'이라고 규정하고 이들과의 투쟁에 나서는 것이 이들 정권의 기본적 정치 수법이라고 하겠다.

더불어 동아시아를 연결하는 다리 역할을 다하기 위해서는 미디어, 정보,

문화 산업의 발달이 필수적이라는 논리로, '정보사회화'·'지식화 사회'의 효용이 주창되고 있는 상황이다. 이것이 오늘날 세계 최고의 IT 국가라고도 불리는 한국 IT 개발의 정치적인 이론 배경이 되고 있다.

이렇게 볼 때 정권을 쥐고 있는 쪽의 기본 전략은, 일본이나 중국과의 대립을 바란다기보다는 오히려 거대한 두 나라 시장의 결합으로 인한 이익을 취한다는 것이다. 그 실현 가능성을 자세히 논평할 능력은 없지만, 이 전략은 적어도 정합성(整合性)이 있어 보인다. '중국과 한반도의 반일 연합'을 우려하는 일본 일각의 떠들썩한 논의는, 한국 정부가 이러한 경제적 합리성의 시점에서 이 정책을 사고하고 있다는 사실을 무시하고 있다.

한국에 과도한 반미주의나 반일주의적 경향이 존재한다고 한다면 그것은 한국 국민 전체의 총의라고 볼 것이 아니다. 오히려 정권 측의 의도와 일부 민의(民意) 사이에 나타나는 간극의 심화로 여겨야 할 것이다. 그리고 바로 그 지점이야말로 좌우 대립이 담아내지 못하는 문제가 모습을 드러내는 장소가 아닌가 한다.

이러한 배경에는 여러 가지가 있을 수 있겠지만, 여기에서는 개인적으로 비교적 친숙한 청년층을 둘러싼 상황을 살핌으로써 그 일단을 파악해 보고자 한다.

문화 개발과 백수

IMF 위기 이후 한국에서 경제 재건을 위해 대대적으로 추진한 것이 IT 개발이었다. 정부는 위로부터 인터넷 보급을 추진하였고 한국은 단기간에 세계 최고의 IT 선진국 반열에 오를 수 있었다.

인터넷뿐만이 아니다. 한국은 콘텐츠 사업을 국책 사업으로 적극 추진하고 있다. 지금까지의 성장 노선을 유지하기가 불가능함을 깨달음으로써 새로운 산업을 모색하려는 움직임이 한꺼번에 활발해진 것이다. 현재 일본뿐만이 아니라 중국이나 동남아시아에까지 한류(韓流)로 현실화되고 있는 한국 문화의 인기 상승 역시 우발적인 현상이 아니라 이러한 국책 지원 조치에 크게 의존하고 있다.

김대중 정권기에는 벤처 기업에 대한 대대적인 국가적 지원이 있었다. 재벌이 보여 온 큰 몸집의 기업 체질—이 책에서 말하는 '견고한 조직'—만으로는 IT나 문화 산업을 진흥시키기 어렵다는 점을 한국 정부는 잘 이해하고 있었다. 이때 지원금을 바탕으로 수많은 영세 IT·문화 산업계 신흥 기업이 우후죽순처럼 생겨났다. 하지만 그 와중에 회사를 일으킨 경험이 있는 나의 한 친구가 말하듯, 몇 년 가지 못하고 "그 가운데 99퍼센트가 실패로 사라졌다."

또한 앞서 살펴보았듯이 IMF 위기를 맞은 김대중 정권은 구조 개혁의 일환으로 재벌 개혁을 추진했다. 그런데 중국 식의 전면적인 개혁 방식과 달리, 기존 회사를 남겨둔 채 성장을 유지하는 방법과 회사를 붕괴시켜서 유동화시키는 방법이라는 서로 모순되는 두 가지 방향의 개혁을 동시에 추진하였다는 문제점이 여러 논자들에 의해 지적되었다.

이 벤처 지원 정책이 상당히 이른 시기에 부정적인 평가를 받게 된 것도 이와 관련되어 있다. 지원 대상을 결정하는 단계에서 이미 소문으로 기존 대기업과의 유착관계가 들통 나 버리는 일이 벌어지기도 했다. 내 생각으로는,

원래부터 고도소비사회화 이후 산업의 성격을 갖는 부문에 대해, 그와는 어울리지 않는 고전적인 개발주의 논리로서 투자를 몰아주는 방식 자체에 실패의 원인이 있었던 것 같다.

이른바 한국의 혁신 정권은 기존의 '견고한 조직'에 대한 해체 작업을 일본보다 훨씬 효율적으로 그러나 중국보다는 덜 철저하게 해냈다. 이는 곧 사회유동화가 파급되는 범위가 어느 정도의 넓이인지를 보여주는 것이다. 즉, 한국의 사례는, 유동화가 청년층에게 크게 편중되는 방향으로 진행된 일본과, 다음 장에서 소개하듯 도시 지역의 전 인구가 일제히 유동화의 파도에 휩쓸려 들어간 중국, 두 나라 사이 어딘가에 자리하고 있다고 할 수 있으리라.

이러한 사정과 깊이 연관된 하나의 문제가 바로 개혁 과정에서 널리 나타나는 청년층의 취직난과 실업이다. 한국의 대졸 취업률은 1990년대 후반에 50퍼센트 대였던 것이 2001년에는 30퍼센트 대까지 떨어졌다.[10]

한자로 '白手'인 백수라는 말이 갑자기 일반화된 것도 IMF 이후의 이러한 상황 속에서였다. 일본에서 말하는 '니트'에 가까운 이들은, 취직 못한 이들이 스스로를 자학적으로 부르는 말이자, 예컨대 인터넷 게시판의 논쟁에서 맘에 안 드는 상대를 욕할 때 쓰는 말이기도 하다. 또한 최근에는 '히키코모리'에 가까운 뉘앙스인 '은둔형 외톨이'와 같은 신조어가 속속 등장하고 있는 형편이다. IT 대국답게 이러한 은둔형 외톨이들은 거의 인터넷과 관련되어 있으며, 인터넷 게임 중독이 커다란 사회 문제로 떠오른 지는 이미 오래이다.

한국 청년 내셔널리즘의 다원성

그러면 한국에서 진행된 사회유동화 및 고도소비사회화는 내셔널리즘과 어떤 관계를 보이는가? 여기서의 중요한 전제 조건은, 이 과정을 주도한 김대중, 노무현 두 정권이 한국적 상황의 저항적 민족주의, 즉 혁신 측의 피를 이어받았다는 점이다. 다니엘 벨이 말하는 의미에서의 '대항문화'를 담당하는 계층이 정치의 중추를 장악한 상황이라고 할 수 있다.

이러한 가운데 첫째로, 저항적 민족주의를 순수하게 계승하려는 젊은이들이 있으니 이들 중 상당수는 정치에 관심도 높고 진지하다. 인터넷상에서도 그 모습을 더러 찾아볼 수 있는 이들이 바로 급진적인 '친일파 비판'을 한국 인터넷 풍경의 하나로 정착시켰다고 할 수 있다. 2005년 가을 고이즈미 수상이 야스쿠니 신사를 참배했을 때 한국 매스미디어에서는 이를 큰 뉴스로 다루었는데, 이른바 반일 사이트의 반응을 보면 특히 친일파를 추궁하는 글이 많았다.

대표적인 반일 사이트의 하나인 '반일닷컴'에서는 식민지 지배에 투항한 협객으로서 언젠가 텔레비전 드라마의 소재로도 다뤄졌던 인물인 김두환과 더불어 경제 성장의 아버지인 박정희를 예찬하는 코너를 두고 있다. 친일파 청산 문제가 인터넷상에서 유행한 이래 주요 쟁점의 하나는, 한때 일본군 장교였으며 일본의 원조를 받아 독재 체제를 확립한 박정희를 '반일'을 내건 사이트에 게재하는 것이 정당한가에 관한 것이었다.

이러한 사실들로부터 알 수 있듯이 친일파 청산으로 표면화된 저항적 민족주의의 공격의 화살은, 일본 그 자체라기보다는 한국의 개발독재 과정에

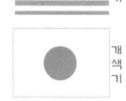

| 사진1 | 사진2 | 사진3 |

서 기득권만 불려 왔던 계층을 향하고 있다. 자신들의 정치적 반감의 대상이 국외가 아닌 국내에 있다는 점을 인식하고 있는 사람들이 상당히 두터운 층으로 존재하고 있다는 점에서 한국의 인터넷 정치가 일본의 상황보다 더 낫지 않은가 한다.

둘째로, 이에 반해 일본의 오타쿠적 내셔널리즘에 가까운 형태의, 흡사 가벼운 유희가 되어 버린 저항적 민족주의의 부류가 주로 인터넷을 중심으로 나타나고 있다. 예를 들어 〈사진1〉에서는 한국 국기에 '태국기', 미국 국기에는 '성조기'라는 글을 달고 있는 반면 일본 국기에는 '개색기'라고 적어 놓고 있다. 같은 끝음을 이용한 유머이다.

〈사진2〉에서는 다케시마(한국명 독도) 사진을 배경으로 '방법할매'●라는

● **방법할매** : 디지털 카메라로 촬영한 사진을 올리는 인터넷 갤러리이자 다양한 관심사별 게시판으로 이루어진 '디씨인사이드(www.dcinside.com)'는 이른바 '네티즌 문화'가 형성되는

200

이름의 노파가 "이 개념 없는 놈들아, 자꾸 남의 땅을 가지고 이상한 짓 할래?"라며 고이즈미 수상의 사타구니를 꼬집어 혼내자, 고이즈미가 "아아, 쓰미마생"이라며 얼굴을 붉히고 있다.

〈사진3〉에서는 조선 반도의 모양으로 〈독도는 우리 땅〉이란 노래—이 역시 반일 노래라기보다는 반독재·민주화운동 노래이다—의 가사가 가득 쓰여 있고, 독도에는 태극기가 걸려 있다.

일본에 관한 문제가 화제에 오를 때마다, 이와 같은 종류의 그림들이 싸이월드(한국 최대의 인터넷 커뮤니티 사이트) 등 인터넷 공간에 널리 유포되는 것이다.

여기서 간과해서는 안 되는 점은, 이들이 유희적 성격이 강한 반일이라고 해서 결코 반일 감정을 제멋대로 확대해서 보여주는 것이 아니라는 점이다. 한국에서 반일이란, 무엇보다도 보수와 혁신 측이 함께 공유하는 주류 의견이라는 점을 기억할 필요가 있다. 학교의 교육 내용 역시 이러한 분위기와 크게 다르지 않은데, 이에 대해 위화감을 느끼는 사람들 역시 상당수 존재한다. 특히 일본 문화에 대한 해금(解禁) 움직임이 본격화된 이후로, 한국의 당연한 주류 의견이었던 반일이 잘못이라고 생각하는 사람들도 많이 늘었다.

그리고 오히려 현재 30세 전후의 세대—나와 같거나 그 뒤의 세대—에게는 이러한 의견이 주류가 되었다. 즉 학교 교육이 가르치는 반일을 그대로

주요 사이트들 중 하나로 알려져 있다. '방법할매'는 이곳을 중심으로 생겨난 많은 신조어 중 하나인데, 훔쳐간 방석을 도로 달라며 한 할머니가 썼다는 경고문 사진에서 비롯되었다. 이 경우 '방법(方法)'은 일반적인 용법과 달리 '응징하다', '린치(lynch)를 가하다'라는 의미로 쓰인다. (원문에 '방범(防犯)'으로 잘못되어 있던 것을 저자와 협의하여 고쳐 옮겼다.)

받아들이는 층이 소수가 된 것이다. 취미화하는 형태의 반일은, 이와 같이 점점 더 커져 가는 일본에 대한 친근감에 대항하는 모습으로 나타나고 있다. 일본의 경우와 마찬가지로 취미적인 문화의 영역에서 이러한 현상이 일어나고 있는 것이다. 진지한 저항적 민족주의파가 국내의 개발주의를 문제 삼는 데 반해, 이들이 자신의 실생활과 별반 관계도 없는 '독도'라는, 솔직히 그다지 정치적 중요성도 크지 않은 상징적인 사안을 주된 화제로 삼고 있는 것도 이 때문이다. 말하자면 이는 일본의 오타쿠적인 내셔널리즘과 매우 비슷한 것으로써, 그 피부로 느껴지는 감각은 세계 어디보다 일본에서 쉽게 이해할 만한 것이다.

셋째로, 지금까지의 한국 정치사를 관통하는 민주화운동을 통해 대항문화 진영이 이미 정권의 중추를 차지한 상황에서, 이에 대한 안티테제로서 반대편의 '국가주의'로 되돌아가려는 움직임이 존재한다. '안티 노무현'을 콘셉트로 하는 단체나 웹사이트도 늘어나고 있으며, 그 가운데에는 통일 지향을 비판하거나 결국 예전의 반공·반북주의와 크게 다르지 않은 의견마저 찾아볼 수 있다.

이들 세 가지 유형은 모두 표면상 반일처럼 보이는 요소를 일정한 형태로 포함하고 있다. 그러나 이들 모두는 일본 그 자체를 향해 있다기보다는 한국의 국내 사정에 대한 메시지를 담고 있다. 분명 이와 같은 여론의 확대는 돌고 돌아 결국 한일 간 경제협력에 방해 요인으로 작용할지 모른다. 또한 일본인이 봐서 기분 좋을 내용일 리 없다.

그러나 여기서 화제의 핵심은 부정한 방법으로 재산을 쌓아 온 지배층에 대한 고발이며, 남북통일이라는 국가 프로젝트 이념을 둘러싼 시비 등의 논란 역시 모두가 기본적으로 국내에 뿌리를 둔 문제의식이다.

정리하자면 최근 몇 년간 한국의 젊은 층에는 (1) 이른바 '진지한' 정치의식을 가진 층 (2) 이를 희화화하는 문화 표현을 즐기는 층 (3) 이러한 두 흐름에 대한 대항의식에서 보수적 입장에 친근감을 느끼게 된 층, 이렇게 세 부류의 층이 존재한다. 이들 각각의 논리를 적어 보면 다음과 같다.

(1) 해방 전 식민 통치 시기까지 거슬러 올라가는 국내의 개발주의와 친일파의 긴밀한 관계에 대한 '저항적 민족주의' 입장에서의 이의제기

(2) 여기에서 일본이라는 기호(symbol)만을 끄집어내 유희에 활용

(3) 주류가 된 혁신파에 대한 반발

여기서 (1)의 배경으로는, 청년 실업 문제의 심각화라는 요소보다 자국 성장의 역사에 대한 재검토라는 문제의식을 지니지 않을 수 없게 되었다는 점이 중요하다. 그리고 한국 (특히 전후의) 개발독재 역사를 고려해 볼 때, 여기에 대일관이 얽혀드는 것은 불행이기는 하지만 극히 당연한 일이라고 할 수 있다.

(2)의 배경에 놓인 것은 반일 감정보다는 '정치적 무관심'이라고도 할 만한 것으로서, 이는 앞서 일본의 경우에서 본 '취미가 되어 버린 내셔널리즘'과 매우 유사하다. 그렇다면 여기에서 우리는 자신의 불안감을 어쩔 수 없이 사이비 적에게 덮어씌우고 그로써 자기소외에 시달리는 젊은이들의 모습을 읽어 내야 할 것이다.

평가가 가장 어려운 것은 (3)이다. 맹렬한 속도로 진행되는 사회유동화 속에서 과거의 안정적인 발전에 대한 향수가 한 켠에서 움트는 것도 사실이다. 그러나 동시에 이는 일찍부터 나름의 굳건한 정통성을 유지해 온 '국가

주의'와 '저항적 민족주의' 쌍방에 대해, '경제적 리얼리즘〔현실주의〕'을 들어 이의를 제기하는 움직임이기도 하다.

어찌되었건 이들 의견으로부터 대일관만을 따로 떼어 논하는 것은 무의미한 일이다. 그보다는 종래의 보수/혁신이라는 대립 축에 흡수되지 못한 채 다양한 모습으로 사회의 표면에 나타나는 '사회유동화의 불안'이라는 점에 주목하고, 여기에 일본의 사례를 참고로 서로를 비추어 가면서 생각해 보는 작업이 더욱 중요할 것이다.

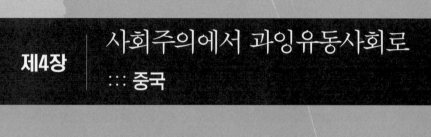

제4장 | 사회주의에서 과잉유동사회로
::: 중국

1. 반일 데모에서 보는 중국의 중간층

일본의 중국 보도

최근 몇 년 동안 중국과 관련한 최대의 화제로는 역시 2005년 3월부터 4월에 걸쳐 중국 각지에서 일어난 반일 데모라 할 수 있다. 데모 자체는 이미 지나간 일이고 당국이 이를 억제하겠다는 입장을 명확히 밝힌 이상 적어도 만 명 단위의 시위가 또 일어나기는 쉽지 않을 것이다. 어느 친구의 말대로 "중국의 공안(公安)이나 무장 경찰들은 처음에는 웃는 얼굴로 '여러분들의 불만을 이해합니다'라고 말한다. 하지만 이쪽에서 계속 데모를 진행시켜 어느 궤도에 오르면 갑자기 실탄을 쏘기 시작한다. 천안문사건도 겪었던 터라 이제는 모두 이러한 사실을 알고 있다"는 것이다.

하지만, 시위 행동의 형태로 나타나지는 않는다 하더라도 중국 사회에서는 막연한 반일 무드가 아직 지속되고 있다. 앞의 친구도 "지금 중국에서 일본에 대해 좋다고 여기는 사람은 하나도 없을 정도"라고 말한다. 또한 '샤오르번(小日本)'이라는 말은 얼마 전까지만 해도 일본에 대한 욕이었지만, 지금은 일상회화에서 별 악의 없이 일반적으로 쓰이는 일본에 대한 호칭이 되어 버렸다. 이러한 의미에서 분명 반일 무드는 계속되고 있으며 이것이 앞으로의 정치·경제관계에 생각지 못한 영향을 미칠 가능성 역시 결코 무시할 수 없다.

이러한 관점에서 지나간 반일 데모를 다시 한번 돌이켜 보는 것도 의미가 있을 것이다. 뿐만 아니라 이번 반일 데모는 중국에서 엄하게 규제하고 있는 '아래로부터의 정치운동'이 사상 최대 규모로 모습을 드러낸 사례이다. 따라서 오늘날 특히 중국 젊은이들의 정치·사회의식을 엿볼 수 있는 중요한 자료이다.

이 사건에 대한 나의 기본적 인식은 시사잡지『추오코론(中央公論)』2005년 7월호에 실린 '반일 데모 세대가 안고 있는 단괴(團塊)의 광조(狂躁)와 후리타의 불안'이라는 제하의 논문을 통해 이미 발표한 바 있다. 이를 출발점으로 삼아 이번 장의 이야기를 풀어나가고자 한다.

이번 데모에 대한 일본의 견해를 크게 나누어 정리하면 다음과 같다.

(1) 일본과 미국 간의 지역 패권 경쟁을 배경으로 일본의 유엔 안보리 상임이사국 진입을 저지하기 위해 공산당이 주도하여 벌인 관제 데모이다.

(2) 원인은 중국의 국내 사정에 있으며 일본과는 무관하다. 특히 커다란 격차를 낳으며 진행되고 있는 중국의 고도성장이 다수의 국내 불만 세력을 형성한 것이 그 배경이다.

이들 견해는 각각 중요한 지적이기는 하나 이러한 측면만을 강조하는 것은 오류가 아닐 수 없다.

(1)의 '관제 데모설'을 생각해 보면, 분명 최초 단계에서 당국이 반일 데모의 형태로 분출된 국민의 불만을 외교적 협상 카드로 이용할 수 있으리라 생각한 흔적을 찾아볼 수 있다. 또한 통상적으로 데모가 엄격히 금지되어 있는 중국, 그것도 베이징(北京)에서 대규모의 데모가 일어났는데 공안이나 무장 경찰이 이를 엄격히 단속하지 않았다는 점은 당초 정부가 데모를 용인하려는 자세를 취하고 있었음을 말해 준다. 그러나 이후 당국은 반일 데모, 더 나아가서는 반일운동 전반을 명백히 억제한다는 방침을 내놓으며 자세를 바꾸었는데, 이 시점에 이르면 관제 데모라고 보기 어려울 뿐만 아니라 오히려 위정자와 대중의 정념 사이의 괴리를 읽어 낼 수 있다.

　　그럼 대체 무엇이 위정자와 대중을 갈라놓은 것인가? 당시 반일 사이트에 올라온 글들을 보면, 중국 정부가 경제 논리를 우선시하면서 일본에 유화적 자세를 취하고 있던 것에 대한 불만이 반복적으로 드러나고 있다. 이러한 불만은 정부가 외국 자본에게 성장의 견인차 역을 맡기는 것에 대한 반발이라고 주로 해석되어 왔다. 즉 이 데모를 중국 기업의 외자(外資) 배격이라는 상업적인 목적을 가진 것으로 보는 의견이 그 대표적인 예이다.[1]

　　그러나 외자 기업이 꼭 일본 기업에 한정된 것이 아닌 데다, 이들 기업체는 이미 청년층이 바라 마지않는 고수입 취직자리로 정착해 있다. 지금의 중국 젊은이들은 크게 보아 일본, 구미, 홍콩, 타이완 중에서 어디를 선택하는 것이 가장 좋을지 고민하고 있다고 할 수 있을 정도이다. 이번 소요의 발단이자 그 핵심 기치(旗幟)가 '반일'이었다는 사실은, '외자 반대'라는 문제가 이와 관련되어 있다 하더라도 그것이 부차적인 것에 지나지 않음을 보여준다.

　　이상 첫 번째 부류의 논의는, 국가와 국가 사이의 대립이라는 인식의 틀만을 가지고 있을 뿐이다. 이에 비해 (2)의 격차확대설은 국내의 대립관계를 시야에 넣고 있다는 점에서 그 우위성을 찾아볼 수 있다.

하지만 이 관점에도 모순이 있다. 한편에서는 데모를 기획, 주최, 선도한 것이 대학생을 중심으로 한 도시 지역 중간층 청년이라는 보고가 있었던 것이 사실이다. 하지만 또 다른 한편으로는 농촌 등 외지에서 돈을 벌러 도시로 온 이주노동자들을 비롯, 도시 중간층에 포함되지 않는 층이 데모에 다수 참가하였고, 특히 폭력을 휘두른 참가자들 중에 이러한 이주노동자가 많았다는 보고 역시 있었다. 또한 이러한 이주노동자들의 움직임이 바로 도시/농촌 간 격차에 대한 불만을 드러내는 것이었으며, 이를 중국의 농촌 폭동과 연속적인 것으로 보는 견해 역시 존재했다.[2]

여기에서는 '중국의 국내적 격차 확대'라고 한마디로 말해 버리기보다는, 도시 내부의 격차와 도시/농촌 간 격차라는 두 종류의 상이한 격차를 인식하는 것이 중요하다. 둘 다가 현재 중국의 중대 현안이기는 하지만 이들은 서로 완전히 다른 성격을 가지고 있기 때문이다. 또한 데모대 속에는 이러한 이질적인 집단들이 섞여 들어가 있었던 것 같다. 양자가 어느 지점에서 연대하고, 어떤 측면에서 이해(利害)를 달리했는지를 설명하려면 격차확대설이 좀더 치밀해져야 한다.

데모 참가자의 삼층 구조

이번 반일 데모에서, 도시 지역의 대규모 집회에는 다음과 같은 점이 공통으로 나타났다. 아침, 특정한 장소에 학생 중심의 단체가 집합하여 데모의 기조가 되는 주의주장을 표명한다. 이 시점에서는 인원이 그다지 많지 않다. 그러나 곧 시내 쪽으로 행진하는 과정에서 구경꾼들이 몰린다. 또한 휴대전화로 연락을 받고 불려나온 흥미 본위의 참가자들 그리고 실업자나 외지에서 이주해 온 노동자들이 합류하면서 그 규모가 눈덩이처럼 불어나 이내 만명 단위의 군중을 이룬다. 이것이 경찰 부대의 진압을 계기로 폭동으로 번지면서 극히 일부의 실업자나 이주노동자를 중심으로 파괴 행위가 나타난다.

데모를 주최한 학생 단체는 데모의 정당성이 떨어질 것을 우려해 일본 요리점을 부수거나 영사관에 돌을 던지는 군중들을 필사적으로 말린다. 한통속으로 보이는 데모대 속에, 폭력 행위가 데모의 정당을 훼손한다는 점을 자각하고 있는 층과 그렇지 않은 층 사이의 단절이 존재한다는 사실은, 앞서 살펴본 격차확대설을 재검토하기 위해서도 매우 중요하게 고려해야 할 점이다. 또한 이러한 데모 자체가 결코 주민들 대다수로 번져나간 것이 아니라, 데모 때에도 도시 대부분 지역에서는 평온한 일상생활을 보내고 있었다는 점을 잊어서는 안 될 것이다.

『추오코론』에 발표한 논문에서 나는 데모 참가자들을 다음과 같이 삼층 구조로 나누어 파악해 보았다.

(1) 학생을 중심으로 한 의식적인 반일운동 참가자

(2) 학생 주도의 데모에 편승하여 반쯤은 즐기는 기분으로 참가한 군중, 즉 중간층 군중(mob)

(3) 마찬가지로 학생들의 데모에 편승하여 자신들의 불만을 폭발시키는 외지인 노동자나 실업자들

나는 이 중에서 가장 다수를 점하고 있는 것이 (2)의 중간층 군중이고, 먼저 과격한 행동으로 치달은 것은 (3)의 농촌에서 돈을 벌려고 온 노동자나 실업자인데, 중간층 군중의 일부가 여기에 동조함으로써 과격한 행동이 확대되었다고 주장했다. 그런데 이는 "결국에는 반쯤은 즐기려는 기분을 가진 사람들이 대다수였다"라는 식으로 받아들여지기 십상이었다.

하지만 그 논문의 핵심 요지는, 그 소요의 배후에 중간층을 둘러싼 문제가 존재하고 있다는 점이었다. 한 가지 색으로 온통 똑같아 보이는 데모대 속에 진지하게 반일을 생각하고 있던 층—이들 일부는 민주화운동이라는 취지 역시 가지고 있었다—과 '건들거리며' 정치운동에 참가한 층이 섞여 있었으니, 이들이 반드시 같은 정치의식을 갖고서 행동했던 것은 아니었다. 이들 두 층을 중간층 내부에 존재하는 차이로서 추출할 수 있는 것이다.

2005년 4월 20일자 『아사히신문』 1면에서는 이들 중 중간층 군중에 해당한다고 볼 수 있는 계층의 반일 기운을 다루었다. 기사에 따르면 이들은 현재 일본의 군사 사정이나 역사 문제에 대해 어설프고 극히 단편적인 지식만을 가지고 있는데, 이는 고등 교육이 대중화되면서 지식층이라 보기 어려운 대학생들이 늘어난 사정을 반영한 것이다. 게다가 이들은 1980년대 중반 이후 명확해진 애국주의적인 교육을 받고 자라난 세대이자 '한 가정 한 자녀 정책'●으로 부모의 사랑을 독차지하며 자란 세대이다.

● **중국의 한 가정 한 자녀 정책** : 중국 정부는 1979년부터 도시 거주 한족(漢族)에 대한 '한 가정 한 자녀 정책'을 엄격하게 실시해 왔다. 이 정책은 극심한 성비 불균형과 신붓감 부족을 배경으로 하는 여성 납치 및 인신매매, 이들 세대의 직간접적 육아 경험 부족, 벌금 회피를 목적으로 하는 엄청난 수의 무호적 아동 '헤이하이즈(黑孩子)' 등의 심각한 사회 문제를 낳았다. 인구 증가율 저하에 따라 중국 정부는 2000년을 전후로 상당수 지방에서 한 자녀 부부에게 아이를 2명까지 낳을 수 있도록 허용했으며, 현재는 (인구가 가장 많은) 허난(河南)성을 제외한 모

또한 이미 많은 중국 젊은이들이 디지털카메라 등 일본 제품에 친숙함을 느끼고 있으며, 많은 이들이 "일본이라고 해서 꼭 싫은 것은 아니다"라고 말하고 있다는 소식도 때때로 들려온다. 데모의 일환으로 나타난 일본 제품 불매운동의 경우에도, 젊은이들이 좋아하는 게임이나 만화는 그 대상에서 빠졌다며 야유하는 논평도 있었다.

이들 보고는 의식적인 반일운동과는 관계없는 중산층 젊은이들 다수가 데모에 참가했다는 것을 말해 준다. 또한 단순히 좁은 의미의 반일 감정 문제뿐만이 아니라 중산층 군중의 배후에 놓인 것이 과연 무엇인지를 질문해 볼 필요성을 제기한다.

이들이 중간층 내부의 문제임에 반해, 중간층에 속하지 않는 사람들이나 돈을 벌기 위해 농촌에서 도시로 온 이주노동자들의 불만이 문제가 되는 것이 바로 세 번째 층이다. 이는 제1층(명확한 정치의식)과도, 제2층(정치와는 다른 논리와 정념)과도 다른 성격을 갖는다. 자신이 고도성장의 배당을 나눠 받지 못했다는, 이른바 고전적인 불만이 문제인 것이다.

든 지역에서 부부가 모두 외동 자녀일 경우 두 자녀를 낳을 수 있게 되었다. 현재 중국에 한 자녀 가정은 35.9퍼센트라고 한다. 참고로, 이 시기에 독자나 독녀로 태어나 '샤오황띠(小皇帝)', '샤오공주(小公主)'로 불리면서 귀하게 자란 이들은 2035년까지 중국 도시 인구의 약 70퍼센트를 차지할 전망이다. 「중국 1자녀 정책 유명무실… 두 자녀 허용 등 예외 많아」, 『세계일보』 인터넷 판 2007년 7월 12일자 ; 「無호적아동 정상 활동 못하는 '골칫거리'」, 『매일경제』 인터넷 판 2001년 12월 5일자 ; 「中 부부들 "육아법 몰라요"」, 『한국일보』 인터넷 판 2006년 5월 15일자 등 참고.

중국 중간층의 의미 : 전후 일본과의 차이

일본에서도 반일 데모가 크게 보도되고 있던 와중에 후쿠다 가즈야(福田和也)는 시사지 『슈칸신조(週間新潮)』 2005년 4월 28일호에 「사이비 시장주의가 초래한 '애국무죄(愛國無罪)'」라는 논평을 발표했다. 그에 따르면 이번 데모는 일본 측의 역사 인식이나 외교 자세와 관계가 없고, 그 원인은 단지 '중국 공산당이 시장주의 경제하에서 일당독재를 계속하고 있다는 근본적인 모순'이다. 즉 "사회주의 이념을 방기했음에도 공산당이 권력을 계속 쥐고 있을 뿐만 아니라 모든 정치적 권리나 언론의 자유, 국내 이동의 자유 등을 계속 억압하고 있는 데 대한 정당성은 대체 어디서 찾을 수 있는가?"라는 물음이 불거지자, 이에 대한 반론으로서 공산당은 항일의 역사나 강대국의 지도 책임을 강조하는 식으로 자국의 내셔널리즘을 이용하고 있다. 반일 교육의 배경에는 이러한 사정이 있는 것이다.

그러나 내셔널리즘의 이용은 리스크가 크다. 이번 사건은 그 위험성을 드러낸 것으로서, 후쿠다는 "해를 거듭한 사상적 기만이 이제 공산당의 통치 능력을 침식하고 있다"고 지적한다.[3] 그 단적인 증거는 공산당이 여론에 대한 통제력을 점차 잃어가고 있다는 점이다. 공산당에 대한 반발 여론의 배후에는 중국의 시장경제 확대 과정이 심한 일그러짐을 동반한 것이었다는 사정이 놓여 있다.

후쿠다는 이러한 중국의 고도성장을 일본과 비교하면서, 일본은 일억총중류사회를 실현했지만 중국의 고도성장은 빈부와 지역의 격차를 확대시킬 뿐이니 "이를 과연 고도성장이라고 할 수 있을 것인가?"[4]라고 묻고 있다. 중국에서는 농촌 폭동과 반일 데모가 일체화할 수 있는 가능성이 존재하고, 당국 역시 이를 가장 두려워하고 있다. 여기서 알 수 있듯이 이러한 사정은 순전히 중국의 국내 문제이기 때문에 여기에 일본 측이 어떻게 대처한다는 것은 불가능하다는 것이 후쿠다의 주장이다.

나는 이번 사건에서 중국의 국내 사정을 눈여겨보아야 한다는 점에서 후쿠다와 동일한 문제의식을 공유하고 있다. 하지만 중국과 일본의 고도성장을 비교하는 지점에서는 완전히 의견을 달리한다.

일본의 고도성장이란 기업 고용이 대중을 감싸 안는 형태로 두터운 중간층을 형성하기 위한 것이었고, 이는 초중간층화, 탈공업화 단계에서는 극히 합리적이었다. 하지만 그러한 식의 성공에 대한 강한 집착이 오늘날 사회유동화에 대한 인식을 그르쳤기에 오히려 그 성공이 질곡(桎梏)으로 변하고 있다. 나는 이러한 사실을 제1장에서 지적한 바 있다.

이에 반해 중국의 고도성장은 일본보다 수십 년 늦게 진행된 것으로서 이때는 이미 사회유동화가 하나의 불가피한 동향이라는 사실이 누구에게나 명백해졌다. 중국 중간층의 본격적 확대는 그 이후의 일이다. 일본과 같은 신중간대중화는 불가능하거나 불합리하다는 점을 이미 전제로 하고 진행되고 있는 것이다.

오히려 최근 중국이 취하고 있는 개발 정책은 지난날의 일본을 반면교사로 삼은 것이라 할 수 있다. 중국은 견고한 조직으로 국민을 둘러싸는 것이 아니라 반강제적으로 이를 파괴하고, 위로부터 기업가 정신을 국민에게 심어주는 식의 경제 개발을 추진하고 있기 때문이다. 이는 분명 문제가 있는 방법이기는 하다. 하지만 이에 대해, 오늘날 그 부작용이 명백하게 드러나 버린 일본 모델의 우위성을 주장하는 후쿠다의 논법에는 동의하기 어렵다.

후쿠다의 논의에서 불편함이 느껴지는 부분이 또 하나 있다. 농촌 문제 및 지역 격차의 문제와, 이번 데모 참가자의 다수를 차지하고 있는 도시민 내부의 격차를 '격차 확대'라는 한마디로 동일시하고 있는 점이다. 이 두 종류의 불만은 완전히 이질적인 정념이다.

내가 보기에는 농민들이 느끼고 있는 것은 총중간층화의 단계에서 '점차 확대되고 있는 중간층 속에 자신이 끼지 못한다는' 불만, 즉 고전적인 종류의 빈곤에 대한 불만에 지나지 않는다. 이에 반해 도시민 다수가 느끼고 있는 것은 사회유동화의 단계에서 나타나는 '예전에 존재하던 견고한 조직이 붕괴되고 내가 어떻게 될지 알 수 없다'는 불안감이다.

구미 모델에서 이와 같은 두 가지 정념은, 그 사이에 수십 년을 두고 전혀 다른 시대에서, 그러나 같은 집단 속에서 나타나는 것이었다. 이들이 현재 중국에서 동시대적으로 나란히 나타나고 있다고 한다면, 이는 중국 사회가 중산층이 확대되는 단계와 일단 생겨난 중산층이 상하로 분해되는 두 가지 단계의 진행을 동시에 겪고 있다는 사실을 말해 준다. 각 단계에 대응하는 서로 다른 종류의 정념이 동시에 퇴적되고 있는 것이다.

구체적인 운동으로 이어지는 반일 감정이 이러한 정념과 관련되어 있다고 볼 때, 우리가 되돌아보아야 하는 것은 반일 감정의 역사가 아니라 중국에서 중산층의 형성 과정이리라. 즉 내 식으로 말해 보자면, 이는 곧 총중간층화에서 사회유동화로 가는 변화 과정이다. 이제부터는 이러한 관심의 범위 안에서 역사적인 경위를 간단히 짚어보고자 한다.

2. 문화대혁명에서 개혁 개방으로

사회주의와 '빈곤의 평등'

중화인민공화국에서는 공업화라는 전기 근대의 목표가 사회주의, 그중에서도 마오쩌둥주의(毛澤東主義)라는 붉은 깃발 아래 이루어졌다. 그 결과 건국 후의 중국 사회는 경제적인 격차가 극히 작은, 그러나 전체적으로는 극히 빈곤한 '빈곤의 평등' 상태였다.

이 시기에 식량을 비롯한 대부분의 생활필수품은 국가의 배급제에 의존했고, 물품뿐만 아니라 직업이나 거주지 역시 자동적으로 정부가 배정해 주었다. 사람들에게 직업 선택의 자유가 없었던 대신 실질적으로는 어떨지 몰라도 일단 사회 통념으로 볼 때 실업이란 있을 수 없었다. 각종 배급은 모두 직장 집단과 근린(近隣) 집단을 겸한 '단위(單位)'라 불리는 집단을 통해 이루어졌다. 생활에 필요한 물품과 사회관계 전부가 이 단위를 통한 배분에 의해 운영되었다. 중국 사회학자 리창(李强)은 이러한 중국의 계획경제제도를 다음과 같이 요약한다.

> 중국의 도시 취업자 대부분의 주택은 단위(單位)가 제공한 것이다. 단위의
> 주거 또한 지리적으로 보면 상대적으로 집중되어 있으므로 단위 성원들은 쉽
> 게 긴밀한 집단을 형성한다. 게다가 단위는 일손에게 임금을 나누어 줄 뿐만
> 아니라 의료, 건강 등의 보험 서비스, 비교적 커다란 조직의 경우에는 식당
> 및 상업 서비스 그리고 자녀 교육까지 제공하고 있다. 이와 같이 개인의 사회
> 적 지위 여하까지도 항상 그들이 속한 단위의 지위와 관련되어 있는 것이다.[5]

개혁 개방 이전의 '단위사회'로서 중국 사회는 '철밥통'〔톄판완, 鐵飯碗〕이
라 일컬어졌다. 밥을 먹기 위한 밥그릇을 일단 받고 나면, 그것은 철밥통이
라 결코 깨지지 않는다는 것이다. 곧 완전한 종신고용이자 해고나 전직이 거
의 없는 상황이었음을 뜻한다. 다시 리창의 말을 인용하자면 다음과 같다.

> 개인이 일단 어떤 단위에든 취직하게 되면 보통 해고당하는 일은 없었고 더
> 욱이 단위 간의 이동도 극히 드물었다. 고로 개인이 생애에 걸쳐 하나의 단위
> 에 계속 취직해 있는 것은 비교적 일반적인 현상이었다. 이렇게 단위는 개인
> 종신(終身) 활동의 가장 중요한 장(場)으로서 양자의 관계는 매우 밀접한 것
> 이다.[6]

이 시기 기업이라고 하면 물론 거의 국영 기업으로서, '오성홍기〔五星紅旗
型 : 중국 국기. 붉은 바탕은 혁명, 큰 별은 중국 공산당, 작은 네 별들은 각각 노동자,

농민, 지식 계급, 애국적 자본가를 상징함]형' 기업이라고도 불렸다. 실적이 낮더라도 해고당할 일이 없는 대신 아무리 실적이 높아도 임금 상승이 없으며, 국가의 공업화 추진이라는 명목 아래 전체적 임금 수준이 극히 낮게 억제되어 있었다. 즉 저임금, 저소비, 완전 고용이 당시의 기본 원칙이었던 것이다.

한편 건국 후 중국 대부분의 지역은 아직 명백한 농촌사회였다. 농촌에서는 혁명 직후의 토지개혁을 거쳐 집단 경영화가 이루어졌는데, 당시 중국 공산당은 '자력갱생(自力更生)'이라는 기치 아래 모든 발전의 자금 축적을 국내적 폐쇄 체계의 내부에서만 행하기로 기획하고 있었다. 국내에서 자금을 모으기 위해서는, 국가가 농민으로부터 농산물을 상대적으로 싼 값에 사들이고 상대적으로 높은 가격의 공업 제품을 판다는 원시적인 방법—경제학에서 말하는 쉐레(Schere) 정책●—에 의지할 수밖에 없었다. 농업집단화는 이 정책을 철저화하기 위한 것이었으나 이 방법대로라면 농민이 아무리 농업 생산을 증대시켜도 이익을 낼 수 없기 때문에 일할 의욕이 감퇴되어 갔다.[7]

공산당 정부는 이렇게 농민과 노동자 모두에게 부담을 지우는 식으로 계획경제 공업 발전 전략을 취했으니 그 정점이 바로 중공업 발전의 기치를 내건 제2차 5개년계획(1956~1962년)의 대약진(大躍進)운동이었다. 이 정책은 사람들이 필요로 하는 소비재를 경시한 채 희소한 자원을 군수 생산과 생산재 생산 부분에 우선적으로 배분하는 동시에 극히 비효율적인 국영 기업에만 자본을 누적시키는 결과를 낳았을 뿐이었다.[8] 이 밖의 다른 몇몇 실패가

● 쉐레 정책 혹은 협상(鋏狀)가격차 정책 : 'Schere'는 '가위'를 뜻하는 독일어로서 독점적/비독점적 산업, 특히 공산품과 농산물 간의 가격지수가 교차한 다음 가위 형태로 점차 벌어지는 현상을 말한다.

겹치면서 대약진운동은 이천만 명에 가까운 기아자를 발생시키는 등 중국 경제의 빈궁을 가져왔다고 알려져 있다.

우선 이상의 과정은, 종전(해방)·건국 직후의 단계로부터 사회주의의 기치 아래 대다수 인구를 견고한 관료제 조직 속으로 흡수하는 상태로 한꺼번에 이행했음을 의미한다. 그 상징이 단위─그리고 농촌의 인민공사(人民公社)─였다. 1979년 개혁·개방 노선이 분명해지고 이 정책이 사회에 구체화되기까지 중국은 계속 단위사회였던 것이다.

후쿠다 가즈야가 지적한 것 같은, 인구의 대다수를 견고한 조직으로 흡수해 들이는 형태의 신중간대중화가 일어난다고 한다면 중국에서는 먼저 철밥통을 떠올리게 되는데, 이는 이미 향수어린 대상조차 되질 못하고 있다. 사회주의라는 요인 때문에 중국에서 역사적 추이는 일본과 반대 방향을 취하고 있기 때문이다.

문화대혁명과 공산당의 전환

평등주의라는 건국 이래의 이념은, 1966년부터 1976년에 걸친 문화대혁명(문혁)에 의해 극단적인 동요를 보인다. 이에 관해서는 이미 많은 저서가 나와 있으므로 여기서는 서장에서 설명한 사회유동화에 이르는 과정이라는 측면을 염두에 두면서 그 경위만을 간단히 그려 보고자 한다.

'대약진'의 실패로 마오쩌둥의 위신은 크게 떨어졌다. 높아가는 국내의 비판에 대해 마오는 '계급투쟁의 적'이라는 딱지를 붙임으로써 자신의 지도

권을 유지해 나가려 했다. 공산당 내부에서는 마오주의 원리를 중시하면서 대약진운동 방식에 의한 국내 건설을 외치는 공산당 주류파 마오쩌둥, 린뱌오(林彪)와, 그 실패를 인정하고 경제 조정 정책의 필요성을 호소하는 경제 근대화 노선의 비주류파 류사오치(劉少奇), 덩샤오핑(鄧小平) 사이에 권력투쟁이 벌어지고 있었는데,[9] 주류파가 계급투쟁이라는 슬로건 아래 젊은이들을 중심으로 하는 광범한 대중 동원에 성공했다.

극단적인 계급투쟁 사관과 평등주의 그리고 반지식인이라는 이데올로기를 가진, 홍위병(紅衛兵)이라 불리던 젊은이들은 당의 비주류파와 경제 근대화 노선을 총공격했다. 동시에 사회 일반에서 조금이라도 자본가 혹은 우파 성향을 보이는 사람들을 철저히 규탄하면서 그 재산을 폭력적으로 몰수하였다. 이러한 경향이 단계적으로 강화되면서 학교와 기업은 말할 것도 없고 사회 활동 전체가 멈춰버릴 정도의 무정부적인 소요 상태가 광대한 중국 국토 전체에 걸쳐 나타났다. 이것이 바로 문화대혁명이었다.

1940년대 후반에서 1950년대 전반에 태어난 당시의 십대들 거의 대부분이 어떤 형태로든 홍위병운동과 관련될 수밖에 없었다. 학교 폐쇄로 인해 학업을 중단해야 했던 이들은 충분한 교육을 받지 못했다. 그때까지는 학교 체계에 바탕한 직업 분배가 이루어지고 있었으나 이러한 체계 자체가 사라져버리게 된 것이다. 그렇지 않아도 상황이 어렵던 차에 이런 소요의 영향까지 겹친 상태에서 각종 공장과 기업의 고용 흡수 능력은 거의 전무(全無)에 가까웠다.

이리하여 진학—대학입시도 일시 정지 상태—도 취직도 하지 못한 방대한 수의 홍위병들이 넘쳐나면서 특히 도시로 흘러들기 시작했다. 이러한 사태에 대해 마오쩌둥은 1968년부터 '하방(下放)', 즉 이러한 젊은이들을 강제적으로 지방, 변경 지대에 이주시키는 정책을 개시한다. 그 이론적 근거가 된 것 역시 도시/농촌 간 격차를 없앤다는 마오의 평등주의였다. 그러나 실질적으로는 자신이 시작한 대중 동원이 예상 밖의 성공을 거두게 되면서 오히려 처지가 곤란해지자, 결국 이들을 '내던져 버렸다'는 측면이 없다고 할 수 없다. 이 시기 홍위병운동이라는 좁은 뜻의 문화대혁명은 이미 그 끝을 드러냈다.

이후 몇 년 동안 1,623만 명의 중고교생이 농촌으로 보내졌다.[10] 이들은 익숙지 않은 농촌 생활에서 괴로움을 강요당했으나, 그중 대다수는 문화대혁명 종료 직후 나타난 미친 듯한 인구 이동의 러시 가운데 다시 도시로 귀환하는 데 성공한다. 그러나 현지에서 결혼을 하는 등 농촌에 남은 사람들 역시 적지 않았다. 귀환에 성공했든 농촌에 남았든 이 세대의 일부는 그간 심취해 있던 마오쩌둥에게 배신당하고 고난을 강요당했다는 의식을 지니게 되었다. 결국 이들로부터 1989년의 제2차 천안문사건 때 그 정점에 달하는 중국 반체제파가 나오게 된다.

홍위병을 변경으로 쫓아 보낸 후의 문화대혁명은 공산당 내부의 단순한 권력 교체극으로 변해 갔다. 먼저 문혁파가 내부 분열을 보였고, 린뱌오의 추락사를 거치면서 마오쩌둥의 부인 장칭(江靑)을 중심으로 하는 사인방(四人幇)이 문혁파의 실권을 쥐었다. 이들은 덩샤오핑을 중심으로 하는 경제 근대화파를 '주자파(走資派 : 자본주의의 앞잡이)'라 부르며 격렬히 비난했다.

이후 복잡하게 뒤얽힌 당내 투쟁은 결과적으로 한때 실각을 거쳐 복귀한 덩샤오핑과 화궈펑(華國鋒)에 의한 경제 근대화 노선의 승리로 끝났다. 문혁의 종언이 정식으로 선언되고 장칭 등 사인방의 문혁 노선 그룹에게는 사형을 비롯한 엄중한 처벌이 내려졌다.

이때 마오주의를 직접적으로 계승해 온 그때까지의 공산당과, 그 노선에 대립해 온 덩샤오핑을 중심으로 하는 신노선의 사이에는 같은 공산당이라고 할지라도 커다란 단절이 놓여 있었다. 실질적인 지도층의 총체적 교체가 있었던 것이다. 그런데도 중국에서 건국의 아버지인 마오쩌둥 그 자체를 부정하는 것은 불가능했다. '간판'으로서 마오쩌둥이 그대로 남아 있는 모습은 외국 사람들로 하여금 마치 중국 공산당이 그간 강권적인 반석(磐石)으로서 그 견고한 독재 체제를 계속 유지해 온 것 같은 착오를 불러일으켰다.

일반적으로 문혁의 과정에서 천만 명 이상이 사망했다고 한다. 그 후 문혁은 중국 근대사 최대의 터부가 되어 오랫동안 국내적 논평, 분석, 비판이 일체 금지되어 왔다. 현재는 이것이 모두 해금되었지만, 아직까지도 이 일에 대해 일부러 나서서 발언하려는 사람은 별로 없는 것이 현실이다.

공산당의 주도권을 쥔 경제 근대화 및 개혁 노선은, 화궈펑이 주석을 맡은 초기에는 그 실패가 두드러졌다. 하지만 명실상부한 덩샤오핑 체제가 된 1980년 전후에 이르러서는 고도성장 경향이 명확해지면서 이른바 경제적 '도약(take-off)'에 성공한다. 1989년 제2차 천안문사건으로 둔화되기까지 처음에는 농업 근대화, 다음에는 공업화를 견인하는 식으로 성장이 계속되었다.[11]

1980년대야말로 중국 고도성장의 시작이라고 말할 수 있으리라. 이 시기에는 많은 국민들이 빈곤에서 벗어났고 텔레비전, 냉장고, 세탁기 등 전자제품이 국민들 사이에 널리 보급되었다. 특히 도시민은 해마다 생활이 변화해

간다는 것을 크게 실감할 수 있었다. 그리고 당시 중국 공산당은 이미, 마오주의의 원리에 충실하던 시절의 고전적인 사회주의 정권이라기보다는 다른 자본주의 국가들과 비교 가능한 개발주의 개념의 범주에 들어가는 정부로 변모해 있었다고 보는 것이 타당하지 않을까 한다.

중국의 성공적인 도약의 배경에는 경제특구 설치를 비롯한 적극적인 외자 도입의 개방 정책과 수출 지향적 공업화가 있었다. 자력갱생을 일찌감치 포기하고 당시에 이미 고도성장에 들어서 있던 한국과 대만, 아시아 NIES (Newly Industrializing Economies, 신흥공업경제지역)의 뒤를 좇듯이 "중국 역시 30년간의 우여곡절을 거쳐 이 길로 들어서게 된 것이다."[12]

한편 공산당 일당 체제에서는 분명 보통선거가 없고 언론의 자유가 제한되는 등 민주주의에 대한 커다란 제한이 가해져 있었으니, 이러한 경제 발전과 민주주의 사이의 알력은 박정희 정권기의 한국과 닮아 있다. 즉 발전을 실현하려 한 점을 고려할 때 공산당이 완전히 잘못했다고 잘라 말하기는 어렵다는, '판단이 쉽지 않은' 양의성이 중국의 경우에도 존재한다.

다이예 청년과 상업 매매의 발생

이 책의 관점에서 보자면 이러한 공산당 내부에서 나타난 복잡다단한 전환 혹은 역사 인식에의 영향 문제뿐만이 아니라 그 과정에서 생겨난 사회 일반의 동향 역시 흥미롭다.

문화대혁명 기간 동안 중국 사회는 극히 혼란한 상태였다. 학교의 봉쇄 등으로 인해 이 시기에 학생 혹은 유년 시대를 보낸 사람들의 교육 사정은 그리 좋지 않았다. 혹 그 후에 수공업적인 기술을 습득했다 하더라도 오늘날에는 큰 쓸모가 없는 경우가 많다. 따라서 안타깝게도 이 '문혁 세대(文革世代)'는 그다지 우수하지 않은 인적 자원으로 남아 있다. 현재까지도 진행 중인 국유 기업 개혁에서 레이오프[ray-off : 불황에 의한 일시적 해고, 일시귀휴제(歸休制)]의 결과, 실업자로서 밀려나는 인구 역시 대략 현재 40대 후반에서 50대 전반에 해당하는 문혁 세대이다.

일반적으로도 문혁 세대는 "기술도, 교양도, 노력하려는 의지도 없다", "하지만 문혁이라는 시대의 산물이니까 별 수 없다"는 식의 평가를 받는 것 같다. 그러나 이 세대는 건국과 사회주의개혁 이래 거의 최초로 스스로 상업을 시작한 세대, 이른바 공산주의 중국에 처음으로 등장한 '기업가' 층을 낳은 세대이기도 하다. 그렇지 않아도 일자리가 부족하던 당시, 하방에서 돌아온 귀환자들이 대량으로 유입된 도시 지역에서는 미증유의 청년 실업자 무리가 출현했다. 정치적 의제로서도 이러한 '다이예(待業) 청년' ―[취업을 기다리는 청년이라는 뜻으로] 사회주의에서 실업은 존재하지 않는다는 표면상 명분 때문에 이렇게 불렸다― 을 어떻게 하면 좋을지가 중대 문제로 떠올랐다. 이들은 제4장 2절에서 언급한, 할당된 단위로부터 떨어져 나올 수밖에 없었던 세대인 것이다.

중화인민공화국의 건설과 그 이후의 사회주의적 개조 속에서 상인이라는 존재는 부정되어 왔다. 상인은 규탄의 대상인 주자파이기 때문이다. 하지만 그러던 것이 돌연 실업 대책으로 각광을 받기에 이르렀다.

북경시에서는 1955년 59,625곳이던 상업 서비스 부문의 상점 수가 1980년대에는 12,769까지 줄어들었다. 상해에서도 1950년대 초반에는 15만 내지 20만 명이나 존재하던 개인 경영자의 수가 1978년에는 7,800명으로 격감했다. 급증하는 청년 실업자에 대한 대응책으로 지금 다시 상업의 복권을 부르짖고 있다. 노점상에서 재봉틀 한 대로 장사를 시작하는 상점을 비롯해 신발 가게, 자동차 수리, 시계 수리, 두부집 등 '개체 노동자(個體勞動者)'들을 재평가하게 되었고 개인 상점의 설립이 장려되고 있다.[13]

물론 이는 '상업이 시작되어 다행'이라고 할 만한 것이 아니라 '구래의 견고한 조직으로부터 떨어져 나왔다'는 일종의 절망감을 동반하는 것이었다. 일설에 따르면 2~3천만 명에 이른다는 다이예 청년들의 모습을, 당시 중국에 체류하고 있던 니시쿠라 가즈요시(西倉一喜)는 이렇게 적고 있다. 당시 영세자영업 계층의 진흥을 위해 차관(茶館, 커피점)이 여럿 나타났는데 그곳이 다이예 청년들의 집합소가 되고 있다는 것이었다.

무기력하고 아무 일에도 무관심한 그들의 표정에는 문혁 시대의 이른바 '눈을 빛내며 중국의 미래를 이야기하던 젊은이들'의 흔적은 조금도 찾아볼 수가 없다.

"사회주의 국가에 실업자는 존재할 수가 없으니까 실업보험이 없지. 서른 살이 되어서도 아직 부모에게 기대어 지내는 나한테 여자친구가 생길 리가 없잖아"라며 한 다이예 젊은이가 도수 높은 합성주(合成酒)를 들이키며 시름을 달랜다.[14]

니시쿠라는 한 다이예 청년과 친해져서 그의 집에 초대를 받았는데, 그의 아버지는 해방 전부터 목수 일을 해오다가 지금은 은퇴하여 연금을 받아 생활하고 있었다. 아버지는 혁명과 해방을 회상하며, 외국인에게 참혹한 취급을 당하지 않아도 되고 굶어죽지도 않게 되었다며 이를 긍정한다. 그러나 자식은 동의하지 못하겠다는 표정을 보이다가 부모가 침실로 모습을 감춘 후에야 술술 말하기 시작했다.

> 이젠 부모님이랑 얘기할 생각도 없다. 우리처럼 해방 후에 태어난 사람들은 지금을 해방 이전과 비교하는 말을 들어도 감이 딱 안 온다. 제대로 하라고들 그러지만 최근 공산당이 다시 시작한 '레이펑(雷鋒 : 모범적인 해방군 병사의 실제 이름) 동지에게 배우자●라는 건지 뭔지 모르겠다. 신중국이 성립된 지 삼십 몇 년이 지났어도 중국이 외국이랑 비교해서 이렇게 참담한 상태라는 건 '메이요 토우나오'(沒有頭腦 : 독립 지향이 불가능함을 비아냥거리는 표현)인 레이펑 식의 인간이 너무 많아서다. 이젠 아버지 시대와는 다른 거다.[15]

● **레이펑 학습운동** : 대약진운동의 실패와 대기근 등으로 체제의 위기에 몰린 1960년대 초 마오쩌둥의 추종자들은, 1962년부터 인민해방군 '레이펑(雷鋒) 학습운동'을 대대적으로 전개한다. 마오쩌둥의 열렬한 숭배자였던 22세 청년 레이펑은 근검절약을 실천하며 저축을 털어 빈곤층에 나눠주었으며, 복무 도중 사고로 죽을 때 "영원히 녹슬지 않는 국가의 나사못이 되겠다"는 선서를 남겼다고 한다. 마오쩌둥과 덩샤오핑, 장쩌민 주석 등이 잇따라 '레이펑 학습'을 강조하면서 레이펑은 애국·노동·단결·우애·협조 등을 상징하는 민족의 영웅이 되었다. 그의 일기는 2천여 만 부가 팔린 스테디셀러이며, 아직까지 신문지상에 그의 이야기가 오르내리고 있다. 또한 관련 영화의 등장이 화제가 되는 등 1990년대까지도 대중적 유명세가 수그러들지 않고 있다. 그러나 최근 들어, 응답자의 과반수가 레이펑 학습을 잘 모르고 있다는 중국 내 언론의 조사 결과가 보도된 바 있다(『연합뉴스』 2007년 3월 6일자). 레이펑에 관해서는, 비교역사문화연구소 엮음, 『대중독재의 영웅 만들기』(휴머니스트, 2005) 중 1부 2절 「레이펑, 길확실─마오쩌둥, 김일성 체제가 만들어 낸 영웅들」참고.

이 시기에 노점을 시작해 현재 거대한 외식 체인으로 성장했다든가, 자전거를 사용해 간단한 짐을 나르며 돈을 벌던 사람이 후에 트럭을 구입하게 되고 이를 운송회사로 발전시켰다는 식의 예는 수없이 많다. 이른바 그때까지의 사회주의 체제에 대한 반동으로, 그것이 좋은 것이든 나쁜 것이든 간에, 기업가적 정신을 지닌 젊은이들이 나타났다.

당시 자주 들을 수 있었던 표어 중에는 다음과 같은 것이 있다. "가지도 오이도 모두 '빨강', 개인 상점은 '가장 혁명적', 투기나 공매매〔空賣買 : 실물 수수 없는 공거래, 차금매매(差金賣買)〕는 합법, 이런 걸 하는 이는 '영웅'."[16]

3. 국유 기업 개혁과 개인화의 진행

역전되는 종래의 사회보장제도

이때까지 사회주의 중국에서 이러한 거티후(個體戶, 개인 경영자)의 장사에는 항상 '주자파'라는 딱지가 붙었다. 그러나 이들 중에는 국영 기업이나 단위에 들어가지 못했기 때문에 개인적으로 상공업을 시작하는 것 말고는 다른 선택의 여지가 없었던 다이예 청년들이 다수 포함되어 있었다.

한편 이때 좁은 관문을 뚫고 가까스로 국영 기업이라는 기존의 사회보장제도 안에 들어갔던 사람들은 현재 레이오프 대상자, 즉 기술과 교육의 결여 때문에 재취업마저 곤란한 '짐짝 인구'가 되어 버렸다는 아이러니가 존재한다. 농촌에서 도시로 유입된 사람들 다음으로 실업이 가장 심각한 것이 바로 이들 계층이다.

이는 무엇을 뜻하는가? 다이예 청년들 가운데 종래의 관료제적 계서 조직에서 비교적 상층부 가까이와 연줄을 가졌던 이들은 국영 기업에 들어갈 수 있었다. 반면 종래 하층으로 여겨졌던 사람들이 오랜 기간 멸시의 대상이었던 개인 상공업자 '거티후'가 되었다.

이를 잘 보여주는 것이, 시장경제가 시작된 지 얼마 되지 않은 1980년대 육체노동자들이 지적(知的) 업무에 종사하는 사무직 노동자들보다 높은 임금을 받고 있었다는 사실이다. 화이트칼라가 육체노동자보다 임금이 높은 것이 보통이므로 이러한 사실은 일종의 임금상 역전이 널리 나타나고 있었음을 말해 준다. 1990년대에 사무직 노동자의 임금이 육체노동자의 임금을 다시 제치는 재역전이 일어나면서 통상적인 상태로 돌아가기는 했지만, 초기에 역전 현상이 나타났던 원인은 무엇인지 생각해 볼 필요가 있다. 앞서 인용한 리창을 다시 참조하면 다음과 같다.

1980년대 몇몇 조사에 따르면 당시에는, 이들 '도시에서 자영(自營), 사영(私營) 공장층'을 구성하는 집단의 대다수는 퇴직자, 도시의 유한자, 취직 대기 중인 다이예 청년, 도시로 들어온 농민 등이었다. 심한 경우 일부에서는 형사 범죄로 형을 살고 석방된 후 적당한 일자리를 얻지 못해 상공업에 종사하게 된 사람들도 있었다. 따라서 이 계층은 애초에 자질이 낮은 집단으로 구성되어 있었다. 당시 도시에서 사회 신분과 자질에 따른 지위가 비교적 높은 집단은 주로 국영 기업, 사업 단위와 정부 기관에서 일하고 있었고, 이들 단위(單位)에서는 안정적인 임금 수입, 노동보전(勞動保全) 복리후생, 공공 의료 및 주거, 퇴직금의 혜택이 일반적이었다. 때문에 이를 이탈하여 자영 또는 사영 상공업자로 변모하는 사람들의 비율이 낮았던 것이다.[17]

요컨대 종래의 사회보장제도에 기댈 수 있었던 층이 일부러 위험을 무릅쓰고 시장경제화의 파도 속으로 뛰어들 필요가 없다고 여겼던 반면, 여기에 뛰어든 것은, 리창의 표현으로 하자면 '주변 집단'이자 사회적인 신분이 낮은 사람들이었다.

그러나 국영 기업, 정부 부문에 붙어 있는 것보다 시장경제에서 일해야 더 많은 급료를 기대할 수 있다는 사실이 점차 명백해지면서, 사회적으로 신분이 높은 사람들도 종래의 사회 보장을 포기하고 속속 시장 경쟁에 참여하기에 이른다. 이를 중국에는 '샤하이'〔下海 : 공직 대신 기업으로 전직(轉職)하거나 직접 장사에 나섬〕라고 부르는데, 모든 업종에서 이러한 현상이 급속히 나타났다. "제도의 변천이 일정 정도 달해 새로운 체제가 낳는 이익이 명확해지고 낡은 체제는 점점 유지하기 어려워졌을 때 비로소 과거의 사회 중심 집단은 점차 새로운 체제로 들어오게 된다."[18]

시장경제화가 막 시작된 시기에는 모든 상업에서 경쟁 상대가 아직 적었기 때문에 그만큼 큰 '비즈니스 찬스'가 널려 있었다. 이는 좀더 시간이 지난 뒤인 국유 기업의 개혁기 때도 마찬가지였다. 물론 실패하는 사람이 다수였지만 오히려 현재에 이르러서는, 이들은 '좋은 시대를 타고 난 세대'로서 그 아랫세대로부터 부러움의 대상이 될 정도이다. 내가 아는 어떤 이는 이렇게 말한다. "중국에선 10년 전까지만 하더라도 국유 기업에 들어가기만 하면 평생 무사태평이라고 생각했다. 자기 장사를 시작한 것은 아무래도 무법자에 가까운 사람들이었다. 하지만 국유 기업은 전부 개혁의 대상이 되었고 지금 돈을 가지고 있는 것은 그때 장사를 시작한 30대 후반의 사람들이다. 하지만 그렇다고 해서 지금부터 장사를 시작해 보려 한들 새로 진입할 수 있는 분야가 점점 없어지고 있을 뿐이다."

국유 기업 개혁과 산업 구조의 변동

여기서 한 가지 명확한 것은, 경제 근대화와 개혁 노선으로 다시 태어난 공산당 정권이 추진했던 것은 위로부터의 시장경제화로서, 이 책의 표현으로 말하자면 위로부터의 사회유동화와 개인화의 도입이라는 사실이다.

1983년 만들어진 〈다리 아래서〉●라는 영화가 있다. 오늘날에도 어느 정도 그럴지 모르겠지만 당시에는 문예·문화 작품에 대한 검열이 훨씬 엄격했던 탓에 당의 의향에 반하는 작품을 발표할 수가 없었다. 이러한 의미에서 이 영화 역시 정치적 선전을 목적으로 하는 프로파간다의 요소가 강하다고 할 수 있다.

영화는 하방 생활을 하다가 도시로 돌아와서 다이예 청년이 된 두 사람, 즉 길가에 재봉틀을 놓고 옷 수선을 시작한 (하방 중 불행한 사건을 겪은 과거를 가진) 여자와 자전거 수리점을 연 남자 사이의 연애를 그리고 있다. 연애 이야기는 영화로 돌리자. 여기서 중요하게 보아야 할 것은 다음과 같다. 즉 부모나 주변 사람들이 모두 "거티후라니, 안정적이지 못하다"라고 충고하는데도 두 청년은 "직업엔 귀천이 없어", "난 이 장사로 살아나갈 거야"라고 강력하게 주장하는데, 영화가 명백히 이 청년들의 주장에서 밝은 미래를 읽을 수

● 〈다리 아래서(大橋下面)〉, 감독 바이 첸(白沈, Bai Chen), 1983년, 117분, 35mm.

232

있도록 이야기를 풀어나가고 있다는 사실이 중요하다.

"될 수 있으면 국영 기업에 들어가라"는 어머니의 말에, 자식은 "세상은 변한다구요. 사인방이 타도되었을 때도 전부 변했잖아요"라며 반박한다. 이 영화에서 읽을 수 있는 메시지는 "문화대혁명은 사인방 탓에 일어난 혼란이었지 현 정권의 책임은 아니다. 그리고 국영 기업은 더 이상 국민 모두를 지켜 줄 수 없기 때문에, 이젠 자조와 자립정신이 필요하다"는 것이다. 연애 영화의 형식을 빌리고 있는 이 영화는 실질적으로는, 이와 같은 국민들을 향한 공산당의 메시지를 전하고 있는 듯하다.

앞서 말했듯 국영 기업을 중심으로 하는 경제 개발은 사람들에게 부담을 강제하기 위한 '저소비'이자 경쟁이 없는 '저효율'이었다. 개혁 개방이란 대외적으로는 외자를 받아들이는 것이자 대내적으로는 사람들의 '고소비'와 '고효율'을 연동시키는 시스템을 구축하는 일이다. 이 과정은 대외적인 변화뿐 아니라 국내적 '소비 혁명'이기도 하다.[19]

그리고 주룽지(朱鎔基)를 중심으로 1997년부터 명확해진 국유 기업 개혁은 문혁이 끝난 후에도 실낱같이 남아 있던 사회주의에 대한 신뢰와 기존 사회보장제를 명목상으로도 소멸시켰다. 이로써 국영 기업의 대규모 구조조정으로 인해 과거의 일자리로부터 내몰린 '샤강'〔下崗, 정리해고〕 노동자가 대량으로 쏟아져 나왔다. 일설에 따르면 도시 인구의 60퍼센트 정도가 일자리를 잃었다고까지 하는 대규모의 실업이 닥친 것이다. 동시에 대졸자를 정부 기관, 국영 기업에 배속시키던 정부의 역할이 완전히 폐지되면서 젊은이들은 그때까지의 취업 루트에 더 이상 의존할 수가 없게 되었다.

다시금 인용하게 되지만, 리창은 이 시기 중국 중간층에 일어난 변화를 이 책 제1장에서 소개한 C. W. 밀스와 비교하고 있다. 밀스는 구중간층(자영업자)에서 신중간층(기업 고용자)으로의 이행이 나타나고 이것이 증대된다고 말했다. 그러나 중국에서는 이러한 과정이 반대 방향으로 일어나고 있으니, (국유) 기업 고용자에서 독립 경영자로의 이행으로서 중간층이 확대되고 있는 것이다. 그리고 그 속도는 미국에서 벌어진 변화보다 훨씬 빠르다.

실제로 인터뷰 응답자 중 한 젊은이는 "국유 기업 개혁으로 모두 고생했지만 그건 벌써 역사의 일부가 되어 버렸다. 모두들 각자 다른 길을 찾고 있다"라고 말했다. 국유 기업에 들어가는 길이 아닌 다른 형태의 새로운 중간층의 모습이 사회 일반에도 널리 인식되기에 이르렀다. 또한 리창은 신세대 중간층의 경우 수입의 정점이 40세 전후에 나타난다는 점, 중장년 이상은 이러한 새로운 중간층에 속하지 못하고 기존 부문에 남아 계급적으로 하강 이동을 하고 있다는 점을 각종 통계 자료를 통해 밝히고 있다.

> 이것은 주로 시장 경쟁에 의한 결과이다. 최근 몇 년간 고수입은 삼자 기업●, 신흥 기업, 예를 들면 금융, 증권, 정보, 하이테크 등의 영역에 집중되고 있다. 이들 업계는 그 자체로 사회 속에서 상승하는 지위를 점하고 있으며, 거기에 일단 들어가면 시장의 가장 꼭대기 자리를 차지하게 된다. 학력에다 새

● **삼자 기업(三資企業)** : 중국에 대한 외국 투자 기업의 세 유형. 외국 기업과 중국 기업이 현금이나 설비, 기술 등을 나누어 투자해 중국 내 설립하고 중국 정부의 관리를 받는 합자(合資) 기업, 일단 중국 정부의 허가를 얻은 뒤 외부의 간섭 없이 계약 및 정관에 따라 운영되는 합작(合作) 기업, 외국 투자가가 자본금 전부를 출자하며 인가받은 정관에 따라 경영 활동을 행하는 독자(獨資) 기업을 말한다. 중국의 외자계 기업에 관해서는, 홍인기, 『중국의 사회주의 시장경제』(박영사, 2003) 7장 3절 ; 중국에 대한 외국의 직접 투자 관련 배경은 홍인기, 『최근 중국 경제와 세계화 정보화』(박영사, 2004) 2장 2절을 참조.

로운 전문 지식, 외국어 이해력과 더불어 컴퓨터 조작 능력까지 지니고 있는 젊은이들의 경우 비교적 어렵지 않게 경쟁력 있는 직업을 얻을 수 있다. 반면 연령대가 높은 사람들은 우선 그 나이, 혹은 습득하고 있는 기술과 지식의 성격상 새로운 전문 영역에 적응하기가 매우 어렵다. 높은 연령대의 사람들이 속하는 국유 기업과 전통적 제조업은 다양한 원인으로 쇠퇴기에 접어들었고 단위(單位)의 지위가 하강할수록 더욱 중장년의 사회적 지위 하락이 가속화된다.[20]

여기서 읽어 낼 수 있는 것은, 첫째로 국유 기업에 의한 종래 방식의 복리후생을 목표로 삼고 있는 특히 중장년층은 시장경제화와 시대의 변화 속에서 점차 불리해지게 마련이라는 점인데, 이는 일본에서와는 정반대의 현상이라고도 할 수 있다. 더욱 중요한 두 번째는, 비교적 젊은 세대를 중심으로 점차 형성되는 새로운 중간층이 금융, 증권, 정보, 하이테크 등의 업종을 중심으로 하고 있다는 점이다. 말하자면 그간의 변화란 단지 국유 기업 위신의 저하라는 측면뿐만 아니라 중심 업종의 변화를 수반하였다는 사실이다.

이를 뒷받침하듯이 중국 국무원 발전연구센터의 위에송동(岳頌東)은 도시 지역의 비전형적 고용의 추이를 다음과 같이 정리한다. 즉 1980년대 중반부터 1990년대 중반에 걸쳐 국유 기업의 '기업화'로 정리해고 당한 잉여 인력이 '재고용 서비스센터'라는 기업에 들어가 다시 훈련을 받아 자영업으로 개업하거나 비전형적 고용으로 흘러들게 되었다.

한편 시장경제화의 물결 속에서, 정당, 사업주 단체, 과학연구소 등 종래의 높은 지위로부터 샤하이(下海)하여 상업, 과학기술 개발, 서비스업 등의 기업을 일으키려는 움직임이 강해졌다. 이들 기업은 종신고용제가 아닌 비전형적 고용—말하자면 미국식 기한제 계약고용—인 것이다.[21]

이들 두 부류는 모두 비전형적 고용이기는 하다. 하지만 전자가 도시민 가운데 비교적 하층부에서 생겨나는 사회유동화인 반면에 후자는 오히려 상위 계층이기에 나타날 수 있는 사회유동화이다.

더욱이 1990년대 후반에 대학 졸업 인력에 대한 국가의 직장 할당제도가 완전히 폐지되자 대량의 대졸자들은 시장 주도의 직업 선택에 직면했다. 이들은 지금까지와 같은 공무원이 되지 않고, 사업을 일으키거나 자영업자—브로커, 삼자 기업의 엘리트 세일즈맨, 프리랜서 변호사, 텔레비전 방송 사회자, 예술가, 통역·번역가, 저술가—가 되고 있다.[22]

이와 같은 신중간층의 근거지가 되고 있는 새로운 성장 직종이란 이 책에서 말하는 '고도소비사회'에서의 성장 직종이다.

중국의 시장경제화란, 견고한 관료제 조직으로 정립되었던 기존 사회주의 부문의 외부에 사회유동화에 의해 크게 좌우되는 새로운 사회 공간이 나타났음을 의미했다. 이는 정부에 의한 위로부터의 움직임이었으니, 정부는 국유 기업 개혁을 통해 사회주의 부문의 축소와 시장경제 공간의 확대를 지향했다. 그리고 사람들 역시 사회주의 부문의 '안정성'을 버리고, 유동적이기는 하지만 '높은 수익'의 가능성을 보여주는 쪽을 선택하게 되었다.

이 과정에서 늘어난 것이 중국의 새로운 중간층이다. 이들은 지금까지의 중국에서 처음으로 선진국과 동등한 정도의 인구층, 소비 능력 그리고 라이프스타일을 가진 이른바 중간층으로서 도시 지역에 등장한 것이다. 그러나 특히 일본에서 자주 오해하는 점은, 이들 중간층이 동시에 장래에 대한 안정적인 전망이 없는 사회유동화·고도소비사회화의 한가운데에서 등장한 계층이기도 하다는 점이다. 즉 이들이 단순히 풍요로울 뿐만 아니라 끊임없는 '불안'을 안고 살아가는 계층이라는 사실이다.

과잉 유동, 과잉경쟁사회

1992년 덩샤오핑에 의한 남순강화●는, 사회주의와 자본주의 이데올로기적 구별을 피하면서 '계획과 시장을 둘 다 경제의 수단'으로 보았다. 생산력 발전에 의해 '최종적으로는 모두 풍요해진다'는 목표를 명확히 제시한 것이다. 이 목표는 어느 정도 달성되고 있다. 그러나 이미 과도한 평등주의와 그 폐해를 겪은 바 있는 중국에서는 '모두 풍요해진다'는 것이 반드시 일본과 같은 신중간대중화를 뜻하지는 않았다.

현재 중국에는 일본에서와 같은 의미의 정사원이란 개념이 거의 존재하지 않는다고 할 수 있다. 간신히 존재하는 것은 점점 작아지는 국유 부문뿐이다. 도시 지역에 남은 것은 주로 전기, 가스, 수도 그리고 군사관계 등 외부 자본이 들어오지 않은 공공 분야이다. 이런 부문에 들어가려면 '연줄'이 필요하기 때문이기도 하지만, 이들 분야는 젊은이들이 희망하는 취직자리에

● 남순강화(南巡講話) : 1989년 천안문사건 이후 중국 지도부가 개혁 개방 정책에서 상당히 후퇴하는 모습을 보이자, 1992년 1~2월 덩샤오핑이 경제가 발달한 남부의 주하이(珠海)·상하이(上海) 등을 돌며 과감한 개혁 개방 정책을 촉구한 것을 말한다. 진경진, 「中國의 經濟改革·開放政策에 관한 연구 : 邓小平의 『南巡講話』를 중심으로」, 서울대학원 석사학위논문, 1993 참고.

별로 들지 못한다. 그 밖의 민간 부문, 특히 성장 부문이자 급여가 높은 부문이라 여겨지는 곳에서는 미국식 연봉제 계약고용이 일반적이다.

내 친구 중 한 명은 북경에서 제일간다는 예술대학을 졸업한 후 1년간 부모님 댁에 머물렀는데, 일본에서 널리 읽혀진『상하이 베이비』●의 등장인물 같은, 즉 퇴폐적 소비문화와 실존적 고민이 섞인 듯한 생활을 보내고 있었다. 그러나 그런 생활에 염증을 느끼고 일자리를 찾기 시작한 그는, 높은 학력과 (같이 놀던 친구들을 통해 구축한) 인맥을 무기로 높은 급료의 대명사인 대기업 광고 대리점에 취직했다. 수입 제로의 무직이던 그가 1년 후에는 꽤 유복한 부류에 끼는 사람으로 변모해 있었다. 그러나 너무 바쁜 생활에 다시 질리자 계약을 연장하는 대신 회사를 그만두고 말았다. 그 후 1년 동안은 그간 저축해 둔 돈을 쓰면서 다시 퇴폐적인 생활로 되돌아갔다가, 돈이 떨어지면 다시 구직을 하는 식이었다. 지금 그는 다시 높은 급료를 주는 IT 관련 기업을 찾아내 1년 전의 퇴폐적인 삶이 거짓말이었던 양 일에 파묻힌 하루하루를 보내고 있다.

이러한 모습은 이른바 보통의 젊은 도시민 중에서도 비교적 유복한 층의 생활로서 행복한 부류에 속하는 것이리라.

지방 대학에서 역사학을 공부한 또 다른 한 친구는 졸업 후 일자리를 얻지 못하고 있다가 마침 서부대개발(西部大開發)●의 목소리가 높던 가운데 농업

●『**상하이 베이비(上海寶貝)**』 : 1999년 출간된 저우 웨이후이(周衛慧, 1973~)의 반자전적 소설. 격변기 중국 젊은이들의 모습을 그려 냈다는 평가를 받았으나 노골적인 성 묘사를 이유로 당국에 의해 판금 조치가 내려졌다. 복제판이 젊은이들에게 널리 읽히면서 중국 국내적으로 신세대 문학 여부를 둘러싼 찬반 논쟁이 벌어졌을 뿐만 아니라 해외로도 널리 번역되었다. 국역본은 김회옥 옮김, 『상하이 베이비』(집영출판사, 2001).

관계 비즈니스를 꿈꾸며 란저우(蘭州)로 이주했다. 그러나 사업을 일으키는 데 난항을 겪으면서 둔황(敦煌)에서 관광 가이드를 하게 되었다. 그녀는 결국 그 일에도 한계를 느껴 베이징으로 이사한 후 저임금 일자리를 전전하는 생활을 보냈으나, 지금은 금융관계 회사에 자리를 잡고 그런대로 이전보다는 나은 생활을 하는 축에 들게 되었다. 하지만 그렇다고 해도 아직 인턴사원인지라 급료는 적다.

이러한 사례들은 새로운 중간층 내부의 높은 유동성을 잘 보여준다. 이와 더불어 현재 중국의 도시 지역에는 돈벌이를 위해 농촌을 떠나 도시로 들어오는 사람들이 끊이지 않고 있는데, 이들은 중간층보다 더 하층으로서, 현재 벌어지고 있는 사회유동화 현상을 실로 체현(體現)하고 있는 존재라고 할 수 있다.

돈을 벌고자 고향을 떠난 중국 이주노동자들의 모습을 일본인들이 상상하기란 쉽지 않다. 이들의 모습은 각양각색이어서 도시 지역에서 사업을 일으켜 출신 지방의 명산품을 판매하는 회사를 차리는 데 성공한 사람들부터 건축 현장에서 일하는 사람들까지 그 폭이 대단히 넓다. 하지만 그들 대다수는 요식 서비스업, 상점 판매원, 경비원 등 말하자면 일본에서 후리타가 하고 있는 일에 종사하고 있다. 호텔 보이나 레스토랑 웨이터 등은 거의 100퍼

● **중국의 서부대개발 계획** : 중국 동부 연해 지역의 개발과 발전에 비해 상대적으로 소외되었던 서부, 중상류 지역을 대대적으로 개발하려는 중국 정부의 정책으로서, 중서부의 풍부한 천연자원을 동부 연해 지역의 자본을 접목시킴으로써 대륙의 균형 발전을 기하는 것을 목표로 하고 있다. 2000년에 발표된 이 계획은 서부내륙 연결철도 부설, 석유화학단지 조성, 황허(黃河) 대수로 건설 등 거대 규모의 사업을 포괄하고 2050년까지 계속될 것으로 알려져 세계의 주목을 끌었다.

센트 이들 이주노동자라고 할 수 있을 정도이다. 스타벅스나 맥도날드 같은 외자계 기업의 일부를 제외하면, 이러한 하층 서비스업은 도시 지역의 젊은 이들이 결코 하려고 하지 않는 일들로 가득한 또 하나의 세계를 이루고 있다.

그런데 중국에서는 이들이 일본처럼 후리타 문제로 나타날 일이 없다. 오히려 현재 중국의 정책 입안 과정에서 이와 같은 유동 고용의 증가는 국영 기업의 해고자와 농촌에서 빠져나온 인구를 흡수하는 역할을 하는 것으로 여겨진다.[23] 해고자들 중 가장 많은 사람들이 바로 이번 장에서 언급한 문혁 세대 중에서 국유 기업으로 들어갈 수 있었던 이들이다. 중국에서는 이렇게 후리타에 해당할 만한 하층 서비스 직종의 출현을, 중국에서 실업이 가장 심각한 층—이른바 처음부터 명백히 '시대의 산물로서 짐짝이 되어 버린 인구'로 여겨지는 사람들과, '도시민과 구별되는 일종의 이민(移民)'인 농촌 출신자들—에 대한 고용 창출을 위한 묘안(妙案)으로 바라보고 있는 것이다. 즉 이는 중간층의 하부로 박혀 들어가는 사람들을 늘리려는 생각이다. 하층 서비스업의 자리매김이라는 면에서 볼 때, 이들의 문제는 일본에서 중산층으로부터 탈락하는 이들인 후리타의 문제와는 반대가 되어 있다고 할 수 있다.

이상의 경위에서 알 수 있는 것은, 중국이 신중간대중화를 가능케 하는 공업화 시대의 중간층 증대 전략을 취하는 대신에 정부의 강제력으로 시장경제화를 추진하고 있으며 그 결과로서 사회유동화가 나타나고 있다는 점이다.

개발경제학자 거셴크론●은, 후발공업국은 선진국이 개발한 기술을 받아

● 알렉산더 거셴크론(Alexander Gerschenkron, 1904~1978) : 러시아 태생의 미국경제 사가. 유럽의 산업화 파급 과정 특히 19세기 중엽부터 독일, 프랑스, 러시아 등 중진 지역이 경제 성장 선진 지역인 영국을 따라잡으려 한 방법에 대한 고찰에 바탕하여, 후발국이 선진국의

들이는 '후발자 이익'을 누릴 수 있기에 선진국보다 발전 속도가 빠르다고 논하였다. 이를 참조하면, 중국의 경우 이러한 후발자 이익을 누리면서 개발주의적으로 사회유동화에 적응해간다는 식의, 새로운 버전의 개발주의를 시도하고 있다고 할 수 있다. 그러나 모든 국민이 이러한 격렬한 유동화에 수월히 적응할 리가 없다. 일본은 공업화 시대에 성공적이었던 개발주의가 남긴 부담을 이제서야 치르고 있는 상태이지만, 중국은 오히려 개발주의적 유동화에 의한 각종 왜곡을 품은 채로 진행되는 아메리카화에 직면하고 있다.

기술을 신속히 도입하여 대발진을 이룰 때 자본을 공급하는 중앙집권적 특수 지원이 중요한 역할을 한다고 주장했다. 주요 저서에 『역사적 관점에서 본 경제적 후진성(Economic Backwardness in Historical Perspective』(1962) 등이 있다.

경제 성장이라는 '조(躁)'와
정치적 무력감이라는 '울(鬱)'

갇혀 버린 반체제의식

반일 데모를 주로 담당했던 사람들은 이상과 같은 상황에 놓인 중간층, 특히 그중에서도 젊은이들이었다. 중간층의 확대를 경험하고 있는 중국은 다른 선진국의 1960년대와 비슷한 면을 보이고 있다고 할 수 있을지 모른다. 1960년대 세계적 규모의 고도성장 속에서 선진국은 교육의 보급이나 권리의식의 발달 등에 따른 대중적인 정치의식의 발로, 이른바 '정치의 계절'의 도래를 경험했다. 오늘날 중국 역시 소비자운동을 비롯하여 사람들의 권리의식이 급속히 증대하는 모습을 보여준다.

그렇다면 이러한 정치의식의 발로가 반일(反日)로 향하게 되는 이유는 무엇인가? 물론 표면적으로는 일본의 유엔 상임이사국 진입에 관한 논의가 활발해지는 등 시사적인 배경이 있을 터이다. 그러나 좀더 중국 내부의 맥락을 살펴서 생각해 보면, 중국에서 반체제운동이 놓여진 독자적 상황이라는 요소가 더욱 중요할 것이다.

우선 가장 두드러진 차이는, 중국은 이미 사회주의 혁명을 실현하고 있다는 점에서 정치의식이 놓여진 전제 조건이 다르다는 사실이다. 모든 선진국들의 경우 1960년대적인 대중운동은 마르크스주의를 그 이론적 근거로 하는 반체제운동이었다. 그러나 중국은 이미 혁명을 실현한 상태에서 그 결과로서 현 정권이 존재하고 있기 때문에 마르크스주의에 의한 반체제란 말이 되지 않는다. 중간층의 정치의식의 발로라는 점에서는 공통적이지만 여기에서는 다른 선진국들이 경험한 방법론이 채택될 수 없다.

게다가 중국이 곧 가까운 미래에 경제 대국이 될 것이라는 점은 전 세계 경제학자들의 공통된 견해이며, 중국인들 역시 그렇게 생각하고 있다. 따라서 현 정권을 전복시킨다면 결국 자신들의 손해임이 분명하다. 천안문사건에 이르기까지 고조되던 민주화운동이 씻은 듯이 그 자취를 감춘 것 역시 이러한 이유에서이다. 정치 행동이 금지되어 있다는 것은 분명 '비민주적'이다. 하지만 그렇다고 체포될 것이 뻔한 정치 행동을 하면서까지 반체제를 부르짖을 필연성도 없는 것이다.

이토록 반체제의 구호가 봉쇄되어 있는 '정치의 계절'이란 어떤 의미에서는 참으로 딱한 처지가 아닐 수 없다. 그 속에서 반일운동만이 정치의식을 겉으로 발동시킬 수 있는 유일한 회로로 남아 있는 것이다. 누구라도 납득할 만한 애국이라는 대의명분 아래 행해진 이러한 반일 행동은 더욱이 초반에 '경찰이 단속 대상이 아닌 것'으로 알려졌다. 이번 장의 서두에서 보인 삼층 구조 중에서 첫 번째의 자각적인 학생층은 이러한 회로를 통해 반일이라는 정치의식을 가지게 된 것으로 보인다.

이는 단지 운동가들 측의 우월한 전략이었을 뿐만이 아니다. 애국주의를 내걸면 공산당 측 역시 이를 어느 정도 수용할 수밖에 없었던 것이다.

이러한 상황은 결코 중국에서 '반일의 전통'을 드러내는 것이 아니라 오히려 그 반대를 뜻한다. 일당독재를 유지한 채 지금까지 경제 발전상의 도약을 이뤄낸 국가는 민주주의 국가들의 경우에 비해 여론의 동향에 더욱 민감해질 수밖에 없다. 정권 교체라는 개념이 없기 때문에 여론에 대한 제지력을 상실하여 현 정권이 무너지게 되는 사태가 벌어진다면, 그것은 곧 체제의 근본적인 변혁—아마도 민족 국가로의 분열—을 뜻하기 때문이다. 많은 데모에서 내거는 '애국무죄(愛國無罪)'라는 구호에 공안(公安)들이 기가 꺾이는 사태는, 그만큼 공산당이 여론 통제에 부심하고 있으며 그 어려움으로 골머리를 앓고 있음을 말해 준다. 이후 공산당은 과도한 반일 여론에 대한 분명한 억제에 나서게 되었고, 반일은 공산당의 의향과 민중의 의사 표시 사이의 알력을 상징하는 하나의 상징으로 자리 잡았다.

정보 자유화로서의 인터넷과 내셔널리즘

여론이 공산당마저 인정할 수밖에 없는 영향력을 지니게 된 커다란 요인으로 인터넷의 보급을 들 수 있다. 잘 알려져 있듯이 반일 활동이 가장 활발한 곳은 바로 인터넷이다. 중국에서는 『인민일보(人民日報)』가 운영하는 '런민왕(人民網)'을 비롯, 기존의 매스미디어가 운영하는 사이트 혹은 '논단(論壇)'이라 불리는, 규모가 큰 검색 사이트에 딸린 게시판에서 다양한 논의가 펼쳐지고 있다. '논단'의 성황은 중간층의 증대를 겪고 있는 중국에서 사람들의 발언 의욕이 높아지고 있음을 보여준다. 사정이 이러한데도 공산당 일당독재 체제를 취하고 있는 중국 정부는 국영 미디어를 강력히 통제하는 등 여론을 충분히 수용하고 있지 않다. 이러한 상황에서 뜻밖에 인터넷이 사람들의 발언 의욕을 흡수하는 역할을 맡게 된 것이다.

물론 국영 미디어 역시 예전에 비해 상당히 민주화되었고 신문 투고란이 충실해졌으며, 여론과 미디어의 접점이 훨씬 확대되었다. 그러나 정치적으로 민감한 화제에 이르면 국영 미디어는 하나같이 입을 꾹 다물어 버린다. 이때 등장하는 것이 인터넷으로서, 민감한 화제에 대한 '논단'의 투고는 정치적 관심이 강한 층에게 필요불가결한 정보 수집 수단의 하나로 자리 잡았다. 특히 외교 문제에 대해서는 인터넷이 매스미디어 이상으로 신뢰할 수 있는 정보원으로 평가받는다. 인터넷상의 논의를 '화장실 낙서'쯤으로 여기는 일본과는 사정이 많이 다르다.

외국에서는 중국 정부가 인터넷을 대대적으로 규제한다는 점만을 화제로 삼지만, 한편으로 당의 중앙부가 인터넷상의 언론에 상당한 주의를 기울이고 있을 높은 가능성에 대해서는 별로 지적하지 않는다.

그러나 이러한 좋은 예를, 베이징-상하이 간 고속철도를 일본의 신칸센(新幹線) 방식으로 하겠다는 정부의 실질적인 내부 결정이 인터넷상 반대 서명의 확대로 뒤집어진 일에서 찾아볼 수 있다. 중국의 인터넷 언론은, 외국으로부터 '탄압에 의한 피해자'라는 측면만 강조되는 가운데 어떤 의미에서는 다른 나라들의 경우보다 더욱 큰 대정부 영향력을 행사하고 있다는 아이러니컬한 측면을 가진다. 말하자면 인터넷이라는 미디어는 '민주화 공간을 조금씩 늘려가는' 결과를 낳고 있는 바, 공산당은 이러한 새로운 미디어와 흥정을 해야만 하는 상황을 맞고 있다. 인터넷을 커다란 기점으로 하여 고조된 반일운동의 기운에 대해 중국 정부가 미묘한 태도를 취하게 된 데에는 이러한 배경이 놓여 있었다.

정치적 무력감과 배금주의

그러면 '조금씩 늘려가는 민주화 공간' 속에서 반일이란 것이 일정한 존재감을 가질 수밖에 없는 까닭은 무엇일까? 나는 여기에서 이들의 반일이 국내 문제에 대한 불안과 깊이 관련되어 있는 것이 아닐까하고 생각한다.

데모대의 다수를 차지하는 것으로 보이는 중간층 청년들의 대부분은 중국의 발전 및 자신들의 밝은 미래에 대해 확신하고 있다. 특히 20대 젊은이들에게 10년 후 자신이 어떻게 되어 있을지 물어보면, "슈퍼 커리어 우먼"이나 "무역회사 사장이 되어 큰 집에 살고 있을 것이다" 따위의 대답을 들을 수 있다.

이러한 인식에는 물론 차이가 있다. 약간 나이가 든 30대 초반 사람들이 "막 태어난 말은 길의 너비를 모르기에 계속 달려 나가기만 한다(세상에 막 발을 들여놓은 사람들은 주변을 잘 못 보기 때문에 몸이 앞으로 넘어질듯 기울어지기 쉽다)"는 격언으로 스스로를 경계하는 모습도 더러 볼 수 있다.

이러한 뜻에서 중국 젊은이들은 자국의 경제 성장과 더불어 일종의 들뜬 '조(躁)'의 상태를 경험하고 있다. 그러나 이러한 상태의 배후에는 중국의 독

246

특한 '정치적 무력감'이 자리한다. 즉 '경제 성장의 조(躁)'는 '정치적 무력감의 울(鬱)'과 표리일체(表裏一體)를 이루고 있으며, 여기서의 들뜬 감정이란 오히려 그 배후의 무력감이라는 용수철에 기댄 것이라고까지 말할 수 있다.

중국 젊은이들과 이야기를 나누다가 '정치'라는 말이 한마디라도 나오게 되면, 그것만으로도 "뭐, 정치에는 관심 없으니까"라는 반응을 보이는 것이 보통이다. 보통선거가 존재하지 않는 일당독재 체제의 중국에서 정치란 곧 '공산당의 의향'일 뿐이다. 간부와 인맥으로 연결되어 있지 않는 한 거기에 참가할 가능성은 없다. 또한 이미 언급했듯 가까운 미래에 공산당이 타도되는 일이 벌어질 가능성도 거의 없고, 이들은 그것을 바라지도 않는다. 오늘날 중국 젊은이들에게는, 정치에는 관심 없다는 자세가 가장 합리적인 것인 셈이다.

중국 청년들이 이러한 실리주의적 자세를 취하고 있는 한 원인은 '사회주의의 부(負)의 역사'이다. 문혁 세대는 태만하고, 평등주의의 국유 기업에서는 노력을 하나마나 마찬가지일 뿐이다. 젊은이들은 이러한 과거로부터 자신을 차별화하기 위해 외자계 기업 같은 곳에서 열심히 노력할 것을 목표로 삼는 것이다.

이들은 정치적인 변혁 속에서 자신의 무력함을 강하게 느끼고 있는 탓에 오히려 경제 성장의 물결을 타고 자기방위에 전념하지 않을 수 없다고 생각한다. 흔히 일컬어지는 중국의 배금주의란, '경제 성장의 조(躁)'와 '정치·사회적 무력감의 울(鬱)'이 만나 서로를 비추는 거울이 되는 상황에서 비롯되고 있다.

정치운동으로서 반일의 어려움

반일과 정치의식의 표출이 서로 엮이게 되는 회로에는 이러한 정치적 무력감이 존재하며, 이는 도시 지역 중간층이 지니고 있는 불안의 배경이기도 하다. 내가 아는 한 젊은이는 이렇게 말한다. "다들 경쟁하느라 지쳐 있다. 중국은 인구가 많은 탓에, 능력이 뛰어나고 머리가 좋아서 그 일자리에 딱 맞는 사람이 있다 한들, 벌써 그런 사람이 한 자리에 족히 열 명은 있다고 볼 수 있다. 게다가 중국엔 아직 대도시가 적다. 도시인 것만으로도 사람이 많은데 중국 전체 각 지방의 대학 졸업생들이 도시로 몰려든다. 이들은 각 지방의 우수한 인재로서 헝그리 정신으로 중무장한 사람들이다. 도시 사람들은 여기에 거의 대적할 수가 없다." 과잉유동사회라고도 불러야 할 정도가 되어 버린 오늘날 중국의 대도시 지역에는 이러한 불안감이 일반화되고 있다. 이것은 공산당이 주도한 경제 발전이 낳은 하나의 부작용인 것이다.

또한 시장경제화가 자신들을 경쟁의 장으로 내몰고 있는 데 반해, 공산당 집권 체제 속에 아직 개발주의적인 기득권익이 남아 있는 점에 대한 불만이 높아지고 있다. 급속한 경제 개혁에 비해 정치 개혁이 너무 뒤처지고 있다는 불만인 것이다. 잇단 공무원 비리, 직권 남용 사건에 대한 비판이 인터넷 논단의 단골 주제가 된 것 역시 이를 말해 주는 한 예이다.

그러나 현재는 천안문사건 이래 급속한 정치 개혁에 대한 요구가 비현실적이라는 것을 모두가 명백히 인식하기에 이르렀다. 여기서 갈 곳 없는 불안감의 배경이자 여론과 체제의 쟁점으로서 반일이라는 의사적(疑似的)인 문제가 부상하게 되는 측면을 무시할 수 없다. 오히려 이러한 사정 탓에 역사 문제에 대한 진지한 분노를 가진 의식적인 운동가들뿐만 아니라 그토록 광범한 도시민들이 절반은 즐기는 기분으로 데모에 동조할 수 있게 된 것이다.

한편 데모대의 주장에 들어 있던 또 하나의 문제, 즉 농촌 문제나 집 떠난 노동자들의 문제는 공산당 지배 체제 자체의 동요 없이는 해결이 불가능하다는 성격을 가진다. 또한 도시/농촌 간 격차 역시 공산당이 추진하는 개발 정책의 성격상 지금 한꺼번에 없애 버릴 수 있는 문제가 아니다. 이는 노동력의 분배라는 문제와 매우 깊이 관련되어 있다.

중국은 선진국과 개도국 사이의 차이에 비견할 만한 국내의 개발 단계의 차이를 이용하는 식으로 발전 전략을 세워 왔다. 이러한 전략은 분명 농촌에 부담을 강제하는 불공평한 것이 틀림없다. 하지만 여기서 돌아볼 필요가 있는 점은, 1990년대 아시아 신흥공업경제지역(NIES)의 성공과 비교되는 실패 사례로 언급되는 남미의 개발 전략이다.

풍부한 제1차 자원 탓에 오히려 장기적인 공업 투자가 활발할 수 없었던 남미의 여러 나라들은 1960년대 경제 개발의 실패 사례로 언급된다. 또한 당시의 분배 정책이 도시 노동자만을 중시했기 때문에 농촌에서 도시로의 인구 유입을 낳아 슬럼화가 진행되었다.[24]

중국의 경우 도시로의 인구 유입과 도시 내부에 나타나는 슬럼화라는 '라틴아메리카화의 방지'를 위해 동아시아 신흥공업경제지역과 같은 형태의 중간층 증대 전략을 취한다는, 상호 모순된 목표를 동시에 달성하려는 모습을 보인다. 이때 나타나는 아슬아슬한 전략이 첫째로 농촌에서 도시로의 이동을 억제하는 '호적제도', 둘째로 국내의 도시/농촌 간 격차를 개발에 이용하면서 고도소비사회화가 필연적으로 낳는 하층 서비스 노동자에 대한 수요를 농촌에서 조달한다는 계획이다.

집을 떠난 노동자들의 불만은 '정치적 무력감'을 안은 중간층보다 명백히 반(反)개발주의 및 민주주의에 대한 회구와 관련되어 있다. 따라서 여기에는 반일을 하나의 구실로 삼아 소요를 일으키려는 측면이 강한 것으로 보인다. 이에 이들의 불만 역시 개발주의적 고도성장에 의한 불평등한 분배라는 국내 문제에 뿌리를 두고 있는 것으로서, 반일이라는 심볼리즘은 굳이 잘라 말하자면 부차적인 문제가 아닌가 한다.

도시민과 농민의 이러한 두 종류의 불만이 '평등한 빈곤'에서 '사회유동화'로 한꺼번에 이행할 수밖에 없었던 중국의 고도성장 과정에서 생겨나고 있다. 또한 사람들이 이에 대해 내리는 평가 역시, 일본의 경우와 명백히 다르다. 그러나 이를 어떤 우열을 두고 해석한다든가 '반일/친일'이라는 심볼리즘만을 해석해 낸다든가 하는 것은 그다지 의미가 있어 보이지 않는다. 일본에 있는 나에게는, 이와 같이 질적으로 상이한 성장의 역사와 사회의식을 가진 중국이 일본의 문제를 잘 비추어 드러내 준다는 점에서 더욱 흥미로운 고찰의 대상으로 보이는 것이다.

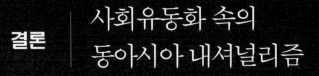

결론 | 사회유동화 속의
동아시아 내셔널리즘

개발주의하의 고도성장과 민주주의, 그 어긋남

이 책에서는 지금까지 한국, 중국, 일본에서 고도성장이 사회유동화로 이행하는 과정을 되짚어 보면서 이것이 내셔널리즘의 구조적인 변동과 뗄 수 없는 관계를 가지고 있음을 보이고자 하였다.

서장에서 나는 고도성장의 삼단계론을 바탕으로 내셔널리즘을 다음과 같이 고도성장형과 개별불안형으로 크게 나누어 보았다.

총중간층화

탈공업화—여기에 관련되는 것이 고도성장형 내셔널리즘

사회유동화—이 단계에 생겨나는 것이 개별불안형 내셔널리즘

그리고 오늘날 이러한 고도성장형과 개별불안형 간의 구분 없이 한 가지

인 양 취급하는 데서 불필요한 논쟁이 생겨난다고 주장했다. 책 제목으로 '내셔널리즘'을 내걸고 있으면서도, 언뜻 이와는 별반 관계가 없어 보이는 세 나라의 중간층 형성과 사회유동화 과정을 추적하는 데 주안점을 둔 이유 역시, 위와 같은 내셔널리즘의 두 형태 간의 차이를 강조하기 위해서였다. 물론 세 나라에는 각 나라마다 국내 사정이 있는 터라 그 과정에는 공통점뿐 아니라 차이점도 있었다.

지금까지 흔히 논의해 온 세 나라 각자의 고도성장형 내셔널리즘과는 다른, 사회유동화가 수반하는 고용 등 불투명한 장래에 대한 감각을 배경으로 하는 개별불안형 내셔널리즘이 형성되면서, 반일 또는 반한·반중 감정이라는 동아시아의 대립에 새로운 에너지원으로서 작용하는 측면이 있었다.

먼저 공통점을 보면, 동아시아에 위치하고 있는 이들 세 나라는 정부의 강제력에 크게 의존한 형태의 고도성장, 다시 말해 개발주의적인 고도성장을 거쳤다. 그리고 이러한 개발주의 체제와 민주주의 사이에서 필연적으로 나타나는 모순이 각국의 보수/혁신 사이의 대립을 키워 왔다. 이를 배경으로 나타난 것이 고도성장형 내셔널리즘인데, 국내의 정치적 대립과 내셔널리즘이 이 단계에서 이미 서로 깊이 관련을 갖게 되었다는 점조차 오늘날 역사 인식 논쟁에서 흔히 잊혀져 왔다.

세 나라의 공통적인 패턴은, 민주화보다 개발형 경제 성장이라는 '경제적 현실주의'를 중시하는 보수파와, 개발 체제의 민주화 억압을 고발하는 혁신파 간의 대립 구조였다.

이는 언뜻 한국의 개발독재 체제와 중국의 공산당 일당독재 체제에만 해당하는 사정인 듯 보이지만, 일본 역시 구미형 시장경제와 대립되는 식의 통산성의 강력한 지휘권을 전제로 하는 '칸막이 속의 경쟁' 모델을 채용해 왔다. 애초에 개발주의가 '단순한 민주주의의 결여'가 아닌 뛰어난 후발국의 경제 개발 모델이 될 수 있다는 인식이 세계적으로 널리 생겨난 것도, 일본의 성공이 있었기에 가능한 일이었다. 개발주의와 민주주의 간의 모순이라는 문제는 일본 역시 피할 수 없었다.

일본에서는 중간층의 확대와 더불어 나타난 정치의식이 학생운동의 꽃을 피웠다고 할 수 있으니 그 주된 담당자는 이른바 단카이 세대였다. 그러나 개발주의의 전례 없는 성공에 따라 굳이 '민주화를 요구할' 필연성이 사라지면서 생활보수주의가 일반화되어 갔다.

한편 한국에서는 개발 체제가 명백한 군사독재였던 만큼 개발주의와 민주주의와의 모순이 한층 더 명확하게 드러났다. 개발 체제의 은혜를 입은 소수 계층과 대다수 국민 간의 괴리가 극심하였던 터라, 민주화 억압에 대한 고발이 지역에 따라 불균형적으로 나타나기는 했으나 일본보다 훨씬 넓은 범위의 국민들을 사로잡을 수 있었다. 그리고 이러한 개발 체제에 의한 경제 성장 본격화의 한 계기가 일본의 '투자'였다는 점은 나중에까지 한국의 대일 인식에 영향을 미쳤다.

중국의 경우 이미 사회주의 혁명을 달성했다는 점이 한국이나 일본과 크게 달랐다. 하지만 그렇다고 하더라도 '개발 체제하의 경제 성장 중시'와 '그 속에서 억압되는 민주주의의 대한 고발'이라는 뜻에서 보면, 위와 마찬가지의 대립 축이 형성되었다고 할 수 있다. (주로 국민의 평등주의라는 의미의) 마오쩌둥주의를 중시하는 쪽이 보수였고, 그 마오쩌둥주의의 허위성을 폭로하려는 쪽이 (제2차 천안문사건까지 일정한 확대를 보인) 혁신 혹은 반체제 세력이 되었다. 이와 같이 의미상 보수/혁신의 명칭이 반대로 되어 있기는 하지만 그 기본 구도는 한국과 일본의 경우와 마찬가지라고 이해할 수 있다.

보수/혁신 대립 기반의 침식과 민주주의 기능 부전

한중일 세 나라 나름의 보수/혁신 대립은 대략 1990년대에 들어 각각 변동을 일으키게 되는데, 어느 한쪽이 일방적으로 승리했다기보다는 그 대립축의 존재 의의 자체가 점차 옅어져 가는 현상이 나타났다. 그 공통적인 계기가 사회유동화이다.

먼저, 일본에서는 더 이상 회사주의 모델을 유지할 수 없게 되었다는 점이 명백해져 갔다. 회사주의의 잔재는 오늘날까지도 사회 곳곳에서 찾아볼 수 있으며, 이것이 앞으로 어떻게 될지 예단하기는 어렵다. 일단 이 책에서는 원래 회사주의 시스템이 국민을 '선별하는' 시스템이었으며, 이러한 점이 오늘날 후리타·니트 문제로서 점차 널리 논해지게 되었다는 점을 시간을 되짚어가며 살펴보았다.

한국에서는 1986년 민주주의 혁명 이래 민주화를 지상명제로 하는 운동의 정당성이 점차 사그라져 갔다. 물론 재벌 지배와 남북 분단 상황에 대한 계속되는 이의제기라는 뜻에서 민주화운동의 기운은 아직까지 이어지고 있다. 그러나 IMF 경제 위기 이후 맹렬한 신자유주의화가 진행되면서 예전의 민주화운동으로는 대응해 나갈 수 없는 각종 사회 문제들이 나타나고 있다.

문화대혁명의 종결을 경험한 중국의 보수/혁신 구도는 한 번 더 비틀린 형태로 나타났다. 노선 대립에서 살아남아 주도권을 쥐게 된 것이 경제 근대화 노선의 사람들이었는데, 이들은 모두 공산당이라고는 해도 정통 마오쩌둥주의와는 다른 입장을 취해 왔다. 따라서 이러한 상황에서는 마오쩌둥주가 내세운 평등주의의 허위성을 폭로한다는 뜻의 반체제의식이 기댈 곳 없이 곤경에 빠지게 된다. 성장 속에 더욱 풍족함을 누리게 되면서 그러한 의식이 점차 사라져 가고 있는 것이다.

이렇게 개발주의의 존재를 전제로 한 기존의 정치적 배치에는 들어맞지 않는 새로운 사회 문제가 세 나라에 나타나게 되었으니, 그 대표적인 예가 고용 불안과 청년 실업의 확대이다.

사회유동화의 진행은 새로운 사회적 불안감을 키우고 종래의 혁신파에 흡수되지 않는 새로운 요구를 낳는다. 현재 주로 역사 문제를 빙자하여 나라 간 대립으로 나타나고 있는 개별불안형 내셔널리즘은, 한중일 각국에 공통된 개발주의적 좌우 대립 그 어느 한쪽으로도 수렴되지 않는 새로운 불만들이 낡은 좌우 대립의 틀을 배경으로 한 '민주주의 요구'의 잔재들과 결합하는 상황에서 원동력을 얻고 있다는 측면을 가진다.

이처럼 본디 국내 문제를 배경으로 하고 있을 터인 불안감의 '적 찾아내기'가, 국내가 아닌 외국으로 향해짐으로써 반일이나 혐한·혐중으로 연결되고 있는 모습을 세 나라에서 공통적으로 발견할 수 있다.

한편으로 이것은 자기가 속한 사회에서 스스로의 위치, 그 입지를 불명확하게 만드는 요소이기도 하다. 이러한 뜻에서 한중일 세 나라의 개별불안형 내셔널리즘이란 모두 궁극적으로 사이비 문젯거리이다. 사회유동화라는 상황 속에서 새로운 민주주의가 요청하는 바는 고용이나 사회보장에 관한 문제이며, 여기에서 정치의 재편이란 경제적 재분배 문제, 그리고 더 나아가서는 개발주의의 종언에 수반되는 기득권익의 개혁에 관련한 논의를 불러일으켜야만 할 것이다. '그 전쟁'을 둘러싼 역사 문제는 이와 아무런 관계도 없을 터이다.

분명 이 배경에 놓인 것은―이 역시 개발주의하 정치적 대립 구조에 나타나는 공통점이지만―원래 이런 문제를 거론해야 할 좌익이 민주화를 지상 명제로 하는 와중에서 개별 구체적인 정책 과제로서 사회민주주의를 지향하지 않았다는 문제이다. 현재의 동아시아 내셔널리즘, 혹은 대일 역사 문제라는 것은 바로 이런 틈새에서 재차 환기되고 있는 면을 갖는 것이 아닐까?

고도소비사회화라는 공통성

또 한 가지 공통점은 사회유동화가 불가피하게 수반하는 고도소비사회화라는 움직임이다. 각국은 이와 더불어 나타나는 산업 구조의 변동 및 국내외의 시장 개척을 지향함과 동시에 히키코모리(은둔형 외톨이)나 게임 중독 등 국민의 라이프스타일의 변화에 따라 발생하는 새로운 사회 문제에 대응해야 할 필요성에 직면해 있다.

이러한 고도소비사회화가 초래하는 내셔널리즘과 관련된 결과는 크게 세 가지로 나누어 볼 수 있다.

첫째, 동아시아의 특징은 개발 체제에서 보호 육성된 구부문(일본의 대기업, 한국의 재벌계 기업, 중국의 국유 기업)과, 거기에서 떨어져나간 이른바 기업가적인 계층이 서로 분리되어 있다는 점이다. 이 중 문화에 관련되는 것은 후자로서 IT 산업이 그 좋은 예이다.

지속적인 경제 성장을 위해서는 이들 기업가적 계층이 더 많아지도록 해야 한다. 그런데 개발주의라는 전사(前史)를 가진 각국의 환경에서 이 과정은 기득권층이 이들 유동 부문을 '개발적으로 만들어 내는' 형태를 띤다. 이렇게 되면 그 사회에는 보보스와 동시에 새로운 빈곤층도 생겨나는 이른바 유동적인 영역이 점차 확대된다. 거기서 누가 성공하고 누가 실패할 것인지는 아무도 알 수 없다.

이와 같은 현상은 고용 불안을 조장하면서 앞서 말한 개별불안형 내셔널리즘에 기름을 붓고 있다. 동시에 기득권층에 대한 막연한 반발 역시 점차 강해진다. 그러나 개발주의 자체가 자신들의 몸을 이루고 있는 탓에, 국내 문제 대신에 국외 문제로 시선을 돌리게 되는 구조가 생겨난다.

둘째, 고도소비사회화에 의해 사회에 '문화'와 같은 것이 정착하면서 내셔널리즘에는 '취미화'라는 새로운 측면이 더해지게 된다. 고용 등과 관련된 '개인화의 불안'에 바탕하여 외부에서 적을 찾는 개별불안형 내셔널리즘이 점차 취미의 영역에 파고들면서, '새로운 민주주의에 대한 요구'와 같은 원래의 맥락은 잊혀진 채 희화적 심볼이 된 반일·반한·반중의 정념만이 사회에 자라난다. 그 결과 '거짓 문제로서 새로운 내셔널리즘'에 빠져드는 젊은 이들이 생겨나고 이것이 상대국에 전해지면서 서로 무의미한 반감을 주고받는 사태가 생겨나는 측면이 두드러진다.

셋째, 취미적 성격을 띠게 된 개별불안형 내셔널리즘이란 정부의 통제를 벗어난 것이자 동시에 각국의 지속적인 경제 발전에 불가피하게 수반되는 사회유동화와 고도소비사회화 과정의 한복판에서 생겨난다는 사실이다. 하위문화적 문화 표현의 영역에 내셔널리즘이 침투하는 것이 그 좋은 예이다.

개발 체제가 확실히 기능하고 있던 시기의 고도성장형 내셔널리즘의 경우에는 정부 간 의사소통에 의한 조정이 가능했다. 따라서 중국의 경제 성장이나 그 밖의 요인들에 의해 동아시아 지역 내 상호관계의 진전이 경제적 효용을 가져다줄 것이라는 인식이 깊어짐에 따라, 이러한 종류의 내셔널리즘은 점차 줄어들 것으로 보인다. 그러나 개별불안형 내셔널리즘의 경우에는 단순히 역내 경제협력 관계상의 '잡음'으로 정리해 버릴 수 있는 것이 아닌 데다 오히려 그 결과로 생겨나는 측면을 가지고 있으므로 그 해결을 전망하기가 쉽지 않다.

성장단계론의 역전

흔히 이야기하듯 동아시아 세 나라의 고도성장기는 약 20년의 주기를 갖는다. 즉 일본의 1960년대, 한국의 1980년대 그리고 중국의 2000년대가 그것이다. 각 나라에서 올림픽을 개최한 시기와 맞아 떨어지는 점이 상징적이다.

이와 같은 경제 성장의 주기론은 1980년대부터 1990년대 초반에 걸쳐 일본에서 많이 나왔던 것이었다. 즉, 일본의 성장이 각국 성장을 이끌면서 동아시아에 '기러기형 발전 모델'이 실현되었던 것처럼, 지역 내 선발국의 경제 성장 도약이 후발국의 도약을 부르는 '중층적 추적 과정(追跡過程)'[1]이 형성된다는 것이 통설이었다. 이러한 성장을 효율적으로 달성하기 위해서는 민주주의에 어느 정도의 제한을 두는 것을 정당화할 수 있다는 것이 개발주의의 논리였다.

공업화 시대―이 책에서 총중간층화에서 탈공업화까지로 정리했던 시대―에는 분명 이것이 타당한 모델일 수 있었다. 그러나 오늘날에는 이미 사회유동화가 피할 수 없는 동향이라는 인식이 널리 퍼져 있는 데다, '행정의 보이지 않는 손'인 개발주의가 오히려 위로부터 비효율적인 기득권 부분을 쳐내 버리고 유동 부분의 폭을 넓혀 가는 방향으로 진로를 튼 상태이다. 그 실태가 얼마만큼 진행되었는지는 알 수 없다 할지라도 적어도 그 방향성만은 사회 통념으로 정착했다고 할 수 있다.

한국의 경우 외부에서 온 개혁자인 IMF와 김대중 정권의 정책이 바로 여기에 해당한다. 한국에는 아직 재벌 지배라는 요소가 강하게 남아 있으나 중국의 경우에는 이것이 더욱 명백하여, 국유 기업을 보호하려는 정부의 자세가 거의 사라졌다고 할 수 있다.

이러한 사회유동화 속에서 생겨나는 개별불안형 내셔널리즘에 개발주의의 산물인 고도성장형 내셔널리즘이 겹쳐짐으로써 문제가 더욱 복잡해지고 있다. 단지 여기서 주목하고 싶은 점은 한국이나 중국에서는 진정한 문제가 국내에 있다는 점을 비교적 널리 인식하고 있다는 사실이다.

한국의 경우에는 과거 개발독재 정권과 대일 협력자들 간의 유착이 '친일파 청산'으로 문제가 되는 한편 국내 정치의 주류가 된 민주화 세력에 대한 반발심이 뉴라이트의 움직임으로 결집하는 가운데, 일본에 대한 평가가 그 사이에서 흔들리게 되었다.

중국에서는 공산당의 방향 전환에 의해 내던져진 도시 중간층이 끊임없는 유동성에 불안을 느끼고 있다. 한편, 돈 벌러 도시로 떠난 농민들은 확대되는 격차를 수반하는 성장 전략을 취하는 공산당의 노선에 노골적으로 반발하고 있다.

이러한 한국과 중국의 모습을 일본에서 보면, '반일'의 측면이 가장 먼저 눈에 들어오는 것이 사실이다. 각국 당사자들 역시 그렇게 생각하고 있을지도 모른다. 그러나 그 내셔널리즘적인 정념의 근원에 놓인 것은 어디까지나 국내적 변동이리라. 특히 그들은 사회유동화의 진행과 노동시장에서 자신의 입지, 이 모두의 토대가 되어 온 자국의 정치사를 불완전하게나마 고려하고 있다.

이에 반해 일본의 혐한·혐중 분위기는 국내 문제를 완전히 블랙박스에 넣어둔 것이다. 나는 이와 같은 일본의 불안감, 그 근저에 놓인 것은 바로 그간 회사주의에 기대 온 일본 고도성장 모델의 붕괴가 가져오는 사회 변동이라고 본다. 그러나 지금까지 이 문제를 중국이나 한국의 사정과 관련지어 생각해 보려는 의식적인 노력은 거의 없었다. 중국의 대두라는 요인과 일본의 사회 변동이 현실적으로 서로 밀접한 불가분의 관계를 가지고 있다는 점을 실제로 많은 일본인들, 정치인, 경제 단체가 잘 인식하고 있음에도 말이다.

내셔널리즘의 변동을 비교하면서 발견하게 되는 가장 중요한 점은, 사회유동화 단계가 도래하는 순서라는 면에서 세 나라의 발전단계론이, 그간 20년 주기의 고도성장을 뒤집어 놓기라도 하듯 역전된 모습을 보인다는 점이다. 사회유동화 및 그 속에서 개인화의 진행은 중국이 명백히 가장 빨랐으며 한국이 그 뒤를 쫓는 듯 보인다. 지금 일본은 아마 그 와중에 있다고 할 것이다.

여기서 문제는, 우경화하는 젊은이들 자신의 무지(無知)가 아니다. 그간의 보수/혁신 측과 마찬가지로 사회유동화에 대해 인식하지 못했으면서도 마치 일본이 그 조류 밖으로 피해 갈 수 있을 거라는 듯이 이야기하곤 했던 일본의 그간 논의에 대해, 그 지적(知的) 빈곤을 통감하지 않을 수 없다.

국내 문제의 연장으로서 동아시아

개별불안에 대한 대처가 필요한데도 회사주의와의 사이에서 오락가락 흔들리면서, 회사주의의 환영을 버리지 못한 채 불안을 안고 사는 층이 일본에 나타나고 있다.

한국과 중국의 예를 살피는 것이 중요하다고 보는 까닭은 일본의 상황을 거울처럼 비추고 있는 것이 바로 이들 두 나라라고 생각하기 때문이다. 일본에서는 과거 개발주의의 성공이 너무도 위대했다고 여겨졌기 때문에 '총중간층화의 꿈'이라는 환상의 여파가 아직 짙게 남아 있고 이것이 내셔널리즘으로 직결되는 측면이 가장 강하다.

제1장의 논의 및 제4장에서 인용한 후쿠다 가즈야의 논의에서 볼 수 있듯이, 이러한 환영의 잔재가 중국을 비롯한 아시아 각국에 대한 적대감으로 변화하는 경향이 나타나고 있다. 이러한 형태의 내셔널리즘 분출은 한국과 중국이 갖는 반일 감정보다 한층 더 위험해 보인다. 이것이 사회유동화, 그중에서도 구미에서는 물론 오늘날 한국이나 중국에서도 명백해지고 있는 '총(總)외부노동시장화'라는 징후에 대한 사람들의, 특히 청년층의 정확한 인식을 그르치면서 목표 상실감만 낳는 역할을 하고 있기 때문이다.

이러한 내셔널리즘에 대해 '그 전쟁' 이야기를 듣고 나와 당구공 모델의 논의를 한들 제대로 된 비판이 나오기 어렵다. 이는 그들의 불안감을 오히려 반대 방향에서 부채질하며 '그 전쟁'에 대한 긍정론에 기름을 붓는 효과를 낳을 수 있기에 결국 무의한 논의만을 확대시켜 나갈 것이다. 우리가 논의해야 하는 것은 '총중간층화의 꿈을 어떻게 끝맺을 것인가'라는 문제이다.

이러한 뜻에서, 특히 일본의 경우 내셔널리즘에 관한 논의의 벡터를 국내 문제를 향해 재설정할 필요가 있다. 이는 일본 국내의 격차 확대나 동아시아 관계에 대한 토론에 참여하고자 하는 모든 논자들의 책무라고도 할 수 있다.

일단 '풍요로운 사회'를 경험하고 중간층이 확대된 상황에서 대불황이 닥칠 때 국민들 사이에 퍼진 상실감을 메우듯 파시즘이 생겨난다는 점은, 일본만이 아니라 예전의 추축국(樞軸國 : 제2차 세계대전 때 연합국에 맞선 독일, 이탈리아, 일본) 모두가 경험한 바이다. 하강 이동에 따른 원한을 실질적인 내용이 없는 상징으로 대신 채우고자 하는 것이 바로 내셔널리즘의 본질이다. 그렇기에 여기서 '진정한 내셔널리즘이란 무엇인가'하는 질문은 별반 의미가 없다.

그러나 현재 일본에 나타나고 있는 것은 이른바 '그 이전의 문제'이다. 오히려 개인이 하강 이동하고 있다는 사실을 은폐하기 위해 역사 문제를 비롯한 각종 공허한 상징이 준비되어 있는 실정이다. 이것은 파시즘이 도래했던 때와는 완전히 다른 사태인 바, 이를 단순히 우경화라 부르는 중국이나 한국의 논평이 틀린 것도 이러한 이유에서다.

동아시아 규모의 글로벌한 시장경제의 변동 속에서 우리들은 이미 이전의 일본으로 되돌아갈 수 없는 지점에 서 있다. 지금 필요한 것은 내셔널리즘(및 이를 둘러싼 논의)의 벡터를 공허한 상징으로부터 개개인의 생활이나 경제 상태라는 수준으로 다시 설정하는 것이다.

예컨대 제2장에서 '취미화하는 내셔널리즘'을 문화로 돈을 버는 보보스와 대치시킨 것도 이 때문이다. 취미화하는 내셔널리즘에 대한 반응으로서, 그 역사 인식을 문제 삼기보다는 먼저 문화와 생활의 문제를 관련시키는 것이 본질적이라고 여겨지기 때문이다.

앞으로도 진행될 계층의 분화를 비롯한 국내의 문제들과 동아시아의 경제 제휴의 심화는 밀접히 관련되어 있다. 전자를 통해 후자를 논하는 일종의 2단계 모델을 구상하지 않는다면 동아시아는 언제까지나 끝없는 역사 문제의 연쇄로부터 벗어나지 못할 것이다. 이는 각 나라의 젊은층에게 허위의식을 제공하는 역할밖에는 못할 것이리라.

사생활과 내셔널리즘의 괴리

일본·한국·중국 세 나라에서 사회유동화라는 것은 사람들이 자발적으로 선택한 것이 아니라 위로부터 추진된 사회 변동이라는 측면이 강하다. 사람들은 이러한 과정에 추진이든 방향 전환이든 자신들의 의지를 반영시키려는 의지를 점차 잃어버리고 있는 듯 보인다. 오히려 개별적 '생활'에서의 득실을 중시하며 '자기방위'라는 방향성을 선택하고 있는 것 같다.

이것이 잘못이라고 말할 수 있는 사람은 아무도 없으리라. 분명 현재의 사회유동화는 피할 수 없는 세계사적 흐름이기에 이를 안이하게 피해 갈 수 있다고 생각하는 것은 개발주의하의 기득권층만 배불리는 결과를 낳을 뿐임이 분명하다.

하지만 그러한 '유동성'에 적응할 수 있는 사람들이 있는 반면 그러지 못하는 사람들 역시 존재하는 것도 사실이다. 능력 없는 사람들 혹은 유동성이 나타난 결과 하강 이동하는 것이 분명해진 사람들에겐 불만만이 쌓여 간다.

내가 듣고 볼 수 있는 한에서는, 한국이든 중국이든 유동성에 적응하는 층—이른바 '경제적 현실'의 법칙과 자신의 사생활을 연동시키는 데 성공한 계층—은 반일운동에 별반 흥미를 보이지 않았다. 일본 역시 이와 비슷한 배경이 있는 것으로 보인다.

동아시아를 관통하는 오늘날 '내셔널리즘의 대립'에는, 사회유동성의 증대와 더불어 국내에서 불만을 쌓아가는 층이 이를 역사 문제라는 형태로 사이비 문제화하면서 서로에게 책임을 떠넘기는 측면이 있는 것이 아닐까?

이를 예전과 마찬가지로 반일 감정 혹은 아시아 멸시라고 이해하여 비판하는 것은 그다지 의미가 없다. 이러한 종류의 내셔널리즘에서 주목해야 할 점은, 당구공 모델의 국가 간 대립 구조에 바탕한 제로섬 게임의 승부가 아니라 동아시아를 가로질러 진행되는 '개발 체제의 붕괴와 사회유동화의 진행'이라는 공통의 문제이다.

그러면 이를 극복할 길은 있는 것일까? 다소 추상적으로 이야기할 수밖에 없지만, 그 대처 방안은 역시 사회유동화의 증대라는 문제 자체와 다르지 않을 것이다. 정책적으로 가능한 것은, 야마다 마사히로가 로버트 라이시●의

● 로버트 라이시(Robert B. Reich, 1946~) : 미국의 정치경제학자. 클린턴 행정부 시절 노동부 장관를 역임하면서 청년 실업자, 중소기업 등 사회적 약자의 경쟁력 강화를 위한 다양한 프로그램을 제안했다. 국역 저서에 오성호 옮김, 『부유한 노예』(김영사, 2001) ; 김병두 옮김, 『미래를 위한 약속』(2003, 김영사) 등이 있다.

말을 인용하여 논하고 있는 '개인적 대처에 대한 공공적 지원' 같은 것이리라. 즉 그는 "공공적 지원을 통해 위험의 증가와 양극화에 견뎌 낼 수 있는 개인을 양성해 낸다면 어떨까"[2]라는 질문을 던진다. 이는 직접적인 공적 원조의 증가보다는 스스로 대처할 능력을 갖춘 개인을 양성해 낼 수 있는 인프라를 구축한다는 과제이다.

더 나아가 일반인들에게 요청되는 것—물론 미디어상에서 발언하는 분석자들의 작업과도 관련되지만—은 사회적 가치관의 전환이다. 내셔널리즘의 경우에는 이 내셔널리즘을 경제적 현실 속에 재배치하는 일, 이른바 '개인적인 대처'를 위해 국가를 능숙하게 이용할 필요성을 인식하는 일이리라. 좀더 구체적으로 말하자면 '국익이란 사익(私益)의 총합'이라는 점, 막연한 건국 신화 속에서 자신을 잃어버리지 않을 것을 확실히 해두는 일이다. 한중일의 보수/혁신파는 이 같은 점들을 확실히 하는 데 실패하고 있는 것 같다.

그럼에도 유동화가 수반하는 불만들은 앞으로도 계속 분출할 것이다. 이는 어느 정도 불가피한 것으로서 모든 선진국들이 이미 경험했던 현상이다. 따라서 동아시아에서만은 이를 완전히 막아 낼 수 있을 것이라고 생각한다면 그것은 한갓 몽상에 지나지 않을 것이다.

그러나 지금 동아시아에서 분출되고 있는 내셔널리즘의 상당 부분은 기본적으로 내셔널리즘과는 다른 차원에서 나타나는 문제가 슬쩍 모습을 바꿔 나타나고 있는 것으로 여겨진다. 한 가지 확실히 말할 수 있는 것은, 개인 생활의 수준에서 내셔널리즘을 풀어 읽고자 할 때에 비로소 내셔널리즘을 둘러싼 모든 논의를 시작할 수 있을 것이라는 점이다. 오늘날 내셔널리즘 언설의 대부분은 아직 그 이전 단계를 말하고 있을 따름이다. 그러나 한중일의 길거리를 걷다 보면, 설령 아직 사회에 표면화되고 있지는 않더라도 그러한 움직임이 이미 시작되고 있다는 사실을 느낄 수 있다.

후기

이 책은 나의 첫 번째 책이다. 20대를 보내며 생각한 여러 가지를 모두어 결산하는 형태로 한 권을 묶게 된 셈이다. 서른을 목전에 두고 스스로 지녀 왔던 여러 가지 문제의식을 커다란 틀 속에 넣어 처녀작으로 엮어 세상에 발표할 수 있게 된 것을 커다란 행운으로 생각한다. 개별 논점들은 앞으로 시간을 들여 분석해 나가고자 하나, 이 책에서는 치밀한 논증보다는 우선 성기더라도 커다란 스케일의 지형도를 그려 보려고 노력했다.

일본·한국·중국을 꿰뚫는 '중간층'의 변동 및 이와 더불어 나타나는 자국의 근현대사에 대한 재검토라는 문제를, 세 나라를 횡단하는 공통적인 문제로서 드러내 보이는 것이 이 책의 주목적이었다. 산만하다는 비판을 피할 길이 없겠지만, 국가끼리 서로 부딪치는 이미지만 증폭되어 가는 오늘날 동아시아의 상황에서 이러한 작업이 나름의 의미를 갖는 것이기를 바랄 뿐이다.

특히 중요하게 여긴 것은, 각 나라 내부에서 진행되는 '사회유동화'라는 새로운 조류를 세 나라 공통의 문제로 스케치하는 것이었다. 이러한 조류는 '개별불안형 내셔널리즘'이라는, 기존의 '고도성장형'과는 다른 내셔널리즘을 자라게 한다. 현재 동아시아 내셔널리즘의 대립이라 불리고 있는 상황은 이와 같은 두 종류의 내셔널리즘을 구별하여 논의할 필요성을 요청하고 있다는 주장이다.

제1장에서는 고도성장형 내셔널리즘의 가장 좋은 보기로서 '회사주의' 일본의 내셔널리즘 문제를 다루었다. 이것과 기업 고용에서 탈락해 버린 청년층이 가지게 되는 개별불안형 내셔널리즘을 대비시키는 동시에, 그간 일본과 구미에서 사회유동화를 어떻게 논의해 왔는가를 되돌아보고자 하였다.

제2장에서는 이 책의 두 번째 틀인 고도소비사회화와 내셔널리즘의 문제를 '취미화'라는 단서를 가지고 분석하였다. 특히 인터넷상에서 문화 표현, 하위문화로서의 내셔널리즘이 증가하고 있는 상황에 대해 이를 내셔널리즘의 발로라고 그대로 받아들인 채 편들거나 비판하기보다는, 일본의 고도소비사회화 역사에 비추어 문제를 생각해 볼 필요가 있다고 주장했다.

제3장과 제4장은 각각 한국과 중국에 관한 이야기이다. 이들 두 나라에서도 사회유동화라는 피할 수 없는 동향이 생겨나고 있는 바, 그 속에서 내셔널리즘은 고도성장형일 뿐만 아니라 점차 개별불안형이라는 성격을 띠고 있다는 점을 논했다.

한중일 세 나라에 공통적인 것은 청년층이 처한 곤란한 입장이라고 할 수 있다. 1970년대 서구의 경험과 마찬가지로 성장을 중시하는 체제를 변혁하는 데에는 많은 청년 실업자가 양산된다. 곧 '불안'이 청년층으로 가장 집중되는 것이다.

이러한 상황에서 고도성장형과 개별불안형이라는 서로 다른 두 유형을 구분하지 않음으로 해서, 내셔널리즘이 불안에 몰린 청년들의 도피로가 되는 동시에 그 불안이 움트는 자신의 생활문제와 유리된 일종의 사이비 문제가 되어 버린다. 이 책의 제목으로 삼은 '불안형 내셔널리즘의 시대'에는 이러한 역설적인 의미가 들어 있다.

동아시아의 대립관계는 평면적인 내셔널리즘 간의 천편일률적인 대립이라고 해석되기 일쑤였으나 특히 청년층에게 내셔널리즘은 새로운 의미를 띠기 시작했다. 걱정스러운 점은, 반일 감정의 증폭이나 젊은이들의 우경화라기보다도 이러한 구도 위에서 동아시아 모든 국가에서 내셔널리즘이 자기들을 둘러싼 경제적 현실의 은폐 장치로써 작동하게 되는 사태이다.

한중일 세 나라에서 사회유동화의 진행과 동아시아 경제협력의 심화는 서로 밀접한 관계에 놓여 있다. 때문에 '혐한·혐중', '아시아에 대한 속죄' 혹은 '반일/친일'이라는 기존의 뻔한 결론으로 빠지고 마는 '내셔널리즘론'의 타당성은 점차 떨어지게 마련이다. 동아시아를 기존의 좌우 대립과 완전히 다른 형태로, 고용 불안이나 계층 분화 같은 국내 문제와 관련지어 생각해 나갈 수 있는 감각이 요청되고 있는 것이다.

냉전 종결 후 모든 가치가 글로벌 자본주의로 일원화되어 가는 세계사적 동향 속에서 개발 체제로서 국내적 시스템은 불가피하게 변혁의 길을 걷게 된다. 이는 한중일 각국이 경제 발전을 실현해 온 환경과 그 속을 살아온 자신들의 신체 자체를 함께 해체해 나가는 것과 같은 과정이다. 공연히 타국에 대한 반감을 부채질하는 것은, 그 고통을 견뎌 내기 힘든 사람들의 도피 행동일 뿐이라는 점을 마음에 새겨 두어야 한다.

마지막으로 도움을 주신 분들께 감사를 전하고 싶다. 먼저 두 분의 은사 강상중(姜尚中), 엔도 가오루(遠藤薫) 선생님에게 감사드린다. 강상중 선생님의 내셔널리즘 및 동북아시아에 대한 관심과, 엔도 선생님의 글로벌한 이론 틀이라는 완전히 이질적인 두 요소를 나름대로 하나로 엮어 내는 데서 나의 대부분의 생각이 형성되었다. 특히 이 책의 틀은 엔도 가오루 선생의 글[1]에서 크게 영향 받은 것이다.

또한 중국에 대한 많은 정보를 제공해 준 나카노 히로야(中野裕也)와 무라이 히로시(村井寬志), 이 책을 출판할 수 있도록 기회를 주신 요센샤(洋泉社)의 오가와 데츠야(小川哲也)에게 감사한다. 그리고 한중일을 넘나드는 나의 관심을 이끌고 유익한 정보와 조언을 아끼지 않은 친구들, 특히 아라타 마사후미(新雅史), 모리타 구미(森田久美), 오야마 마사히코(大山昌彦), 아베 마사히로(阿部真大), 아다치 하루오(足立治男)와 정란위에(鄭嵐月), 류즈광(劉之光), 야마우치 후미타가(山内文登), 한동현, 백선영, 록그룹 노브레인의 이성우와 정민준에게 감사의 마음을 전한다. 미처 발견하지 못한 모든 잘못의 책임은 나에게 있음을 밝힌다.

2006년 1월 30일
다카하라 모토아키(高原基彰)

272

'개별불안형 내셔널리즘' 개념의 가능성과 한계

1.

자주 접하는 표현이면서도 그 분명한 뜻을 가늠하기 어려운 말들이 있으니, '민족주의', '내셔널리즘' 역시 여기에 속한다. 각종 언론 매체나 대중 토론에서 '민족주의적', '내셔널리즘적'이라는 규정을 만날 때마다 떠올리는 것은, 이들 추상적인 용어가 이루는 방대한 이야기의 흐름들과 한국 및 동북아시아 지역의 특수한 역사적 경험 사이의 '거리' 내지는 '현실'과 '개념'이 얽히는 어떤 방식이다.

'국가', '나라', '민족', '국민'으로 나타내려는 바가 서로 일정 부분 겹쳐질 수밖에 없었던 역사적 경험을 가진 한국 사회에서 민족주의, 내셔널리즘이란 말은 항상 불투명한 구석을 남기게 마련이었다. 이들 용어는 그러한 불분명함을 지닌 채로 혹은 어쩌면 그 애매함 때문에 더욱 현실에 대한 강한 규정력을 유지해 왔다. 또한 한국 사회가 이들 표현이 가리키는 핵심 내용의 어떤 부분을 역사적 현실로서 직접 체현하고 있다는 인식은 오랫동안 민족주의 관련 논의의 문제점에 대한 섣부른 비판이나 반론의 여지를 허용하지 않기도 했다.

그러나 오늘날 민족주의/내셔널리즘 논의가 일상적으로 확대되고 재생산되는 모습을 접하면서, 개개인의 다양한 정념 및 사태의 복잡한 면면에 대한 민족주의/내셔널리즘이라는 규정이 얼마나 현실을 제대로 대변하고 있는지 의문을 갖게 된다. 또한 이러한 익숙한 용어들이 오히려 그 이름으로 문제시되는 현실적인 상황과 문맥에 대한 한층 더 구체적인 인식을 위한 노력을 선취하거나 심지어 이를 가로막고 있는 것은 아닌가 하는 의구심이 드는 것도 사실이다. 즉 여기에서 우선 문제가 되는 한 가지는 '다른 나라의 사정을 쉽게 이해하는 방식으로서 민족주의/내셔널리즘이라는 이해법'이다.

객관 보도라는 명목으로 분석보다는 자극적인 헤드라인을 내세우기 일쑤인 거대 언론사들의 보도를 보면, 다른 나라들은 흔히 선정적으로 타자화된다. 한국 언론은 일본 우익 정치가들의 발언이나 행동을 성급히 '일본의 군국주의화'로 연결시켜 제시하곤 했고, 일본 언론은 한국과 중국에서 치솟는 반일 감정을 자극적으로 반복 보도했다. 그러는 와중에 해당 현상의 배경이 되는 양국의 국내 정치적 지형 및 논리의 현재적 전개 양상은 시야에서 사라지기 일쑤였다.

예를 들면, 공공 부문 개혁이라는 이슈 및 이미지 전략이라는 측면을 충분히 고려하지 않은 고이즈미 전 수상의 인기에 대한 기사는 곧바로 '우익 정치인, 우경화에 대한 국민적 지지'라는 성급한 해석을 조장하기 쉬웠다. 또한 노무현 정권기 들어 활발해진 과거사 재검토 관련 움직임이 단지 친일 행위만이 아니라 오히려 공권력에 의한 피해, 억압 등의 광범한 진상 규명의 맥락에서 제기된 것이라는 사실을 제대로 전하지 않는 대다수 일본 미디어의 보도는, 노무현 정권을 단순히 포퓰리즘적 민족주의를 내세우는 반일(反日) 정부로 인식하게 할 위험이 컸다. 요컨대 매스미디어에 의해 확산되는 정보 및 이와 여론 간의 상승 작용에 대해 비판적인 자세를 견지하면서, 흔히 민족주의/내셔널리즘이라는 프리즘을 통해 이해되는 타국의 현실을 그 나라의 국내적인 맥락과 함께 들여다볼 필요가 있는 것이다.

이와 더불어 현실의 어느 만큼을 민족주의 혹은 내셔널리즘 문제로 파악할 것인지는 한 가지 중요한 문제를 제기한다. 지식인들이나 대중 매체가 '동아시아의 미래'에 가장 중요한 걸림돌로서 '민족주의의 대두', '내셔널리즘의 심각성'에 대해 부산스레 이야기하면 할수록, 그 논의가 오히려 극복해야 할 대상과 한 몸을 이루면서 문제를 한층 더 부풀리고 만다는 역설적 상황이 나타날 수 있기 때문이다.

단, 이렇게 이른바 내셔널리즘 담론(언설, discourse)의 '수행적(performative)' 기능을 생각해 본다는 것은 기존 민족주의 논의의 폐해나 무용성을 주장하는 것과는 거리가 멀다. 다만 민족주의/내셔널리즘이라는 이름을 붙이는 순간 더 이상 속을 들여다볼 필요가 없는 하나의 익숙한 패턴으로서 그 현실이 '깔끔하게 정리되는' 문제점을 인식하는 동시에, 대상 현실이 구체적으로 어떻게 생겨나고 인지되었으며 이를 민족주의/내셔널리즘이라 부르는 행위가 무엇을 뜻하는지에 대해 다시금 생각해 볼 기회를 가질 필요가 있다는 뜻이리라.

그러나 많은 사람들이 민족주의/내셔널리즘의 '이야기'로 이해하거나 공감하는 현상을 두고 제2, 제3의 해석의 여지에 대해 발언하는 것은 언제나 '불온하다.' 민족주의 담론의 중압으로부터 해당 현상을 자유롭게 하며 그 복합성과 다중성을 드러낸다는 명목 아래 결국 민족주의 담론의 실천력에 흠집을 내고 마는 '음험한 시도'에 머물기 쉽기 때문이다.

이 책은 이러한 의미에서 꽤나 도전적인 동시에 군데군데 불편함을 느끼게 하는 문제작이다. 특히 한국과 중국의 반일 감정을 일본 측에게 주체적이고 적극적 역사 청산을 요구하는 합리적이고 진지한 목소리로 해석하는 대신에 이를 '개인적 불안에서 도피'로 격하시킬 여지를 남긴다는 점에서 논란의 소지가 있다고 할 수 있다.

한편 고도성장기 이후의 일본 젊은이들을 둘러싼 정치경제적 조건의 변화에 대한 이 책의 서술은, '우경화하고 있는 일본 청년들'이라는 식의 단편적 이미지 너머에 놓인 배경, 즉 그들의 우경화 현상을 둘러싼 사회적 변화를 폭넓게 생각해 보게 한다는 점에서 눈길을 끈다. 저자의 솜씨 좋은 정리는 단지 젊은이들만이 아닌 전후 일본 사회상에 대한 일관되고 설득력 있는 설명을 제공하고 있다. 또한 한중일 각각의 국내 정치적 맥락을 따라가는 폭넓은 논의의 단단한 씨줄 역할을 하는 '세 나라의 동시대성'이라는 저자의 분석 시각은, 신자유주의적 세계화 속에서 세 나라 젊은이들이 처해 있는 입장의 공통점과 차이점을 구체적으로 따져보는 가운데 오늘날의 내셔널리즘 문제를 고민할 수 있게 한다는 점에서 주목할 만하다.

옮긴이의 간략한 독후감인 이 글에서는 이 책 내용의 유효성과 문제점을, '동북아시아 삼국의 사회유동화'라는 '동시대성'에 주목하는 분석 시각의 의미와 가능성, 그리고 '개별불안형 내셔널리즘' 개념의 한계라는 두 가지 측면에서 비판적으로 되짚어보고자 한다.

2.

격차(格差)사회, 하류(下流)사회, 후리타(아르바이트 등 비정규직 취업자), 니트(취업 의욕도 없고 직업 교육도 받지 않는 무업자), 가치구미(勝ち組)/마케구미(負け組み)(돈 많고 성공한 '이긴 그룹'과 그렇지 못한 '진 그룹')…….

최근 일본의 신문, 텔레비전 토론, 베스트셀러 목록 혹은 다양한 일상적 대화에서 자주 만나는 이러한 표현들은, 현재 일본 사회가 직면한 변화와 그에 대한 사람들의 위기감, 문제의식을 여실히 드러내 준다. 즉 신자유주의라 불리는 세계적 조류 속에서 점차 가속화되는 노동시장의 유연화 및 사회 계층 간 격차(감)의 고조가 중요한 사회 문제로 부상한 것이다.

이 중에서도 무엇보다 개인 삶에 직결되는 고용 문제는 상황의 심각성을 잘 보여준다. 일본 후생성의 통계에 따르면, 지난 10여 년간 비정규직의 증가로 전체 고용자수 중 비정규직의 비율이 약 3분의 1까지 증가했으며, 특히 15~24세 청년층의 경우 그 비율이 거의 절반에 달하는 것으로 밝혀졌다. 더욱이 비정규직은 임금 수준이 정규직의 60퍼센트 정도에 지나지 않는 데다 근속에 따른 임금 상승이 없기 때문에, 양자 간의 소득 격차는 시간이 지날수록 고착될 것이다.

이런 상황을 배경으로 하는 고용과 미래에 대한 젊은이들의 불안감이, 만혼(晩婚)이나 저출산 그리고 사회적 연대감의 저하 등 여러 가지 사회

문제와 연결되면서 일본 사회 전체에 위기감을 드리우는 중요한 이슈로 떠올랐다.●

　이 책은, 노동유연화와 사회양극화 속의 심리적 불안이 젊은이들로 하여금 '외부에서 적을 찾게' 만드는 모습, 동시에 이들의 방향 잃은 귀속 의식이 다시 '국가'로 향하면서 특히 인터넷상의 편협한 애국주의가 일종의 하위문화적 취미인 양 세를 불려가는 모습에 착안한 하나의 시론(試論)이다. 여기서 '시론'이라 함은, 저자가 '개별불안형 내셔널리즘'의 존재 혹은 한중 반일운동의 '본질'에 대한 일견 도발적인 자신의 주장에 대해 본격적인 검증을 시도하기보다는, 오늘날 동북아시아에서 내셔널리즘이라는 이름으로 불리고 있는 현실을 이해하기 위한 하나의 대안적인 시각을 제시하고자 하기 때문이다.

　그러면 저자가 제시하는 시각의 새로움이란 무엇인가? 그것은 바로 저자가 '동시대성(同時代性)'이라고 부르는 것이다. 저자는 일본의 미진한 과거사 청산에 대한 한국과 중국의 반발, 그러한 한중의 반일 감정과 애국주의에 대한 일본의 거부감 그리고 중국의 급성장에 대한 한일의 경계심 등 '국가 단위의 정념'들이 서로 대결하는 구도로만 내셔널리즘을 사고하는 한계를 지적한다. 그리고 현재 '내셔널리즘'이라고 불리는 현상을 다시 파악해 보기 위해 공시적(共時的) 관점을 도입할 것을 제안한다. 즉 세 나라를 가로지르는 '사회유동화', '소비사회화'의 경험이라는

● 이러한 와중에서 사회적 격차와 세대론 등을 다루는 관련 신서(新書)류가 대거 쏟아져 나왔고, 그중 상당수가 화제를 불러 모으며 베스트셀러가 되었다. 관련 참고문헌에는 후지이 겐키, 이혁재 옮김, 『90%가 하류로 전락한다』(재인, 2006) ; 미우라 아츠시, 이화성 옮김, 『하류사회—새로운 계층 집단의 출현』(씨앗을뿌리는사람, 2006) 등이 있다.

요인에 주목하자는 것이다.

　우선 저자는 인터넷상의 국수주의적 발언 등을 근거로 일본 젊은이들의 우경화가 논해지곤 하지만 이들을 기존 보수 우익의 연장선상에서 제대로 이해하기 어렵다는 점을 말한다. 이에 '국가를 단위로 한 민족주의적 대립'이라는 해석 틀이 담아내지 못하는 현실을 읽어 내고자 노동사회학적 접근을 시도한다.

　최근 들어 한국의 인터넷 게시판에서는 외국인 노동자에 관한 배타적인 언사, 동북공정에 대한 비판을 업고 확대되는 속류 중국경계론이나 중국 상품에 대한 경계에 이어지는 중국에 대한 모멸적 조롱이 눈에 띈다. 그런데 극단적인 배타성으로 가득 찬 애국주의적 수사를 서슴지 않는 블로그와 댓글들이 횡행하는 현상을 두고, 이들 모두를 '민족주의' 혹은 '인터넷 민족주의'라고 이름 붙인 다음 그 원인과 결과에 대한 제반 고민을 기존의 민족주의, 내셔널리즘 논의로 돌리는 것이 과연 얼마나 온당한지에 대해 의구심이 드는 것이 사실이다. 이러한 현상을 청년들이 처한 정치경제적 변화와 연관지어 설명하려는 저자의 시도는 상당히 신선하게 다가온다.

　전후 안정사회와 내셔널리즘의 관계가 일본 사회의 구조적 변동 속에서 어떻게 변해 왔는지를 설명하기에 앞서 제시되는 키워드는 '다원화 내셔널리즘'이다. 한 나라의 단일한 입장을 전제하는 기존의 '당구공 모델 내셔널리즘'을 벗어나 국가 내부의 다양한 목소리와 내부적인 맥락을 고려한 논의가 필요하다는 것이다. 이어 일본 사회에서 내셔널리즘이 놓여진 정황을 살펴보는 것으로 분석이 시작된다.

저자에 따르면 일본의 경우 대다수 국민의 복지와 생활을 책임지는 회사주의 시스템의 안정화라는 특징을 갖는 총중류사회(總中流社會) 속에서 형성된 중간층이 존재했다. 그리고 탈공업화로 향하는 과정에서 고도 경제 발전에 대한 자긍심을 배경으로 한 '고도성장기 내셔널리즘'이 만들어졌다. 그러나 중간층이 상하 분열을 보이는 오늘날의 사회유동화 속에서 '개인화된 경쟁'을 살아가는 젊은이들이 드러내는 내셔널리즘적 정념이란, 기존의 내셔널리즘과 그 근원을 달리 한다. 즉 이는 불확실한 미래와 고용에 대한 불안감을 짙게 반영한 '개별불안형 내셔널리즘'이라 할 만한 것이다.

이어 저자는 서구에서 진행된 산업사회론, 문화론, 문화연구의 논의와 일본에서 전개 맥락을 서로 비교하는 동시에 세대론 및 후리타·니트 관련 논의를 살핀다. 그러면서 보수파가 '과거의 고도성장을 칭송하고 혁신파가 무책임하게 문화성선설을 논하는' 동안 그 틈바구니에서 청년층이 무한 경쟁의 노동시장에 내몰린 채 하위문화적 취미를 추구하듯 내셔널리즘으로 향하게 되었다고 비판한다.

저자의 이러한 분석은 일본 사회에 멈추지 않고 한국과 중국의 경우로 확장되면서 세 나라의 동시대성을 읽어 내려는 시도로 이어진다. 즉, '총중간층화-탈공업화-사회유동화'라는 나름의 도식을 가지고 한국과 중국의 현대사를 되짚으면서 개발주의적 정부, 중간층의 형성, 개발주의와 민주주의적 요구의 대립 그리고 오늘날 사회유동화라는 '공통 요소'를 추출해 내는 것이다. 이로써 결국 한중일 동시대 젊은이들이 몸으로 느끼고 있는 '거시적 변화 속의 미시적 고뇌'가 서로 크게 다르지 않다는 점,

그리고 그 고민과 불안감이 내셔널리즘적 언행으로 배출되는 하나의 회로가 작동하고 있다는 점을 강조한다.

다소 거칠기는 하되 거침없이 이어지는 저자의 서술을 따라가다 보면, 한중일 세 나라 청년들이 놓여진 정치경제적인 맥락의 역사적 배경이 그려진다. 또한 시대에 따라 여러 주장과 언설들이 어떻게 그들을 사회적으로 규정해 왔는지, 그리고 오늘날 그들이 '일자리를 둘러싼 고민'을 어떤 식으로 끌어안게 되었는지가 점차 명확히 다가온다.

또한 이들 논의의 밑바닥에는 한중일 젊은이들에 대한 깊은 관심과 그들이 처한 상황을 공통적인 문제로서 읽어 내고자 하는 정열적인 시도가 자리하고 있음을 느낄 수 있다. 그리고 이러한 저자의 자세는, 다른 나라 젊은이들에게 간단히 한 가지 이름의 딱지를 붙이는 순간 마음이 편해지곤 하는 '쉬운 이해법'인 '반일', '우경화', '내셔널리즘'을 여러 모로 반추해 볼 수 있는 기회를 제공한다.

즉 '내 나라'에 대해 반대 의사를 분명히 하고 있는 것 같다는 점 하나로 영영 그 속을 상상할 수 없는 타자로 멀어져 가는 이웃나라 청년들을 다시 구체적인 사회경제적 배경 속에 배치하여 제시함으로써, 그들에게서 '나의 처지'와 비슷한 점들을 발견하도록 하는 것이다. 그리고 그러한 '발견'을 다시 '내셔널리즘'이란 이름의 거대한 언설에 대한 질문으로 이어가려 한다는 점에서 저자가 제기하는 '동시대성'은 의미를 갖는다고 할 수 있다.

더욱이 구체적인 맥락에서 타국 청년들의 행위를 재해석하고 거기에 자국 사정을 비추어보면서 스스로의 위치에 대해 다시 생각해 본다는 것은, 오늘날 '신자유주의의 파고'에 대한 대처 방법을 고민하는 데에도 일정한 의미를 가질 수 있을 것으로 생각된다.

예컨대 한국에서는 미국을 위시한 강대국 및 초국적 자본의 경제 글로벌화 공세에 대해 민족주의적 성격의 논의를 맞세우는 모습을 종종 볼 수 있었다. 하지만 이 경우 '우리 민족, 우리 나라'를 보호한다는 식의 '안으로 갇힌 구호'가 전지구적 신자유주의화에 대한 문제제기와 대안을 모색하기 위한 고민에 좁은 한계를 설정하거나 오히려 이를 짓누를 우려가 없지 않은 것도 사실이다. 한국의 IMF 관리 체제와 중국의 WTO 가입, 일본의 경제 개혁과 노동시장의 변화 이후 더욱 절실해지고 있는 동북아 각국의 '사상의 재점검'이라는 과제●를 생각해 볼 때에도, 현재는 국경 없이 번져가는 심대한 변화에 대한 민족 및 국가 단위의 배타적 대응 논의의 유효성과 한계가 문제되고 있는 시점이라 할 수 있다.

이 책은 지금까지 민족주의적 대립으로만 여겨지던 젊은이들의 행동을 사회유동화 및 신자유주의화에 대한 반응으로서 읽어 낼 수 있는 여지를 마련해 준다. 그럼으로써 너나 할 것 없이 유동적인 노동시장으로 함께 내몰린 입장에서 자신들을 둘러싼 거시적 변동인 전지구적 자본주의화에 대한 적극적 대안을 모색하는 '전선'에 나란히 선 동아시아 청년들을 떠올릴 수 있는 가능성을 품고 있다고 할 수 있다.

그러나 청년들의 행위에 대한 새로운 해석의 가능성을 여는 공시적 관점이 이러한 의미와 가능성을 가지고 있다고 해서 기존의 해석 틀, 즉 종

● 윤건차, 「민족, 민족주의 담론의 빛과 그림자」, 『황해문화』 제35호(2002년 여름).

래의 내셔널리즘 논의가 무력해진다거나 그 기반이 되는 역사적 현실이 소멸되는 것은 아니다. 그런 점에서 저자가 제시하는 시각의 한계가 철저히 물음에 부쳐질 수 있다.

3.

저자는 국경을 가로지르는 젊은이들의 '공통 감각으로서 불안'이 각 사회에서 내셔널리즘과 '어떻게' 결합하고 있는지를 추적한다. 하지만 '내셔널리즘이라는 잘못된 배출구'의 존재나 그것이 국내적 사정에 대한 은폐막으로 기능할 위험성에 대한 지적 외에 더 이상의 구체적인 설명은 찾아보기 어렵다는 점이 먼저 눈에 띈다. 엄밀히 말해 이 책은 '불안'과 인터넷상의 내셔널리즘이 서로 엮이는 핵심적인 고리가 되는 구체적 연관과 과정에 대한 단순한 추측과 단정적 서술을 되풀이하고 있는 것이다. 각 사회에 대한 서술이 거의 마무리되는 지점에서 강조되는 사회유동화 및 노동시장에서 개인의 불안이라는 요소가 내셔널리즘에 관한 명확한 함의를 가지고 '세 나라의 동시대성'으로 부각되려면, '불안'과 '취미화된 내셔널리즘'의 연결회로가 좀더 명확히 드러나야 할 것이다.

그러나 이러한 지적은 단순히 저자 주장의 실증 가능성을 추궁하거나 사회심리학적인 보충 연구가 필요하다고 말하는 것이 아니다. 이는 한중일 젊은이들의 내셔널리즘적 정념의 분출이라는 현상을 설명하고자 저자가 제시하는 '개별불안형 내셔널리즘'이라는 개념이 얼마나 적절한지, 또 어디까지 유효한지를 따지는 근본적인 물음으로 이어진다.

결론적으로 저자의 논의는, 젊은이들이 다른 나라에 퍼붓는 비난의 화

살이 '원래는' 자국의 고도성장과 개발주의의 잔재, 그리고 각 사회에서 그들의 위치와 의미에 대한 재검토로 향해져야 할 것임을 시사한다. 즉 국내 문제에 대한 진지한 비판이 외부에서 '사이비 적'을 찾는 형태로 '빗나가고' 있으며, 그러한 '빗나감'이 바로 오늘날 '개별불안형 내셔널리즘'이 모습을 드러내는 방식이라는 것이다.

만약 이것이 사실이라면 오늘날 '내셔널리즘'이라 불리는 한중일 간 인터넷상의 상호 비방과 공격의 대부분은 사이비 문제에 지나지 않는다. 하지만 실제 인터넷상의 '반일 활동'에 가담하는 한국과 중국의 많은 젊은이들은 이러한 해석에 반발할 것이다. 여기에서는 그들의 이성적·합리적 판단에 의한 비판까지도 (단순히 유희적인 외양을 취하고 있다는 이유로) 어느새 자신의 '감성적 불안'을 배출하기 위한 하위문화적 취미 추구로 둔갑해 있기 때문이다.

하지만 앞서 말했듯, 설령 현재 내셔널리즘적 현상으로 여겨지는 인터넷상의 표현을 일일이 추적하여 작성자들의 '진의'를 밝힘으로써 연구를 뒷받침한다 하더라도 저자의 주장에 설득력을 더하는 것은 아니다. 행위자의 의도란 단지 행위자 스스로가 인식하는 범위에 한정되는 것도 아니며, 하나의 사회적 행위가 다양한 복수의 의미 관련 및 동기를 갖는 경우도 비일비재하기 때문이다. 예를 들어 누군가가 '불안감을 해소하기 위해' 혹은 '반쯤은 유희적인 동기에서' 인터넷에 일본을 비난하는 게시물을 올렸다고 진술했다 치자. 그렇더라도 그는 자신의 게시물이 일본에 대한 '진지한' 비판으로 읽힐 수 있는 가능성에 대해 알고 있거나 심지어 그러한 예상되는 해석을 '기대하면서' 행동했을 수도 있다. 심지어 내셔

284

널리즘 담론에 참여한다는 주관적 의식 없이 게시물을 작성한 경우 역시, 그 행위의 모든 의미를 개인 동기의 수준으로 환원시켜 해석해야 할 어떠한 타당성도 없다.●

구체적인 진실을 말해 주는 듯한 개인의 주관적 내면도 언제나 특정 상황의 권력을 반영한 지식의 구조 및 역사적 맥락 속에 놓여 있을 수밖에 없다. 따라서 개인이 구성하는 진술에 얽매인 해석만을 일삼을 경우 오히려 역사적 실체와 권력 구조를 은폐할 수 있다는 오늘날 사회학의 인식을 고려해 볼 때도, 행동의 의미와 맥락에 대한 해석 작업에서 개인 의도만을 최우선시할 수는 없을 것이다.

그렇다면 여기서 주목해야 할 점은 오히려 사람들의 이성적 비판은 물론 감성적 도피마저도 '내셔널리즘의 문법'을 빌려서 드러나게 된다는 현실적 조건 그 자체이리라. 내셔널리즘이라는 해석 틀이 하나의 행위에 대한 다양한 해석의 가능성을 압도하고 가장 먼저 앞으로 나서게 되는 것은 단지 매스미디어의 선정적인 '딱지 붙이기' 때문만은 아니다.

동북아시아 지역의 수많은 현상과 행동에 대한 강력한 해석의 틀을 제공하는 것은 바로 우리가 '역사'라는 이름으로 마주하고 있는 이 지역의 지난 경험, 특히 식민주의와 냉전이라는 두 '뒤틀림'의 존재이다. 아직 현재진행형인 식민주의의 상흔과 분출하는 과거 청산에 대한 요구, 온존하는 냉전 체제 구조를 실감케 하는 북한과 미국의 핵 합의 문제, 중국의 부

● 이해사회학에서 연구자가 밝히고자 하는 '사회적 의미'와 '행위자의 의도' 혹은 '동기 싸움'에 관해서는 막스 베버, 박성환 옮김, 제1장 「사회학적 기본 개념」, 『경제와 사회 · 1』(문학과지성사, 1997), 119~193쪽 참고.

상과 함께 다시금 호출되는 패권 경쟁이라는 강권 정치적 논리 등이, 이 지역의 사회적 행위 및 이들을 주관적 동기와 객관적 결과에 따라 이해하고 해석하고자 하는 연구자들의 시도를 단단히 구속하고 있는 것이다.

'객관적 현실'로서 남아 있는 이 지역의 역사적 경험이 각종 문제들에 대한 여러 해석들을 그 내부로 끌어들이는 강력한 자장(磁場)을 형성하고 있다는 조건을 무시한 채 '새로운 형태의 내셔널리즘'으로의 인식 전환을 역설하는 것은 무력하다. 만약 지금까지 주로 한 뭉터기로 논의해 온 '내셔널리즘' 속에 존재하는 다양한 '결'의 차이에 주목하고 이를 더욱 살려서 다양한 해석의 길을 열고자 한다면, 그것은 동북아시아의 현실적 조건에 대한 냉철한 인식을 전제로 한 것이어야만 한다. '갈 곳 없는 불안감'이 '사이비 문제로서의 내셔널리즘'을 구성한다고 주장한다 할지라도 그 내셔널리즘이 기댄 역사적 현실의 '무게'가 간단히 줄어들 리는 없기 때문이다.

이는 최근 한국의 탈민족주의 논의가 전개했던 '이념 및 이데올로기로서의 민족주의'에 대한 강력한 비판에도 불구하고 여전히 동북아시아의 '역사·정치적 현실로서의 민족주의'가 계속 문제되고 있는 오늘날의 모습이 떠오르는 지점이다. 이에 개인의 경제적 현실과 불안에 주목하는 저자의 논의가 다시금 역사적 현실과 동떨어진 내셔널리즘에 대한 무리한 판단으로 귀착되고 마는 것이 아닌가 하는 느낌을 지울 수 없다.

저자는 '지난 시대의 내셔널리즘'이 이미 설득력을 잃었으며, '불안형 내셔널리즘'이 이를 대체하고 있다는 판단을 내리고 있는 듯하다. 그러나 이는 다소 성급한 결론이 아닐 수 없다. 강력한 규정성을 가지고 이 지역사회적 행동들을 빨아들여 거기에 하나의 이름을 부여함으로써 그 구체적인 이해를 더욱 어렵게 하는, 흡사 블랙홀과 같은 내셔널리즘. 이 문제와 정면으로 대면하기 위해서는, '동시대성'이란 개념에서 뽑아낸 유동화와 개인화의 불안이 어째서 오늘날 내셔널리즘의 원인에 대한 대안적인 설명이 되기에 부족한가?' 하는 질문에서부터 다시 출발할 필요가 있다.

즉 순전히 노동시장의 경쟁과 일자리 및 미래에 대한 불안감에서 타국을 비방하는 경우까지 '내셔널리즘'이라는 표현과 언설로 흡수되고 마는 현실적 조건을 심각하게 고려한다면, 단순히 내셔널리즘의 언설적 실천이 갖는 부정적인 측면만을 지적하거나 그러한 내셔널리즘 언설에의 참여를 비판하는 데 멈추어서는 안 될 것이다.

이 문제의식은 결국 시시각각으로 복잡하게 펼쳐지는 현실과 민족주의/내셔널리즘이라는 표현, 그리고 그 표현이 뜻하는 내용으로 구성되는 민족주의/내셔널리즘 담론이라는, 세 항(현실-표현-담론) 사이의 틀에 박힌 강력한 결합을 어떻게 사고할 것인가 하는 문제, 그 관계 맺음의 양식에 대한 질문에 가닿는 것이 아닌가 한다. 즉 현실에 대한 사회적 인식이 구성되는 과정과 그 제도성을 드러내는 하나의 현상으로서 동북아시아에서의 내셔널리즘 논의를 바라보는 가운데, 저자가 비판하는 바 '새로운 성격'을 갖는 타국에 대한 비난 및 비판까지도 기존의 내셔널리즘 논의로 회수되고 마는 모습을 분석할 수 있을 것이다.

더불어 저자가 지닌 문제의식의 한계를 엿볼 수 있는 지점은 분석의 핵심을 이루는 몇몇 분류이다. 먼저, 저자는 한중의 '반일'이 일본 자체를 향한 것이라기보다 국내적 메시지라는 점을 강조하면서 '외국을 향한 목소리'와 '자국 문제에 대한 의견'을 구분하고 있다. 그러나 외국에 대한 비판이 국내적으로 형성된 한중 양국의 민족주의 흐름과 별개로 존재할 수 없다는 일반론을 이유로, 예컨대 야스쿠니 신사를 참배한 정치인을 야유하는 게시글 등을 일본을 향한 것이 아닌 한국의 국내적 메시지라고 볼 수는 없을 것이다. '반일' 속의 국내 정치적 의미를 강조하려는 저자의 의도는 그 대외적 의미에 대한 포착을 그르치는 결과를 낳고 있으며, 국내외를 가르는 흔한 구분을 답습하는 것 역시 두 영역 간의 연계와 동시성을 보이지 않게 할 위험을 안고 있다.

또한 '자신의 생활 문제와 유리된 사이비 문제'에 몰두하면서 내셔널리즘적 정념을 드러내는 청년들의 '자기소외'를 논하는 부분 역시 동의하기 어렵다.

한국과 중국 젊은이들에게 내셔널리즘이 '실질적인 내용이 없는 상징'인지 아닌지 쉽게 말할 수는 없을 것이다. 적어도 한국 사회의 역사적 전개 양상을 고려해 볼 때, 내셔널리즘적 언설 형성에 대한 이들의 적극적 참여를 반드시 그네들의 삶을 좌우하는 '경제적 현실'로부터의 괴리라고 해석할 수만은 없으리라.

한국에서는 외세에 대한 배제와 자유민주주의를 향한 투쟁이 사회적 존재로서 스스로의 확립을 담보하기 위한 개인적인 실천과 비교적 단단히 연결되어 있었다. 이러한 사정을 생각해 볼 때, 내셔널리즘적 정념의 표출이 '심각한 자기소외의 올가미'인지 아니면 오히려 '자신 삶의 조건을 규정하는 담론들에 대한 적극적인 발언'인지 섣불리 판단할 수 없다. 개인 삶을 규정하는 거시적 구조에 대한 개입 의지나 정체성 추구 등 간단하지 않은 문제들을 덮어둔 채 당면한 현실적 조건에 단선적으로 직접 연결된 사항 이외에 대한 모든 발언을 '삶에서 유리된 행위'로 여긴다면, 이는 '개인을 직접적으로 규정하는 거시적 구조'라는 문제를 피부로 경험한 탈식민사회의 경험과 정서에 대한 몰이해에 지나지 않을 것이다.

이와 더불어 반일운동 참가자를 '진지한 정치의식을 가진 층', 또는 '이를 희화화(戱畵化)하며 문화 표현을 즐기는 층' 등으로 나누어 파악하는 것 역시 현실을 왜곡할 우려가 있는 또 하나의 쉬운 이해법이라고 할 수 있다. 이러한 이분법은 각 개인에게 상이한 특정 역할을 부여함과 동시에 젊은이들에 대한 '실체적인' 구분을 조장한다.

한 발짝 양보해서 인터넷상의 표현 주체의 경우 더 두드러질 것으로 여겨지는 중층적 아이덴티티의 문제나, 진지한 정치의식과 희화화가 동시에 나타날 수 있는 가능성을 배제하고 있다는 점들은 차치한다고 하자. 그렇더라도 이 거친 분류는 자칫 사회운동으로서 현상의 의미를 피상적으로 한계 짓고 행위 당사자들을 '폭력적으로' 해석하는 도식화라는 비판을 피하기 어려울 것이다.

요컨대 '고도성장 내셔널리즘'이 오늘날의 현상을 다 설명해 내지 못하는 것과 마찬가지로 '개별불안형 내셔널리즘' 개념만으로 이들 현상을 설명하기란 어렵다. 따라서 후자를 쉽게 설명하기 위해 도입한 이러한 이분법들은 명백한 현실을 지우거나 왜곡할 우려가 있음에 주의해야 한다.

4.

저자가 여러 차례 언급하고 있듯이 국가, 민족 간의 대립을 상정해 온 기존 내셔널리즘 논의가 오늘날 젊은이들이 주도하는 인터넷상의 내셔널리즘적 표현 활동을 읽어 내기에 충분한 틀이 되고 있지 못함은 사실이다. '당구공 모델 내셔널리즘' 시대의 종언이나 '불안형 내셔널리즘' 시대의 도래에 대한 선언이 조금은 성급한 것이라 할지라도, '내셔널리즘'이라는 표현, 그것이 뜻하는 바 그리고 현실 사이의 익숙한 연결고리에 어떤 틈새가 존재해 온 것이 사실이기 때문이다. 그것이 애초에 생겨날 수밖에 없는 당연한 간극인지 혹은 어떤 특별한 이유로 이제 막 크게 벌어지기 시작한 틈인지를 말하기 위해서는 차분한 고찰이 필요할 것이다.

하지만 이 책 본문에서 볼 수 있듯이 오늘날 일본 청년들을 비롯하여 IMF 이후 한국의 젊은 세대, 그리고 '한 가정 한 자녀 정책' 이후 중국 젊은이들의 생활 감각은, 기존 내셔널리즘의 원천과는 다른 곳에서 '내셔널리즘'으로 보이는 현상을 만들어 낼 가능성, 그럼으로써 상황을 더욱 악화시킬 가능성을 보이고 있다. 그렇다면, 비교적 자기중심적이며 정치에 무관심하고 소비주의에 익숙하다고 알려져 있는 이들이, 타국에 대한 나름의 인식과 경험을 어떻게 기존의 민족/국가 단위의 대결 구도와 연결시키면서 새로운 변화를 만들어 내고 있는지가 관심의 대상이 된다.

이 책은 동아시아의 세 나라의 공통 경험인 거시적 사회유동화의 과정 속에서 나타나는 젊은이들의 '불안'을 중심으로 이러한 질문에 답하고자 한 하나의 시도이다. 그리고 이는 기존 내셔널리즘 논의에 대한 도전인 동시에 그 수정과 보완을 촉구하는 목소리이다. 의구심을 자아내는 곳곳의 서술에도 불구하고 책 전체를 통해 우리가 다시 마주하게 되는 것은 저자가 처음 이 책을 쓸 때 마주쳤을 다음의 질문들이다.

제국주의와 냉전의 뒤틀림을 겪으며 다양한 종류의 억압과 모순을 끌어안은 동아시아의 역사적 현실, 전지구적 규정성으로 포장된 신자유주의에 의해 무한한 상승과 하강 가능성을 동시에 보여주는 노동시장 앞에 맨몸으로 선 개인의 불안, 사회 공동체의 문제에 열정을 가지고 개입하고 참여할 수 있는 유효한 통로를 갖지 못한 세 나라의 기성 정치 구조. 이를 배경으로 젊은이들이 인터넷을 통해 활발히 발언하는 와중에 나타나는 타국에 대한 공격과 배타적인 언사를 과연 어떻게 이해할 것인가? 이들이 계속 기존의 내셔널리즘 언설로 흘러들도록 내버려 두어도 좋을까?

　'지금, 여기서부터의' 새로운 정치에 대한 상상과 그 열린 구성의 가능성에 대한 논의는 언제나 기존 정치 현실의 참혹한 역사 그리고 그 구조와 힘이 현재 취하고 있는 구체적인 모습을 확인해야 한다는 요구와 마주서게 된다. 사회문화적 구성물인 동시에 역사적 실체일 수밖에 없는 동아시아 내셔널리즘을 어떻게 바라볼 것인가라는 궁극적인 물음을 던지고 있는 오늘날 '동북아 젊은이들의 타국에 대한 비판과 비난'이라는 문제는, 기존 담론과 현실에서 눈을 돌리고 그 현상에 새로운 내셔널리즘의 이름을 붙인다고 해서 해결될 수 있는 것이 아니다.

　하지만 그렇다고 해서 대상 현실과 언설 간의 틈을 언제까지고 불문에 붙인 채 새로운 문제제기를 계속 판에 박힌 논의와 이해법으로 되돌려 보내는 태도 역시 위험하다. 온갖 현실을 민족주의 담론으로 환원하려는 관성이란 기성 정치 현실이 온존하는 데 기여할 뿐이기 때문이다. '틈'에서 출발하는 상상이 갖는 구상력(構想力)을 유효한 것으로 살려가기 위해서 무엇보다도 필요한 것은 각자의 구체적 자리에 뿌리박은 토론을 가능케 하는 문제제기와 그에 대한 응답이리라.

역자는 현재 일본의 사회 정세 및 일본 청년들의 고뇌를 알기 쉽게 전하고 있다는 점에서 이 책의 번역을 생각하게 되었다. 또한 이와 더불어 최근 한국 민족주의가 맞은 새로운 성숙이라는 과제를 생각해 볼 때도 이책이 민족주의라 불리는 '느슨한 공감대'의 내실을 재검토하고 그 재구성을 생각해 나가는 데 하나의 작은 유익한 자극으로 기능할 수 있지 않을까 하는 기대를 갖고 있다.

그러나 무엇보다 이 책에서 빼놓을 수 없는 점은, 자신의 처지에 대한 거시적 이해를 타자에게 전달하고 그 내용을 상호 간 토론에 부치고자 하는 태도, 지적인 권위나 독사(doxa)에 기대지 않은 대화 속에서 형성되고 변해 가는 지식에 대한 기대, 그리고 현실에 대한 인식으로서 '지식'이 현실과 다시 적극적으로 교섭하면서 현실 자체, 미래를 만들어 가는 과정에 비판적으로 참여하려는, 마치 '젊은이들의 당사자주의 선언'과도 같은 주체적인 자세이다. 저자의 정열적이고 대담한 주장이 한국 젊은이들에게 전달되어 이들의 의미 있고 다채로운 반향과 만나게 되기를 바란다.

순수 학술서라기보다는 대중서로 자리매김 되어 있는 일본 '신서(新書)'의 형식에 걸맞게 책의 원문은 막힘없이 술술 읽히는 문체이다. 생경한 한자어나 일본식 조어를 피하고 읽기 쉬운 한국어 문장을 쓰려 노력했지만, 번역 과정에서 생겨난 어색한 표현이나 오류는 모두 역자의 부족한 능력 탓이다. 이 책의 기저음이 되고 있는 "세 나라 젊은이들이 서로의 사정을 이해할 수 있다"라는 저자의 믿음이 조금이라도 전해지기만을 바랄 뿐이다.

저자와 의견을 주고받으면서 책을 번역할 수 있었음은 큰 행운이었다. 저자는 번역 기간 동안 역자의 질문들에 성실히 답해 주었음은 물론 일부 용어에 대한 알기 쉬운 설명을 직접 제공해 주는 호의를 베풀기도 했다. 저자에게 고마움을 전한다. 또한 추천사를 써주신 강상중 선생님과 이 책이 나오기까지 애써 주신 도서출판 삼인의 모든 분들께 깊이 감사드린다.

2007년 9월 도쿄에서

옮긴이 정호석

주석

서장 | 고도성장에 대한 재검토와 내셔널리즘의 결합

1) 竹內洋, 『敎養主義の没落』(中公新書, 2003), 210쪽.
2) 大塚英志, 『戦後民主主義の黄昏』(PHP研究所, 1994).
3) 北田暁大, 『嗤う日本の「ナショナリズム」』(日本放送出版協会, 2005).
4) 祁景瀅, 『中国のインターーネットにおける対日言論分析』(日本僑胞社, 2004).
5) 山野車輪, 『マンガ嫌韓流』(晋遊舎, 2005), 50쪽.
6) 遠藤薫, 「オルトエリート(alt.elite)」, 『社会情報学研究』 제3호, 1999.

제1장 | 일본적 탈공업화와 세대 간 대립의 부상 ― 일본 1

1) ハルトゥーニアン, ハリー・D. 栂正行 訳, 「可視の言説/不可視のイデオロギー」, 『現代思想』1987년 12월 臨時増刊, 75~94쪽.
2) 小杉礼子, 『フリーターという生き方』(勁草書房, 2004).
3) 玄田有史, 『仕事のなかの曖昧な不安』(中央公論新社, 2001).
4) 内閣府国民生活局総務課, 『国民生活白書(平成一五年版)』, 2003.

294

5) 山田昌弘, 『希望格差社会』(筑摩書房, 2004), 75쪽.

6) 山田昌弘, 『パラサイト·シングルの時代』(ちくま新書, 1999).

7) 馬場浩二, 「現代世界と日本会社主義」, 東京大学社会科学研究所, 「現代日本社会」研究会 編, 『現代日本社会 I』(東京大学出版会, 1991).

8) 村上泰亮, 『新中間大衆の時代』(中公文庫, 1987).

9) 通商産業省, 『通商白書(昭和四九年版)』, 1974.

10) 日下公人, 『新·文化産業論』(東洋経済新報社, 1978), 4쪽.

11) 위 책, 64쪽.

12) 経済企画庁総合計画局 編, 『二一世紀のサラリーマン社会』(東洋経済新報社, 1985), 111~112쪽.

13) 위 책, 98~102쪽.

14) 위 책, 70쪽.

15) 堺屋太一, 『団塊の世代』(文春文庫, 1980), 21쪽.

16) 鶴見俊輔, 「解説」, 鶴見俊輔 編, 『大衆の時代』(平凡社, 1969), 8쪽.

17) 위 책, 19~20쪽.

18) リースマン, デイヴィッド. 加藤秀俊 訳, 『孤独な群衆』(みすず書房, 1964) 〔국역본은 데이비드 리스먼, 이상률 옮김, 『고독한 군중』(문예출판사, 1999)〕.

19) ミルズ, C·ライト. 杉政孝 訳, 『ホワイト·カラー』(創元新社, 1952), 93~94쪽.

20) カトーナ, ジョージ. 南博 監修, 社会行動研究所 訳, 『大衆消費社会』(ダイヤモンド社, 1966).

21) 위 책, 9쪽.

22) ベル, ダニエル. 内田忠夫 訳, 『脱工業社会の到来』(ダイヤモンド社, 1975), 214쪽. 〔국역본은 다니엘 벨, 김원동 옮김, 『탈산업사회의 도래』(아카넷, 2006)〕.

23) ベル, ダニエル. 林雄二郎 訳, 『資本主義の文化的矛盾』(講談社, 1976) 〔국역본은 다니엘 벨, 김진욱 옮김, 『자본주의의 문화적 모순』(문학세계사, 1990)〕.

24) ベル, ダニエル. 内田忠夫 訳, 『脱工業社会の到来』(ダイヤモンド社, 1975), 482~483쪽.

25) キャペリ, ピーター. 若山由美 訳, 『雇用の未来』(日本経済新聞社, 2001).

26) バウマン, ジークムント. 森田典正 訳, 『リキッド·モダニティ』(大月書店, 2001).

27) サッセン, サスキア. 森田桐郎他 訳, 『労働と資本の国際移動』(岩波書店, 1992).

28) 新・日本的経営システム等研究プロジェクト, 『新時代の「日本的経営」』(日本経営者団体連盟, 1995).

29) 日本経済団体連合会, 『活力と魅力溢れる日本を目指して』(日本経団連出版, 2004).

30) 위 책.

31) 村上龍・玄田有史, 「フリーター論議を超えて」, 村上龍 編, 『JMM Vol. 13』(NHK出版, 2001).

32) 工藤啓, 「親の視野 広げてほしい」, 『朝日新聞』 2004년 10월 8일자 15면.

제2장 | 취미화한 내셔널리즘과 목표 상실감 — 일본 2

1) 知的財産戦略本部, 『知的財産推進計画二〇〇四』(www.kantei.go.jp/singi/titeki2/kettei/040527f.html).

2) 白石隆, 「東アジア地域形成と『共通文化圏』」, 添谷芳秀・田所昌幸 編, 『現代東アジアと日本(一)』(慶応大学出版会, 2004).

3) 加藤秀俊, 「コマーシャルの社会史」(1978), 『加藤秀俊著作集三』(中央公論社, 1981), 270쪽.

4) 加藤秀俊, 「戦後派の中間的性格」(1957), 『加藤秀俊著作集六』(中央公論社, 1980).

5) 위 책, 277쪽.

6) 위 책, 279쪽.

7) 浅田彰, 『構造と力』(勁草書房, 1983), 6쪽.

8) 博報堂生活総合研究所 編, 『分衆の誕生』(日本経済新聞社, 1985) 〔국역본은 하구호도 생활종합연구소 엮음, 최병선 옮김, 『분중의 탄생 — 뉴피플을 사로잡는 시장 전략』(21세기북스, 1988)〕.

9) 犬田充, 『大衆消費社会の終焉』(中公新書, 1977).

10) 西部邁, 『大衆の病理』(日本放送出版協会, 1987).

11) 総合開発研究機構, 『若者と都市』(学陽書房, 1983).

12) 위 책, 130쪽.

13) 上野俊哉, 『シチュアシオン』(作品社, 1996), 11~12쪽.

14) 위 책, 16쪽.

15) 宮台真司, 『終わりなき日常を生きろ』(ちくま文庫, 1998); 『まぼろしの郊外』(朝日文庫, 2000).

16) 三浦展, 『下流社会』(光文社新書, 2005), 7쪽. 〔국역본은 미우라 아츠시, 이화성 옮김, 『하류사회 — 새로운 계층 집단의 출현』(씨앗을뿌리는사람, 2006)〕.

17) 위 책, 182~184쪽.

18) ボードリヤール, ジャン. 今村仁司·塚原史 訳, 『消費社会の神話と構造』〈普及版〉』(1995) 〔국역본은 장 보드리야르, 이상률 옮김, 『소비의 사회 — 그 신화와 구조』(문예출판사, 1999)〕.

19) Jameson, Fredric. *The Cultural Turn* (Verso, 1998).

20) アンダーソン, ペリー. 角田史幸·浅見政江·田中人 訳, 『ポストモダニティの起源』(こぶし書房, 2002), 143~155쪽.

21) ホール, スチュアート. 本橋哲也 訳, 「旅するカルチュラル·スタディーズ」, 花田達朗, 吉見俊哉, コリン·スパークス 編, 『カルチュラル·スタディーズとの対話』(新曜社, 1999), 578~579쪽.

22) ブルックス, デイヴィッド. セビル楓 訳, 『ボボズ』(光文社, 2002), 12~13쪽. 〔국역본은 데이비드 브룩스, 형선호 옮김, 『보보스』(동방미디어, 2001)〕.

23) 위 책, 155쪽.

24) 위 책, 182쪽.

25) 위 책, 47쪽.

26) ゴードン, デイヴィッド·M. 佐藤良一·芳賀健一 訳, 『分断されるアメリカ』(シュプリンガー·フェアラーク東京, 1998).

27) Seabrook, Jeremy. *Landscapes of Poverty* (Basil Blackwell, 1985), p. 79.

28) 위 책, p. 59.

29) 岡田斗司夫, 『東大オタク学講座』(講談社, 1997), 7~8쪽.

30) 森川嘉一郎, 『趣都の誕生』(幻冬社, 2003), 234쪽.

31) 위 책, 74쪽.

32) 東浩紀, 『動物化するポストモダン』(講談社現代新書, 2001) 〔국역본은 아즈마 히로키, 이은미 옮김, 『동물화하는 포스트모던 — 오타쿠를 통해 본 일본 사회』(문학동네, 2007)〕.

33) 奥野卓司, 『日本発イット革命』(岩波書店, 2004), 184쪽.

제3장 | 포스트 민주화 시대 청년들의 방향 — 한국

1) 森山茂徳, 『現代韓国政治』(東京大学出版会, 1998).

2) 渡辺利夫, 『韓国 ヴェンチャー・キャピタリズム』(講談社現代新書, 1986), 51～54쪽.

3) 森山茂徳, 『現代韓国政治』(東京大学出版会, 1998), 86～90쪽.

4) 池明観, 『韓国 民主化への道』(岩波新書, 1995), 88쪽.

5) 森山茂徳, 『現代韓国政治』(東京大学出版会, 1998), 103～108쪽.

6) 朝日新聞社 編, 『日本と韓国』(朝日新聞社, 1975), 64쪽.

7) 池明観, 『韓国 民主化への道』(岩波新書, 1995), 92쪽.

8) 森山茂徳, 『現代韓国政治』(東京大学出版会, 1998), 138～139쪽.

9) 池東旭, 『コリアクライシス』(時事通信社, 1998), 11쪽.

10) 洪日杓, 「新しい労働世界への挑戦と希望」, 『月刊韓国文化』 2003년 3월호.

제4장 | 사회주의에서 과잉유동사회로 — 중국

1) 『朝日新聞』 2005년 4월 15일자 10면 등.

2) 『サンデー毎日』 2004년 5월 8일자 등.

3) 福田和也, 「エセ至上主義が招いた『愛国無罪』」, 『週刊新潮』 2005년 4월 28일호, 150쪽.

4) 위 책, 152쪽.

5) 李強, 高坂健次・李為 訳, 『中国の社会階層と貧富の格差』(ハーベスト社, 2004), 18쪽.

6) 위 책, 18쪽.

7) 佐々木信彰, 「中国経済/二一世紀への課題」, 佐々木信彰 編, 『中国経済の展望』(世界思想社, 2000), 9쪽.

8) 辻美代, 「対外開放と産業構造の変化」, 佐々木信彰 編, 『中国経済の展望』(世界思想社, 2000).

9) 矢吹晋, 『文化大革命』(講談社, 1989).

10) 葛慧芬, 『文化大革命を生きた紅衛兵世代』(明石書店, 1999).

11) 李仲生, 「中国の経済成長と人口要因」, 『アジア文化研究』 2002년 6월호.

12) 佐々木信彰, 「中国経済/二一世紀への課題」, 佐々木信彰 編, 『中国経済の展望』(世界

思想社, 2000), 9쪽.

13) 船橋洋一, 『内部(neibu)』(朝日新聞社, 1983), 226쪽.

14) 西倉一喜, 『中国·グラスル―ツ』(めこん, 1983), 14쪽.

15) 위 책, 99쪽.

16) 伊藤正, 『中国の失われた世代』(PHP研究所, 1982), 81쪽.

17) 李強. 高坂健次·李爲 訳, 『中国の社会階層と貧富の格差』(ハ―ベスト社, 2004), 24 쪽.

18) 위 책, 67~68쪽.

19) 辻美代, 「対外開放と産業構造の変化」, 佐々木信彰 編, 『中国経済 の展望』(世界思想 社, 2000).

20) 李強. 高坂健次·李爲 訳, 『中国の社会階層と貧富の格差』(ハ―ベスト社, 2004), 85~86쪽.

21) 岳頌東, 「中国の非典型雇用」, 労働政策研究·研修機構, 日中韓ワ―クショップ 「非典 型雇用問題の現状と課題」, 2004.

22) 위 책.

23) 위 책.

24) 村上泰亮, 『反古典の政治経済学(上)』(中央公論社, 1992), 134쪽.

결론 | 사회유동화 속의 동아시아 내셔널리즘

1) 渡辺利夫, 『成長のアジア　停滞のアジア』(講談社学術文庫, 2002).

2) 山田昌弘, 『希望格差社会』(筑摩書房, 2004), 241쪽.

후기

1) 遠藤薫, 「アジア太平洋地域におけるインタ―ネット戦略の構図とその帰結」, 庄司興吉 編, 『情報社会変動のなかのアメリカとアジア』(彩流社, 2004).